Nigel Warburton

W0396973

Philosophie: Die Klassiker

Von Platon bis Wittgenstein

Deutsch von Martin Suhr

Rowohlt Taschenbuch Verlag

Für Anna

Lektorat Burghard König

Deutsche Erstausgabe

Veröffentlicht im Rowohlt
Taschenbuch Verlag GmbH,
Reinbek bei Hamburg, April 2000
Copyright der deutschen Ausgabe © 2000 by
Rowohlt Taschenbuch Verlag GmbH,
Reinbek bei Hamburg
Die Originalausgabe erschien 1998
unter dem Titel «Philosophy: The Classics»
im Verlag Routledge, London
«Philosophy: The Classics»
Copyright © 1998 by Nigel Warburton
Umschlaggestaltung Ingrid Albrecht
Satz Garamond PostScript (PageOne)
Gesamtherstellung Clausen & Bosse, Leck
Printed in Germany
ISBN 3 499 60867 7

Die Schreibweise entspricht den Regeln
der neuen Rechtschreibung.

Inhalt

Einführung

Dieses Buch besteht aus 20 Kapiteln, die sich jeweils auf ein bedeutendes philosophisches Werk konzentrieren. Ich möchte jedes dieser Bücher vorstellen und seine wichtigsten Themen herausarbeiten. Die hier behandelten Bücher sind heute deshalb lesenswert, weil sie sich mit immer noch diskussionswürdigen philosophischen Themen befassen und nach wie vor philosophische Einsichten bieten. Davon abgesehen sind viele von ihnen einfach große Werke der Literatur.

Im Idealfall sollte dieses Buch den Leser zur – ersten oder nochmaligen – Lektüre der Bücher anregen, die es behandelt. Aber nicht jeder hat die Zeit oder Energie dazu. Zumindest hoffe ich deshalb, dass es den Leser zu denjenigen unter den 20 Büchern führt, die er aller Wahrscheinlichkeit nach am lohnendsten finden wird, und dass es ihm einige Vorschläge macht, wie man sie kritisch lesen könnte. Ich habe versucht, die Empfehlung von Büchern zu vermeiden, die unnötig obskur sind. Aus diesem Grund habe ich darauf verzichtet, einige anerkannte Meisterwerke wie etwa Hegels *Phänomenologie des Geistes* und seine *Philosophie des Rechts* oder Heideggers *Sein und Zeit* zu behandeln, wofür ich mich nicht entschuldige. Am Ende jedes Kapitels habe ich Hinweise auf weitere Lektüre gegeben.

Meine Auswahl der Bücher ist in mancher Hinsicht kontrovers – wie ich vermute, eher wegen der Bücher, die ich ausgelassen, als wegen der, die ich ausgewählt habe. Zum Beispiel habe ich keine Bücher aus der Epoche des Mittelalters behandelt. Ich habe mich stattdessen auf Bücher konzentriert, deren Lektüre sich meiner Ansicht nach heute lohnt und die sich in drei- oder viertausend Wörtern abhandeln lassen. Das ist eine ganz persönliche Liste der *Ersten Zwanzig*; andere Philosophen würden sich, auch wenn sich ihre Auswahl mit der meinen gewiss zum Teil überschneiden würde, für eine andere Gruppe der *Ersten Zwanzig* aussprechen.

Ich habe jeweils kurze Chronologien eingeschlossen, aber keinen Platz für einen detaillierteren historischen Hintergrund gehabt. Ich will eher in Bücher als in Bewegungen der Ideengeschichte einführen. Das heißt nicht, dass ich eine völlig unhistorische Lektüre dieser Texte befürworte. Ich glaube aber, dass die beste Methode, sich ihnen zu nähern, vor allem darin besteht, einen Überblick über ihre Hauptthemen und Schwerpunkte zu geben. Wer mehr Information zum Kontext wünscht, kann sie in den Empfehlungen für die weitere Lektüre finden.

Der Leser soll sich nicht scheuen, sich in einer beliebigen Reihenfolge in die Kapitel zu stürzen. Ich habe jedes Kapitel so geschrieben, dass es für sich steht und keine Kenntnis der vorangehenden voraussetzt.

Weitere Lektüre

Meine beiden Bände *Philosophy: The Basics* (1995; dt. *Was können wir wissen, was sollen wir tun?*, Reinbek bei Hamburg 1998) und *Thinking from A to Z* (London 1996) ergänzen dieses Buch. Das erstgenannte ist eine themenorientierte Einführung in die zentralen Bereiche der Philosophie, das zweite eine alphabetisch geordnete Einführung in kritisches Denken, die Techniken der Argumentation, die für die philosophische Methode zentral sind.

Andere allgemeine Bücher über Philosophie, die nützlich sein können:

F. Fellmann (Hg.), *Geschichte der Philosophie im 19. Jahrhundert*, Reinbek bei Hamburg 1996 (re 540)

A. Hügli, P. Lübcke, *Philosophie im 20. Jahrhundert*, Reinbek bei Hamburg 1992 (re 455, 456)

E. Martens, H. Schnädelbach (Hg.), *Philosophie. Ein Grundkurs*, Reinbek bei Hamburg 1991

G. Skirbekk, N. Gilje, *Geschichte der Philosophie*, Frankfurt am Main 1993

1. | Platon: *Der Staat*

Das Höhlengleichnis

Man stelle sich eine Höhle vor. In dieser Höhle sind Gefangene angekettet, die auf die dem Eingang gegenüberliegende Wand blicken. Sie sind ihr ganzes Leben lang dort festgehalten worden und können ihren Kopf der Fesseln wegen nicht herumdrehen, sodass sie nichts außer der Höhlenwand sehen. Hinter ihnen brennt ein Feuer, und zwischen ihnen und dem Feuer befindet sich ein Weg. Auf diesem Weg gehen verschiedene Menschen entlang, die ihre Schatten auf die Wand der Höhle werfen; einige von ihnen tragen Nachbildungen von Tieren, die ebenfalls Schatten werfen. Die Gefangenen in der Höhle sehen immer nur Schatten. Sie halten die Schatten für die wirklichen Dinge, weil sie nichts anderes kennen. Aber in Wirklichkeit sehen sie niemals reale Menschen.

Eines Tages wird einer der Gefangenen befreit und darf zum Feuer blicken. Zuerst ist er vollkommen durch die Flammen geblendet, aber allmählich beginnt er, die Welt um sich herum zu unterscheiden. Dann wird er aus der Höhle in das helle Tageslicht geführt, das ihn von neuem blendet. Langsam beginnt er, die Ärmlichkeit seines früheren Lebens zu erkennen: Er war immer mit der Welt der Schatten zufrieden gewesen, während hinter ihm die hell erleuchtete wirkliche Welt in all ihrem Reichtum lag. Jetzt, da sich seine Augen an das Tageslicht gewöhnen, sieht er, was seinen Mitgefangenen entgangen ist, und bedauert sie. Schließlich gewöhnt er sich so an das Licht, dass er sogar direkt in die Sonne blicken kann.

Dann wird er zu seinem Platz in der Höhle zurückgeführt.

Seine Augen sind nicht länger an dieses schattenhafte Dasein gewöhnt. Er kann nicht mehr diese feinen Unterscheidungen zwischen den Schatten machen, die seinen Mitgefangenen so leicht fallen. Aus ihrer Sicht ist sein Augenlicht durch seinen Gang aus der Höhle verdorben worden. Er hat die wirkliche Welt gesehen; sie bleiben zufrieden mit der Welt der oberflächlichen Erscheinungen und würden nicht einmal dann die Höhle verlassen, wenn sie es könnten.

Dieses Gleichnis von den Gefangenen in der Höhle steht ungefähr in der Mitte von Platons Meisterwerk *Der Staat*. Es ist ein denkwürdiges Bild seiner Theorie der Formen, seiner Darstellung des Wesens der Wirklichkeit. Nach ihm ist ein Großteil der Menschheit, wie die Gefangenen, zufrieden mit einer Welt der bloßen Erscheinung. Nur Philosophen treten den Gang aus der Höhle an und machen die Erfahrung der wirklichen Dinge; nur sie haben echtes Wissen. Die Welt der alltäglichen Wahrnehmung ist in stetigem Wandel begriffen und unvollkommen. Aber die Welt der Formen, zu der die Philosophen Zugang haben, ist wandellos und vollkommen. Sie kann nicht mit den fünf Sinnen wahrgenommen werden: Nur mit Hilfe des Denkens kann man die Formen erfahren.

Platon und Sokrates

Leben und Tod seines Lehrers Sokrates waren der wichtigste Einfluss auf die Philosophie Platons. Sokrates war eine charismatische Gestalt, die einen Schwarm junger, reicher Athener um sich versammelte. Er hinterließ keine Schriften, sondern übte seine Wirkung allein durch seine Gespräche auf dem Marktplatz aus. Er behauptete, keine Lehre zu besitzen, sondern pflegte vielmehr durch eine Reihe gezielter Fragen zu beweisen, wie wenig die, mit denen er redete, wirklich etwas von den Dingen verstanden, etwa vom Wesen der Frömmigkeit, Gerechtigkeit oder Moral. Noch während Platon ein junger Mann war, wurde Sokrates zum Tode verurteilt, weil er die Jugend der Stadt verderbe und nicht an ihre Götter glaube. Sokrates leerte den Schierlingsbecher, die übliche Hinrichtungsmethode für athenische Bürger.

Platon gab Sokrates in seinen Dialogen eine Art Nachleben. Trotzdem unterscheidet sich die Sokrates genannte Gestalt in Platons Werk wahrscheinlich beträchtlich vom wirklichen Sokrates. Platon schrieb, als gebe er Gespräche wieder, die wirklich stattgefunden haben; aber zu der Zeit, als er *Der Staat* schrieb, war Platons Sokrates längst zum Sprachrohr seiner eigenen Ansichten geworden.

Der Staat ist eine Mischung aus zwei charakteristischen Darstellungsmethoden Platons. Das erste Buch enthält ein Gespräch zwischen Sokrates und einigen Freunden, das die erste Szene in einem Drama sein könnte: Wir erfahren etwas über die Rahmenhandlung und die Reaktionen der verschiedenen Teilnehmer. In späteren Abschnitten dagegen liegt das Schwergewicht der Darstellung, obgleich Platon weiterhin in Dialogform schreibt, auf Sokrates' Reden, und die Zuhörer stimmen einfach nur noch seinen Äußerungen zu.

Thrasymachos und Glaukon

Der Hauptteil von *Der Staat* ist eine Antwort Sokrates' auf die Herausforderungen von Thrasymachos und Glaukon. Thrasymachos behauptet, das, was unter dem Namen «Gerechtigkeit» verstanden wird, sei einfach das, was den Interessen der Stärksten dient. Macht schaffe Recht. Gerechtigkeit bestehe einfach im Gehorsam gegenüber den eigennützigen Regeln, die von den Stärksten aufgestellt werden. Auf der Ebene des individuellen Verhaltens mache sich Ungerechtigkeit viel besser bezahlt als Gerechtigkeit: Wem es gelingt, sich selbst zu mehr zu verhelfen, als seinem gerechten Anteil entspricht, sei glücklicher, als wer gerecht ist.

Glaukon geht einen Schritt weiter. Er äußert die Ansicht, dass diejenigen, die sich gerecht verhalten, dies nur zur Selbsterhaltung täten. Jeder, der, wie der mythische Charakter Gyges, einen Ring fände, der ihn unsichtbar macht, würde jeden Anreiz verlieren, sich gerecht zu verhalten, da er die Garantie hätte, mit jedem Verbrechen, jeder Verführung oder Täuschung davonzukommen. Er malt eine Situation aus, in der ein Gerechter von allen für ungerecht gehalten, gefoltert und hingerichtet wird: Nichts würde für ein solches Leben sprechen. Man vergleiche dies mit dem Leben eines schlauen, bösartigen Menschen, dem es gelingt, gerecht zu erscheinen, während er in Wahrheit völlig skrupellos ist, solange er damit davonkommen kann. Allem Anschein nach führt er ein glückliches Leben und wird für ein Muster an Respektabilität gehalten, obgleich er unter seiner Maske vollständig böse ist. Das legt den Gedanken nahe, dass sich Gerechtigkeit gar nicht oder zumindest nicht immer bezahlt macht. Wenn also Sokrates das gerechte Leben verteidigen will, wird er zeigen müssen, dass die beschriebene Situation nicht das letzte Wort in dieser Sache ist. Wirklich versucht Sokrates im ganzen übrigen Buch, genau dies zu zeigen; er sucht zu beweisen, dass sich Gerechtigkeit *doch* bezahlt macht und dass sie, davon abgesehen, einen Wert an sich besitzt. Sie ist gut um ihrer Konsequenzen wie um ihrer selbst willen.

Das Individuum und der Staat

Obwohl *Der Staat* als Werk der politischen Philosophie gilt, und trotz der Tatsache, dass der größte Teil davon sich dem Problem widmet, wie dieser utopische Staat Platons verwaltet werden soll, ist die Diskussion des Staates nur ein Mittel, um sich über die Moral des Einzelnen klarer zu werden. Platons Hauptinteresse gilt der Beantwortung der Frage «Was ist Gerechtigkeit, und lohnt es sich, sie anzustreben?» «Gerechtigkeit» ist in diesem Zusammenhang ein etwas seltsames Wort, aber es ist die treffendste Übersetzung des griechischen Wortes *dikaiosyne* – es bedeutet in etwa «das Richtige tun». Platons Hauptanliegen ist die Frage nach der besten Lebensweise für den Menschen. Die Organisation des Staates wird überhaupt nur aus dem Grund einer Betrachtung unterzogen, weil er der Überzeugung ist, der Staat sei ein Individuum in Großbuchstaben; die beste Methode der Untersuchung bestehe deshalb darin, die Gerechtigkeit im Staat zu untersuchen und die Ergebnisse dann auf das Individuum zu übertragen. Genau wie jemand, der kurzsichtig ist, es leichter findet, große Buchstaben zu lesen, ist es einfacher, sich die Gerechtigkeit im Staat als in dem kleineren Maßstab eines individuellen Lebens anzuschauen.

Arbeitsteilung

Es ist für Menschen nicht einfach, allein zu leben. Kooperation und Gemeinschaftsleben bieten viele Vorteile. Sobald Menschen sich zusammenfinden und eine Gruppe bilden, ist es sinnvoll, die Arbeit je nach Fähigkeiten der Menschen zu teilen: Es ist besser für einen Werkzeugmacher, das ganze Jahr über Werkzeuge herzustellen, und für einen Bauern, Landwirtschaft zu betreiben, als wenn der Bauer seine Arbeit unterbricht, um neue Werkzeuge herzustellen, wenn die alten kaputtgehen. Der Werkzeugmacher wird geschickter sein bei der Werkzeugherstellung als der Bauer. Dasselbe gilt von allen anderen Berufen, die Fertigkeiten voraussetzen: Fertigkeit erfordert Praxis.

In dem Maß, wie der Staat wächst und die Arbeit sich weiter spezialisiert, wird das Bedürfnis nach einem stehenden Heer spürbar, um den Staat vor Angriffen zu schützen. Die Wächter des Staates müssen nach Platon stark und mutig sein, wie gute Wachhunde. Aber sie müssen auch ein philosophisches Temperament haben. Einen beträchtlichen Teil des *Staats* nimmt Platons Ausbildungsprogramm für die Wächter ein.

Herrscher, Wächter und Arbeiter

Platon teilt die Wächter in zwei Klassen: in Herrscher und Helfer. Die Herrscher sind diejenigen, die die politische Macht haben sollen und alle wichtigen Entscheidungen treffen; die Helfer stehen den Herrschern bei und übernehmen die Verteidigung gegen Drohungen von außen. Eine dritte Gruppe, die Arbeitenden, verrichten, wie schon ihr Name sagt, die Arbeit, welche für die Lebensnotwendigkeiten aller Bürger sorgt. Platon ist nicht besonders interessiert am Leben der Arbeiter: Der größte Teil des *Staates* konzentriert sich auf die Wächter.

Zu Herrschern werden diejenigen gewählt, die am ehesten bereit sind, ihr Leben der Aufgabe zu widmen, alles zu tun, was nach ihrem Urteil im besten Interesse der Gesellschaft liegt. Um ungeeignete Kandidaten auszusieben, schlägt Platon vor, potentielle Herrscher im Verlauf ihrer Erziehung verschiedenen Prüfungen zu unterziehen, um zu sehen, ob sie sich möglicherweise dazu verführen lassen, ihrem eigenen Vergnügen nachzugehen: Ihre Reaktionen auf Versuchungen werden scharf überwacht, und nur diejenigen, die eine vollkommene Hingabe an das Wohlergehen der Gemeinschaft beweisen, werden dazu ausersehen zu herrschen. Ihre Zahl wird nur sehr gering sein.

Keinem der Herrscher wird der Besitz von Privateigentum gestattet, und selbst ihre Kinder werden als allen gemeinsam behandelt werden. Wie man sieht, bietet Platon eine radikale Lösung für das Problem der Familie: Er will sie abschaffen und durch staatliche Kindergärten ersetzen, in denen die Kinder behütet werden, ohne dass sie ihre Eltern kennen. Das soll angeblich die Treue zum Staat fördern, da Kinder, die auf diese Weise aufgezogen werden, keine verwirrenden Bindungen an Familienmitglieder haben.

Selbst der Geschlechtsverkehr ist geregelt: Den Bürgern ist der Geschlechtsverkehr nur an bestimmten Festtagen gestattet, an denen sie durch das Los einen Partner zugeteilt bekommen – oder zumindest werden die Teilnehmer in diesem Glauben gelassen. In Wirklichkeit legen die Herrscher das Ergebnis der Paarungslotterie fest, sodass nur diejenigen die Erlaubnis zur Fortpflanzung erhalten, die aus einem guten Geschlecht stammen. Auf diese Weise hat Platons Staat seine eigene Form der Eugenik, die starke und mutige Kinder hervorbringen soll. Bei ihrer Geburt werden alle Kinder ihren Müttern weggenommen, um von eigens ernannten Offiziellen aufgezogen zu werden. Kinder von niedrigeren Wächtern und alle «mangelhaften» Nachkommen der Arbeiter werden beseitigt.

Die Rolle der Frauen

Nicht alle von Platons Vorschlägen im *Staat* sind so anstößig wie diese Pläne für Zuchtwahl und Kindestötung. Im Unterschied zu den meisten seiner Zeitgenossen sprach sich Platon dafür aus, Frauen dieselbe Erziehung zuteil werden zu lassen wie Männern, ihnen zu gestatten, gemeinsam mit den Männern zu kämpfen, und sie zu Wächtern zu machen, wenn sie dazu Eignung zeigen. Es ist wahr, dass er trotzdem glaubte, dass Männer Frauen bei allen Tätigkeiten überträfen. Gleichwohl waren seine Vorschläge zu einer Zeit, als die Ehefrauen praktisch Gefangene in ihren eigenen Häusern waren, revolutionär.

Der Mythos von den Metallen

Der Erfolg des Staates hängt von der Treue der Bürger zum Land und zueinander ab. Um diese Treue zu sichern, schlug Platon vor, allen Klassen der Gesellschaft einen Mythos über ihren Ursprung einzureden. Dieser Mythos, die «edle Täuschung», lautet folgendermaßen. Jeder ist in voll ausgebildeter Form der Erde entsprungen. Erinnerungen an das Aufwachsen und die Erziehung sind einfach nur ein Traum. In Wirklichkeit sind alle Bürger Geschwister, da sie alle Kinder von Mutter

Erde sind. Das soll sie sowohl dem Land (ihrer Mutter) gegenüber wie auch einander (ihren Brüdern und Schwestern) treu machen.

Dieser Mythos hat einen weiteren Aspekt. Als der Gott die Einzelnen schuf, fügte er ihrer Zusammensetzung ein bestimmtes Metall hinzu. Den Herrschern fügte er Gold hinzu, den Helfern Silber und den Handwerkern und Gewerbetreibenden Bronze und Eisen. Gott wies die Herrscher an, auf die Metallmischung im Charakter der Kinder zu achten. Wenn ein Kind mit Bronze in seiner Zusammensetzung von goldenen Eltern geboren wird, dann müssen sie sich hart zeigen und es einem Leben als Arbeiter zuweisen; wenn ein Arbeiterkind Gold oder Silber in sich hat, dann muss das Kind dementsprechend als Herrscher oder Helfer erzogen werden. Dieser Mythos soll nicht nur Loyalität, sondern Zufriedenheit mit der jeweiligen Stellung im Leben hervorbringen. Die Klassenzugehörigkeit wird von Faktoren bestimmt, die man nicht in der Hand hat.

Der gerechte Staat und der Einzelne

Platon glaubt, der von ihm beschriebene Idealstaat müsse, weil er vollkommen ist, die Qualitäten Weisheit, Tapferkeit, Selbstbeherrschung und Gerechtigkeit aufweisen. Er sieht es als selbstverständlich an, dass dies die Kardinaltugenden jedes vollkommenen Staates sind. Weisheit beruht auf dem Wissen der Herrscher, das ihnen erlaubt, weise Entscheidungen zugunsten des Staates zu treffen; Tapferkeit wird von den Helfern bewiesen, deren Ausbildung sie mutig und furchtlos bei der Verteidigung des Staates gemacht hat; Selbstbeherrschung entsteht aus der Harmonie zwischen den drei Klassen, wobei die zügellosen Begierden der Mehrheit durch die weisen Entscheidungen der Herrscher unter Kontrolle gehalten werden; und schließlich erweist sich die Gerechtigkeit im Staat als das Ergebnis davon, dass jeder «das Seine tut» in dem Sinn, dass er das tut, wofür er von Natur aus geeignet ist. Jeder, der eine gesellschaftliche Veränderung versucht, stellt eine potentielle Bedrohung für die Stabilität des Staates dar.

Der Idealstaat weist die vier Kardinaltugenden auf wegen seiner Teilung in die drei Klassen und der Harmonie zwischen den ihnen zugewiesenen Rollen. Ganz analog, darauf beharrt Platon, besteht jeder Einzelne aus drei Teilen, und die Qualitäten Weisheit, Tapferkeit, Selbstbeherrschung und Gerechtigkeit hängen alle von dem harmonischen Verhältnis zwischen diesen Teilen des Individuums ab.

Die drei Teile der Seele

Das Wort «Seele» hat einen unangemessen spirituellen Beigeschmack. Obgleich Platon an die Unsterblichkeit der Seele glaubt, beruht das, was er über die drei Teile der Seele im *Staat* schreibt, nicht darauf, dass die Seele vom Körper trennbar oder auch nur vom Körper unterschieden ist. Sein Interesse richtet sich in Wirklichkeit auf die Psychologie der Motivation. Die drei Teile der Seele, die er identifiziert, sind Vernunft, Thymos (Impuls zur Selbstbehauptung) und Begierde.

Die Vernunft entspricht der Rolle der Herrscher im Idealstaat. Wie die Herrscher kann die Vernunft Pläne zum Wohl des gesamten Gebildes aufstellen; im Unterschied zu den anderen Teilen der Seele ist sie nicht eigennützig. Die Vernunft hat die Fähigkeit zu planen, wie sich bestimmte Ziele am besten erreichen lassen; aber sie beinhaltet auch die Liebe zur Wahrheit.

Der Thymos ist der Teil der Persönlichkeit, der die emotionale Motivation zum Handeln in Form von Ärger, Empörung und dergleichen liefert. Wenn er der richtigen Ausbildung unterworfen wird, ist der Thymos die Quelle von Tapferkeit und Mut. Der Thymos entspricht der Rolle der Helfer.

Die Begierde ist der Trieb nach bestimmten Dingen wie Nahrung, Trinken oder Sexualität. Begierde kann in direktem Gegensatz zur Vernunft stehen. Platon stützt sich bei seiner Unterscheidung zwischen den drei Teilen der Seele auf die Erfahrung, dass Menschen oft in einem Konflikt sind zwischen dem, was sie wünschen, und dem, von dem sie wissen, dass es das Beste für sie ist. Die Begierde entspricht der Rolle der Arbeitenden.

Die vier Tugenden Weisheit, Mut, Selbstbeherrschung und Gerechtigkeit finden sich sowohl in Einzelnen wie in Staaten. Platon erklärt diese Tugenden auf der Basis der Seelenteile. Jemand, der weise ist, trifft Entscheidungen, die auf der Herrschaft der Vernunft beruhen; jemand, der mutig ist, erhält seine Motivation, angesichts einer Gefahr zu handeln, vom Thymos, der als Verbündeter der Vernunft agiert; jemand, der Selbstbeherrschung besitzt, folgt den Anordnungen der Vernunft und hält seine Begierden unter Kontrolle. Das Wichtigste: Jemand, der gerecht ist, handelt so, dass alle Teile der Seele in Harmonie miteinander sind; jeder Teil spielt unter der Leitung der Vernunft seine ihm angemessene Rolle. Auf diese Weise ist Gerechtigkeit im Einzelnen eine Art psychischer Harmonie. Ebendieses macht sie zu einem Zustand, der einen Wert an sich selbst hat.

Philosophenkönige

Obgleich die Diskussion der Gerechtigkeit im Staat für Platon nur ein Vorwand ist, um Fragen zu klären, die das Individuum betreffen, ist er offensichtlich äußerst interessiert an dem utopischen Staat, den er da geschaffen hat. Er stellt die Frage, wie ein derartiges politisches System jemals realisiert werden kann, und kommt zu dem Schluss, dass die einzige Hoffnung darin besteht, die Macht in die Hände von Philosophen zu legen. Platon verteidigt diesen überraschenden Vorschlag mit einem anderen Gleichnis. Man stelle sich ein Schiff vor, dessen Eigentümer kurzsichtig, ein bisschen taub und praktisch ohne Kenntnisse in der Seemannskunst ist. Die Mannschaft streitet darüber, wer das Steuerruder ergreifen soll. Keiner von ihnen hat sich jemals dem Studium der Navigation gewidmet, und in Wirklichkeit glaubt auch keiner von ihnen, dass sie gelehrt werden könne. Verschiedene Parteien streiten darum, die Herrschaft über das Schiff zu gewinnen, und sobald ihnen das gelingt, bemächtigen sie sich der Güter auf dem Schiff und verwandeln die Reise in eine Art betrunkene Vergnügungsfahrt. Keinem von ihnen ist klar, dass ein Seemann das Wetter und die Position der Sterne studieren muss. Sie halten jeden, der die relevanten Fertigkeiten erwirbt, für einen nutzlosen Sternengucker.

Der Staat in seiner gegenwärtigen Form ist wie das Schiff, das in den Händen der unausgebildeten Mannschaft umherschlingert: Und der Philosoph, verachtet, wie er sein mag, ist der Einzige, der über das erforderliche Wissen verfügt, um den Staat zu lenken. Platons Theorie der Formen erklärt, warum die Philosophen besonders geeignet sind zu herrschen.

Die Theorie der Formen

Das Höhlengleichnis, mit dem ich dieses Kapitel begonnen habe, illustriert auf denkwürdige Weise Platons Bild der menschlichen Existenz. Der größte Teil der Menschheit ist mit dem bloßen Schein zufrieden, dem Äquivalent der flackernden Schatten auf der Höhlenwand. Philosophen freilich suchen, da sie die Wahrheit lieben, Erkenntnis der wahren Wirklichkeit: Sie verlassen die Höhle und gewinnen den Zugang zu den Formen.

Die Theorie der Formen gilt, mag sie auch im *Staat* von der Figur des Sokrates vorgetragen werden, allgemein als Platons eigener Beitrag zur Philosophie. Wenn man von Platonismus spricht, meint man gewöhnlich diesen Aspekt seines Werks. Um zu verstehen, was Platon mit «Form» meint, ist es am einfachsten, eins seiner Beispiele zu betrachten.

Es gibt viele Betten. Einige sind Doppelbetten, einige Einzelbetten, einige haben vier Pfosten usf. Trotzdem gibt es etwas Gemeinsames, was sie alle zu Betten macht. Dieses Gemeinsame ist eine Beziehung zu einem idealen Bett, der *Form* des Betts. Diese Form ist wahrhaft seiend: Sie ist das einzige *wirkliche* Bett. Alle anderen Betten sind unvollkommene Abbilder der Form des Betts. Sie gehören zur Welt der Erscheinungen, nicht zur wahren Wirklichkeit. Infolgedessen können wir wahres Wissen nur von der Form des Betts haben: Jede Kenntnis von den hier vorhandenen Betten ist nur Meinung, nicht Wissen. Die alltägliche Welt, in der wir leben, ist in ständigem Wandel begriffen; die Welt der Formen ist zeitlos und unwandelbar. Philosophen mit ihrer Weisheitsliebe gewinnen durch das Denken Zugang zur Welt der Formen und damit die Möglichkeit der Erkenntnis; die Wahrnehmung schränkt uns auf den Fluss der Welt der Erscheinungen ein.

Obgleich er nicht genau aufzählt, welchen Dingen in der Welt eine Form entspricht, behauptet Platon, dass es eine Form des Guten gibt. Dieses Gute bildet den höchsten Bezugspunkt der Suche des Philosophen nach Erkenntnis. Platon benutzt das Sonnengleichnis, um diese Idee zu erklären. Die Sonne macht das Sehen möglich und ist die Quelle des Wachstums; die Form des Guten erlaubt dem Auge des Geistes, die Natur der Wirklichkeit zu «sehen» und zu verstehen. Ohne die Erleuchtung, die durch die Form des Guten geliefert wird, sind wir verurteilt, in einer zwielichtigen Welt der Erscheinung und Meinung zu leben; im Licht des Guten können wir Erkenntnis darüber gewinnen, wie wir zu leben haben.

Beispiele für Ungerechtigkeit

Nachdem Platon gezeigt hat, dass ein gerechter Staat dadurch bestimmt ist, dass in ihm die verschiedenen Klassen ihre jeweils angemessene Rolle spielen, und ein gerechtes Individuum dadurch, dass in ihm die verschiedenen Motivationen in Harmonie sind, wendet er sich einigen Beispielen von Ungerechtigkeit im Staat und beim Individuum zu. Er betrachtet vier Arten von ungerechtem Staat und ihren entsprechenden Persönlichkeitstyp. Diese vier sind Timokratie, Oligarchie, Demokratie und Tyrannis. Eine Timokratie ist ein Staat, wie etwa Sparta, der von einem Drang nach militärischer Ehre beherrscht wird; in einer Oligarchie ist Reichtum das Zeichen von Verdienst; eine Demokratie ist ein Staat, der von dem Volk als Ganzem beherrscht wird; in einer Tyrannis hat der Herrscher absolute Gewalt.

Auch hier macht Platon wieder von der angeblichen Symmetrie zwischen Staat und Individuum Gebrauch. Zum Beispiel behauptet er in seiner Diskussion der Demokratie, dass der demokratische Staat das Prinzip ignoriere, das seiner Ansicht nach für den gerechten Staat wesentlich ist, nämlich dass man zum Herrscher ausgebildet werden muss. Die einzige Voraussetzung für einen demokratischen Herrscher sei, dass er vorgibt, ein Freund des Volks zu sein. Das korrespondierende demokratische Individuum widmet sich, wie der demokratische Staat einer großen Vielfalt von Vergnügungen, wobei es die, welche auf guten Begierden beruhen, nicht von denen unterscheidet die ihre Quelle in schlechten Begierden haben. Das Ergebnis ist eine seelische Disharmonie: Das demokratische Individuum lässt nicht zu, dass die Vernunft unangemessene Begierden zügelt. Bei ihm herrschen müßige Launen vor; Ungerechtigkeit ist unvermeidlich.

Gegen die Kunst

In seiner Darstellung der Wächtererziehung nennt Platon einige Gründe dafür, verschiedene Arten von Dichtung zu zensieren. Jede Schrift, die einen falschen Eindruck von Göttern oder Heroen erweckt, oder jede dramatische Dichtung, die wenn sie aufgeführt wird, zu einer Überidentifikation mit ungerechten Charakteren führt, soll verbannt werden. Im zehnten

Buch des *Staates* kehrt Platon zum Thema Kunst und ihrer Stellung in einer Idealgesellschaft zurück. Er konzentriert sich auf mimetische Kunst, das heißt eine Kunst, die dazu dienen soll, die Wirklichkeit abzubilden. Er kommt zu dem Schluss, dass eine derartige Kunst in seinem Staat keinen Platz hat. Dafür gibt es zwei Hauptgründe. Zunächst einmal kann sie immer nur Abbild einer Erscheinung sein und tendiert infolgedessen dazu, uns von der Welt der Formen zu entfernen. Zweitens appelliert sie an den irrationalen Teil unserer Seele und tendiert auf diese Weise dazu, die psychische Harmonie, die für Gerechtigkeit notwendig ist, zu zerstören.

Um die erste Art von Kritik zu erklären, nimmt Platon das Beispiel eines Malers, der ein Bett malt. Gott schuf die Form des Betts; ein Tischler machte ein schattenhaftes Abbild dieser Form; ein Künstler malte ein Abbild des Abbilds des Tischlers, gleichsam das Spiegelbild eines unvollkommenen Abbilds des einzig wirklichen Betts. Infolgedessen verhindert der Künstler eher unsere Erkenntnis der wahren Wirklichkeit, als sie zu fördern. Der Künstler bleibt ohne Kenntnis der wahren Natur des Betts und ist damit zufrieden, die Erscheinung eines bestimmten Bettes abzubilden. Platon glaubt, dass Dichter mehr oder weniger dasselbe tun wie Maler, und dehnt infolgedessen seine Missbilligung auch auf die Dichtkunst aus.

Das Werk der mimetischen Künstler ist nichtsdestoweniger verführerisch, wie Platon einräumt. Es appelliert nicht an die Vernunft, sondern an die niedrigeren Teile der Seele, eine Wirkung, die durch die Tendenz der Künstler verschärft wird, lieber schlechte als gute Impulse darzustellen. Mimetische Künstler können die Unaufmerksamen vom Weg zur Erkenntnis abführen. Deshalb gibt es für sie keinen Platz in seinem Staat.

Kritik an Platons *Staat*

Die Analogie von Staat und Individuum
Platons gesamtes Projekt im *Staat* beruht auf der Annahme, dass zwischen der Gerechtigkeit im Staat und der Gerechtigkeit in einem Individuum eine starke Analogie besteht. Wenn die Analogie schwach ist, dann werden auch alle Schlussfolgerungen über die Gerechtigkeit im Individuum, die aus Schlussfolgerungen über den gerechten Staat abgeleitet sind, entsprechend schwach sein. Platon hält diesen Schritt vom Staat zum Individuum offensichtlich für legitim. Aber es ist zumindest fragwürdig, ob dieser Schritt gerechtfertigt ist.

Nur Herrscher können gerecht sein
Darüber hinaus scheint Platons Theorie der Formen zur Folge zu haben, dass nur die Herrscher gerecht sein können. Da die Gerechtigkeit im Sinn der psychischen Harmonie und jede Klasse im Staat im Sinn ihrer herrschenden Motivationsquelle definiert worden sind, ist klar, dass nur diejenigen, in denen die Vernunft herrscht, imstande sind, gerecht zu handeln. Die Herrscher sind die einzige Klasse von Menschen, die in dieser Position sind. Also scheint zu folgen, dass nur die Herrscher zur Gerechtigkeit fähig sind. Vielleicht hätte Platon dies nicht als einen ernsthaften Einwand gegen seine Theorie aufgefasst, sondern eher als eine aufschlussreiche Folge; den meisten heutigen Lesern freilich macht es eher deutlich, dass Platons Denken kompromisslos elitär ist.

Macht zweideutige Aussagen über den Begriff «Gerechtigkeit»
Wenn Platon uns sagt, dass Gerechtigkeit in Wirklichkeit eine Art geistiger Gesundheit darstellt, in der die drei Teile der Seele harmonisch miteinander zusammenspielen, scheint er den gewöhnlichen Sinn des Worts «Gerechtigkeit» über Bord geworfen zu haben. Er scheint das Wort willkürlich für seine Zwecke neu definiert oder zumindest in zwei verschiedenen

Bedeutungen gebraucht zu haben. Was für ein Interesse kann jemand daran haben, in dieser Weise über «Gerechtigkeit» zu reden?

Platon würde ohne Zweifel auf diese Kritik antworten, dass sein Begriff von «Gerechtigkeit» das *ans Licht* bringt, was wir gewöhnlich mit Gerechtigkeit meinen. Platons gerechtes Individuum wird weder stehlen noch mehr als den ihm zustehenden Anteil nehmen, weil das bedeuten würde, dass die Vernunft den niederen Begierden nachgäbe. Das scheint aber die Möglichkeit offen zu lassen, dass einige Menschen, die wir aufgrund ihres Verhaltens «gerecht» nennen würden, Platons Prüfung nicht bestehen würden, da ihr Verhalten aus einer niedrigeren Quelle als einem harmonischen Zusammenwirken der Seele stammen könnte. Sie könnten vielleicht einfach nur den Wunsch haben, sich gerecht zu verhalten, ohne aber über eine hoch entwickelte Fähigkeit zur Vernunft verfügen.

Beinhaltet Täuschung

An verschiedenen entscheidenden Stellen seines Gedankengangs befürwortet Platon eine Täuschung der Bürger, um ihre Loyalität zum Staat und den Mitbürgern zu stärken. So gibt es zum Beispiel die «edle Täuschung» des Mythos von den Metallen, ebenso die Lüge über die Paarungslotterie. Viele Leute finden dies inakzeptabel. Ein Idealstaat sollte nicht auf Täuschung gegründet sein. Platon scheint aber darum gänzlich unbekümmert. Sein Interesse richtet sich auf das Endergebnis und die beste Methode, es zu erreichen, nicht auf die moralische Frage, wie dieses Resultat erreicht wird.

Die Formentheorie ist unplausibel

Platons Theorie der Formen bildet eine wichtige Grundlage für seine Argumente über den Idealstaat. Gleichwohl hat sie für die meisten Philosophen heutzutage nur wenig intuitive Überzeugungskraft. Vielleicht am schwersten zu verdauen ist die Vorstellung, dass die Formen wahrhaftes Sein haben und die wahre

Wirklichkeit sind, während die Welt unserer Sinne einfach nur ein schattenhaftes Abbild darstellt.

Wenn wir die Formenlehre über Bord werfen, dann verlieren viele Vorschläge Platons ihren metaphysischen Boden. Zum Beispiel gäbe es ohne die Vorstellung, dass Philosophen besonders geeignet sind, Wissen von der wahren Wirklichkeit zu gewinnen, keine offensichtliche Rechtfertigung dafür, ihnen den Idealstaat anzuvertrauen. Auch gäbe es keinen offensichtlichen Grund dafür, die mimetischen Künste aus dem Staat zu verbannen.

Rechtfertigt Totalitarismus
Aber die vielleicht bedeutsamste Kritik an Platons *Staat* ist die, dass er ein Rezept für den Totalitarismus bietet. Mit seinen Plänen für Eugenik, seiner «edlen Täuschung», seiner Verbannung der Familie und seiner Kunstzensur drängt sich der Staat in jedes Gebiet des Lebens hinein. In Platons Welt müssen die Einzelnen den Erfordernissen des Staates dienen, und man erwartet von ihnen, dass sie diesem Ziel jedes Element persönlicher Freiheit opfern. Wer von uns Wert auf individuelle Freiheit und die Freiheit seiner Entscheidungen legt, dürfte Platons Vision für entschieden unattraktiv halten.

Daten

427 v. Chr.	Platon wird als Sohn einer aristokratischen athenischen Familie geboren
399 v. Chr.	Sokrates leert den Schierlingsbecher
399–347 v. Chr.	Platon verfasst mehr als 20 philosophische Dialoge
347 v. Chr.	Platons Tod

Weitere Lektüre

O. Höffe (Hg.), *Platon, Politeia*, Berlin 1997 (Klassiker Auslegen Bd. 7)

Wolfgang Kersting, *Platons «Staat»*, Darmstadt 1999

Karl R. Popper, *Die Offene Gesellschaft und ihre Feinde*, Bern 1957, enthält eine schlüssige Argumentation gegen Platons Staat, der nach Poppers Auffassung ein totalitärer Alptraum wäre. Das Buch ist ein gutes Gegenmittel gegen die weit verbreitete Tendenz unter Platonforschern, Platons politischen Vorschlägen eine wohlwollendere Behandlung angedeihen zu lassen, als sie verdienen.

Andreas Schubert, *Platon: Der Staat. Ein einführender Kommentar*, Paderborn 1995

Ursula Wolf, *Die Suche nach dem guten Leben. Platons Frühdialoge*, Reinbek bei Hamburg 1996 (re 579)

2. Aristoteles: *Nikomachische Ethik*

Aristoteles war Praktiker. Obgleich er Platons Schüler war, verwarf er die Vorstellung seines Lehrers, die wahre Wirklichkeit liege jenseits der alltäglichen Welt im Reich der Formen. Er glaubte nicht an Platons Mythos von der Höhle. In Raffaels Gemälde *Die Schule von Athen* (1511) weist Platon himmelwärts auf die Formen; Aristoteles dagegen zeigt nach vorn auf die Welt. Seine Untersuchungen gingen weit über das hinaus, was wir heute unter Philosophie verstehen: Er war zum Beispiel einer der ersten großen Biologen. Seine Interessen in der Philosophie waren von großem Umfang, sie umfassten Metaphysik, Ethik, Politik und Ästhetik.

Trotz der Tatsache, dass seine *Nikomachische Ethik* nur eine Sammlung von Vorlesungsnotizen ist, stilistisch uneinheitlich, stellenweise dunkel und gewiss nicht für eine Veröffentlichung gedacht, bleibt sie eine der wichtigsten Arbeiten in der Geschichte der Ethik. Hier stellt Aristoteles eine der für alle Menschen grundlegenden Fragen: «Wie sollen wir leben?», eine Frage, die im Zentrum der antiken ethischen Diskussion lag, von den Philosophen des 20. Jahrhunderts dagegen traurig vernachlässigt worden ist. Seine Antwort, mag sie auch komplex und stellenweise bizarr sein, ist wichtig, nicht einfach nur als Meilenstein in der Geschichte der Zivilisation, sondern auch, weil sie einen bedeutenden Einfluss auf die philosophische Debatte der Gegenwart ausübt.

Die *Nikomachische Ethik* ist ein dichtes und komplexes Werk, und die Interpreten streiten sich über ihre genaue Deutung, nichtsdestoweniger kann man den zentralen Themen leicht genug folgen. Einige der Schlüsselbegriffe, die Aristoteles verwendete, lassen sich nur schwer übersetzen. Deshalb haben es die meisten Philosophen, die Aristoteles diskutieren, vorgezogen, eine Anzahl von griechischen Begriffen einfach zu übernehmen, statt sich auf eher irreführende Übersetzungen zu verlassen. Einer der wichtigsten dieser Ausdrücke ist *eudaimonia*.

Eudaimonia: Ein glückliches Leben

Eudaimonia wird oft mit Glück oder Glückseligkeit übersetzt, aber das kann sehr irreführend sein. Man könnte es auch mit «Gedeihen» wiedergeben, das, wenngleich es etwas ungeschickt klingt, angemessenere Konnotationen hat: Es legt zum Beispiel den Gedanken an eine Analogie zwischen dem Blühen von Pflanzen und der Blüte eines menschlichen Lebens nahe. Aristoteles glaubt, dass wir alle nach *eudaimonia* streben, womit er sagen will, dass wir alle wünschen, unser Leben möge gut verlaufen. Ein *eudaimon* Leben ist ein erfolgreiches Leben. Es ist die Art von Leben, die wir alle wählen würden, wenn wir sie erlangen könnten; die Art von Leben, die wir denen wünschen würden, die wir lieben. *Eudaimonia* wird immer als ein Ziel angestrebt, niemals als Mittel zu einem Ziel. So können wir zum Beispiel hinter Geld her sein, weil es ein Mittel ist, um uns teure Kleider zu kaufen, und vielleicht kaufen wir teure Kleider, weil wir glauben, sie machen uns attraktiver für Leute, die wir für uns einnehmen wollen; wir wollen diese Leute für uns einnehmen, weil wir glauben, sie besäßen die Fähigkeit, unser Leben glücklicher zu machen. Aber es hat keinen Sinn zu fragen, warum wir wünschen, dass unser Leben glücklich ist. *Eudaimonia* kann keinem anderen Zweck dienen: Sie ist der Endpunkt, an dem diese Art von Erklärungskette aufhört. Es hat keinen Sinn zu fragen: «Warum nach *eudaimonia* suchen?», da es für Aristoteles eine begriffliche Wahrheit ist, dass alle Menschen danach suchen. *Eudaimonia* ist nicht die einzige Sache, die als Selbstzweck gesucht wird; es mag sein, dass wir zum Beispiel Musik hören oder unsere Zeit mit unseren Kindern verbringen, nicht weil wir glauben, dass wir aus diesen Tätigkeiten irgendeinen anderen Gewinn ziehen, sondern weil dies die Art und Weise ist, wie wir unsere Zeit auf der Erde verbringen wollen. Freilich verfolgen wir in solchen Fällen diese Dinge, weil wir glauben, sei es zu Recht oder zu Unrecht, dass sie Bestandteile eines *eudaimon* Lebens sind.

Eins der Ziele der *Nikomachischen Ethik* besteht darin, diese Suche nach *eudaimonia* aufzuklären. Wenn wir mehr darüber wissen, was das ist, was wir suchen, und wie es normalerweise erreicht wird, dann ist es wahrscheinlicher, dass wir es selbst erreichen, auch wenn letztlich, wie Aristoteles glaubte, unsere frühe Erziehung und die gegenwärtigen materiellen Umstände zu einem großem Ausmaß unsere Fähigkeit bestimmen, den richtigen Weg zu gehen. Im Unterschied zu vielen späteren Moralphilosophen machte sich Aristoteles keine Illusionen über den Einfluss von Ereignissen, die außerhalb unserer Kontrolle liegen, auf den Erfolg unseres Lebens. Er glaubte, der Besitz einer gewissen Menge Geld, ein annehmbares Aussehen, eine gute Herkunft und wohlgeratene Kinder seien Vorbedingungen für jedes wahrhaft *eudaimon* Leben. Ohne die Wohltat solcher Güter sind wir vielleicht außerstande, den höchsten Status von *eudaimonia* zu erreichen; aber wir sollten unsere Handlungen unseren spezifischen Umständen anpassen. Für Aristoteles beruht das gute Leben nicht so sehr darauf, allgemeine Regeln auf spezifische Fälle anzuwenden, als vielmehr unser Verhalten auf die besonderen Umstände unseres Lebens zuzuschneiden.

In den Augen von Aristoteles ist es ein Zeichen von Klugheit, nur die Art von Genauigkeit zu suchen, die dem Bereich angemessen ist, mit dem man sich befasst. Urteile darüber, wie man leben soll, treffen immer nur im Großen und Ganzen zu. Sie gelten nicht für jeden Einzelnen unter allen Umständen, und deshalb gibt es keine unumstößlichen Regeln. Ethik lässt nicht die Art von Genauigkeit zu wie Mathematik. Das Interesse eines Zimmermanns an einem rechten Winkel ist praktischer

Natur; und dies ist gänzlich verschieden von dem Interesse eines Geometers. Es wäre ein Fehler, Ethik als etwas anderes als ein praktisches Thema mit seinen eigenen Maßstäben von Allgemeinheit zu behandeln. Und als praktisches Thema zielt sie darauf, uns zu zeigen, wie man zu einem guten Menschen wird, nicht darauf, uns lediglich ein besseres theoretisches Verständnis dessen zu vermitteln, worin das gute Leben besteht.

Trotz der Überzeugung, dass wir alle *eudaimonia* anstreben und anstreben sollten, war Aristoteles weit davon entfernt, ein Hedonist im Sinne eines Fürsprechers eines Lebens der sinnlichen Freuden zu sein. Er glaubte, dass diejenigen, die nichts anderes wünschen als die Befriedigung der Geschlechtslust, Esslust und Trinklust, sich auf die Ebene von Herdenvieh begeben. *Eudaimonia* ist kein seliger Geisteszustand. Sie ist vielmehr eine Tätigkeit, eine Lebensweise, die ihre eigenen Freuden mit sich führt, die aber nicht nach einzelnen Handlungen bewertet werden kann. Das ganze Leben eines Einzelnen muss in Rechnung gestellt werden, bevor wir mit Sicherheit sagen können, dass jemand *eudaimonia* erlangt hat; wie Aristoteles es denkwürdig ausgedrückt hat, eine Schwalbe macht noch keinen Sommer, und ein einzelner glücklicher Tag garantiert noch kein glückliches Leben. Eine Tragödie am Ende des Lebens könnte der Frage, ob das Leben als Ganzes gut verlief oder nicht, eine vollkommen andere Tendenz geben. Es liegt also eine gewisse Wahrheit in der Vorstellung, dass wir jemandes Leben nicht vor seinem Tod *eudaimon* nennen können. Aristoteles erwägt sogar die Frage, ob Ereignisse nach dem Tod die Einschätzung, ob das Leben glücklich war oder nicht, beeinflussen können; seine Antwort ist, dass das Schicksal der Nachkommen nach dem eigenen Tod die eigene *eudaimonia* bis zu einem gewissen Maß beeinflussen *kann*.

Die eigentümliche Leistung des Menschen

Aristoteles glaubte, dass Menschen eine eigentümliche Leistung (*ergon*) oder Tätigkeit vollbringen. Mit anderen Worten, genau wie Tischler durch ihre charakteristische Tätigkeit erkennbar sind (sie stellen Dinge aus Holz her), so haben auch wir Menschen als solche eine eigentümliche Leistung, eine Funktion, die uns zu dem macht, was wir sind. Das Wort «Funktion» legt die Vorstellung nahe, Menschen seien für eine bestimmte Absicht geplant worden, aber das ist nicht die Konnotation, die Aristoteles beabsichtigt. Er behauptet nicht die Existenz einer weisen Gottheit, die für die Konstruktion der Spezies verantwortlich ist, sondern lenkt unsere Aufmerksamkeit auf die charakteristischen Fähigkeiten, die wir haben, die uns zu eben dem machen, was wir sind, und zu nichts anderem. Dieses menschliche *ergon* kann nicht körperliches Wachstum sein, da wir das mit den Pflanzen teilen. Körperliches Wachstum unterscheidet einen Menschen nicht von einer Geranie. Es kann auch nicht die Fähigkeit zur Wahrnehmung sein, weil auch andere Lebewesen diese haben, etwa Pferde. Das *ergon* des Menschen ist die Vernunfttätigkeit; sie bildet das Zentrum unseres Lebens als Menschen.

Der *gute* Mensch ist jemand, der sich durch diese charakteristische Tätigkeit auszeichnet. Eine derartige Auszeichnung beinhaltet tugendhaftes Handeln. Aristoteles' Schlussfolgerung lautet, das gute Leben für Menschen sei ein Leben der vernünftigen, tugendhaften Tätigkeit. Es ist nicht genug, die *Fähigkeit* (Potentialität) zum tugendhaften Handeln zu haben. Die Sieger bei den Olympischen Spielen werden nur aus den Teilnehmern gewählt und nicht aus denen, die vielleicht schneller gelaufen wären, wenn sie an den Wettkämpfen teilgenommen hätten. Ähnlich gewinnen auch nur diejenigen die Belohnung, die *handeln*. Und die Belohnung im Leben ist wahre Glückseligkeit. Rosen blühen auf einem gut gedüngten Boden, dort wachsen sie kräftig und blühen üppig; Menschen gedeihen, wenn sie das Leben einer vernünftigen, tugendhaften Tätigkeit leben. Ein großer Teil der

Nikomachischen Ethik befasst sich damit, genau darzulegen, wie ein solches Leben beschaffen sein könnte, welche Art von Charakter man braucht, um ein gutes Leben zu leben. Zentral dafür ist eine Analyse der Tugenden und wie man sie erwirbt.

Die Tugenden

Eine Tugend ist eine Charaktereigenschaft: eine Disposition, unter relevanten Umständen auf eine bestimmte Art und Weise zu handeln. Es ist wichtig zu erkennen, dass der Ausdruck «Tugend», wie er heute gebraucht wird, moralische Konnotationen hat: Jemanden tugendhaft zu nennen bedeutet, eine positive Einschätzung seines moralischen Charakters vorzunehmen. Aber für Aristoteles bedeutete der Ausdruck, der mit Tugend übersetzt wird, *ethikai aretai*, einfach nur «Vortrefflichkeit des Charakters» und hatte keinerlei moralische Implikationen in unserem Sinn von «Moral». Tugendhaft in diesem Sinne zu sein bedeutete einfach, vortreffliche Charaktereigenschaften zu besitzen und entsprechend zu handeln, auch wenn einige vielleicht für die Beurteilung des moralischen Werts völlig irrelevant sind. Tatsächlich haben einige Kommentatoren sogar die Frage gestellt, ob man die *Nikomachische Ethik* überhaupt als Werk der Moralphilosophie in dem Sinn von Moral betrachten kann, den wir heute haben. Moral wird gewöhnlich so verstanden, dass sie zumindest eine gewisse Rücksichtnahme auf die Interessen Anderer beinhaltet: Es hätte keinen Sinn zu sagen (wenn man das heutige Verständnis von «Moral» zugrunde legt): «Ich habe meine eigene private Moral entwickelt, die vollkommen eigennützig ist.» Aristoteles' Hauptinteresse galt freilich nicht unserer Fürsorge für andere Menschen, sondern der Frage, wessen es bedarf, um das eigene Leben erfolgreich zu gestalten. In mancher Hinsicht gleicht die *Nikomachische Ethik* den Anleitungen zur Selbstvervollkommnung und größeren persönlichen Effizienz, die heutzutage bei Managern so beliebt sind.

Aristoteles beschreibt verschiedene Schlüsseltugenden. So wird zum Beispiel jemand, der mutig ist, niemals so von Furcht überwältigt werden, dass er nicht auf die richtige Art und Weise handeln kann. Ein mutiger Soldat wird sein eigenes Leben riskieren, um seinen Kameraden zu retten und wird nicht durch Furcht zur Untätigkeit verurteilt werden; ein mutiger Dissident wird sich zur Opposition gegenüber der Regierung bekennen und seine Überzeugung selbst dann zum Ausdruck bringen, wenn das sichere Einkerkerung und mögliche Folter oder den Tod bedeutet. Wer großzügig ist, wird gerne Geld oder Zeit denen opfern, die deren bedürfen.

Aristoteles unterscheidet zwei Arten von Tugenden: die moralischen und die intellektuellen. Moralische Tugenden wie Besonnenheit werden durch frühkindliche Erziehung erworben und bestärkt, um auf diese Weise eher zu einer Sache der Gewohnheit als einer bewussten Entscheidung zu werden; intellektuelle Tugenden wie Intelligenz andererseits können gelehrt werden. Die moralischen Tugenden werden durch die nichtvernünftigen Elemente des Einzelnen gebildet; die intellektuellen Tugenden durch das vernünftige. Aristoteles identifiziert eine allen Tugenden gemeinsame Struktur: Sie fallen zwischen zwei Extreme. Das ist die Grundlage seiner Lehre von der goldenen Mitte.

Die goldene Mitte

Aristoteles' Begriff der Mitte lässt sich am einfachsten durch einen Blick auf einige seiner Beispiele klarmachen. Die Tugend des Muts liegt zwischen zwei Lastern: Mangel an Mut ist Feigheit; ein Übermaß davon ist Tollkühnheit. Die Tugend des Witzes liegt zwischen den Lastern der Steifheit und der Albernheit; Bescheidenheit zwischen Schüchternheit und Schamlosigkeit. Man beachte, dass Witz und Bescheidenheit im Unterschied zu Mut nicht als moralische Tugenden angesehen werden.

Ein übliches Missverständnis der Lehre von der Mitte besteht darin, sie als einen Ratschlag zur Mäßigung aufzufassen. Da die Mitte immer zwischen zwei Extremen des Verhaltens liegt, scheint es, dass Aristoteles Mäßigung in allen Dingen befürwortet. Aber nur weil die Mitte zwischen der übertriebenen und der zu schwachen Reaktion liegt, folgt noch nicht, dass die tugendhafte Person immer auf eine gemäßigte Weise handelt. Wenn man zum Beispiel sieht, wie jemand ein Kind misshandelt, wäre eine gemäßigte Reaktion offensichtlich unangemessen. Aristoteles' Theorie würde wahrscheinlich unter solchen Umständen ein heftiges Eingreifen unterstützen. Solches Verhalten läge zwischen den Extremen der Gleichgültigkeit und der rachsüchtigen Gewalttätigkeit.

Tugendhaftes Handeln ist immer eine Mitte, wie sie eine Person wählen würde, die praktische Weisheit besitzt, der *phronimos*. Der *phronimos* reagiert auf die Eigenschaften besonderer Umstände und hat ein ausgezeichnetes Urteil in der Frage, wie man sich verhalten soll.

Handeln und Zurechnungsfähigkeit

Aristoteles ist nicht so sehr einfach am Verhalten, sondern vor allem am Handeln interessiert. Gerade von Menschen gilt, dass sie handeln statt sich einfach nur zu verhalten, da wir auf vielen Gebieten unseres Lebens die Fähigkeit besitzen, Entscheidungen zu treffen; im Gegensatz dazu verhält sich eine Ameise einfach nur, weil sie nicht abwägen kann, was sie tun oder nicht tun könnte. Gewöhnlich machen wir Individuen nur für ihr Handeln verantwortlich; wenn sie gar nicht anders können, als das zu tun, was sie taten, dann wäre es seltsam, wenn wir sie bestrafen würden. Aristoteles unterscheidet absichtliches, auf einer Entscheidung beruhendes Handeln von zwei anderen Formen des Verhaltens: dem unfreiwilligen und dem nicht freiwilligen Verhalten.

Unfreiwilliges Verhalten beruht entweder auf Zwang oder au
Unwissenheit. Wenn zum Beispiel jemand aus einem Fenster
gestoßen wird, macht man ihn nicht dafür verantwortlich, da
Glas zerbrochen zu haben, besonders, wenn er nicht die Ab-
sicht hatte, es zu zerbrechen. Wenn jemand aus Unwissenhei
versehentlich einen Giftpilz isst, weil er gedacht hat, es sei ein
Speisepilz, dann wäre auch dies unfreiwillig. Vielleicht bedauer
er das Ergebnis in beiden Fällen, aber in keinem Fall hat er die
direkte Kontrolle über das, was geschieht. Diese Dinge gesche-
hen gegen seinen Willen, und er hätte sie nicht getan, wenn er e
hätte verhindern können. Aber einige erzwungene Handlungen
unterscheiden sich in dem Punkt, dass sie immer noch erlauben
eine Art von Wahl zu treffen. Wenn zum Beispiel die einzige
Möglichkeit, ein Schiff in einem Sturm zu retten, darin besteht
die Ladung über Bord zu werfen, dann scheint es, dass der Be
fehl des Kapitäns eine freiwillige Handlung ist, insofern er sie
wählt. Aber in einem anderen Sinn ist sie durch die extremen
Umstände erzwungen. In einem anderen Kontext wäre die
Handlung, die Ladung über Bord zu werfen, tadelnswert, abe
unter den besonderen Umständen wird sie durch die Ereignisse
erzwungen.

Aristoteles erwägt und verwirft die Idee, dass man durch die
Begierde nach Lust gezwungen sein könnte, sich auf bestimmte
Weise zu verhalten; zum Beispiel, dass einen die Lust *zwingen*
könnte, zum Verführer zu werden, und man somit für seine Ta
ten nicht verantwortlich sei. Wenn man diese Strategie ein
schlägt, dann verlangt, wie Aristoteles aufzeigt, die Konsistenz
dass man auch für seine guten Handlungen nicht gelobt werden
sollte, da sie, wenn sie aus Lust geschehen, gleichermaßen au
ßerhalb der Kontrolle liegen.

Nicht freiwilliges Verhalten unterscheidet sich von unfreiwil
ligem dadurch, dass man es nicht bereut. Reue über die Konse
quenzen von unfreiwilligem Verhalten zeigt, dass man, wenn
man die volle Kontrolle gehabt hätte, nicht getan hätte, was man
getan hat: Man hätte sich nicht aus dem Fenster werfen lassen

oder man hätte bei genügend Kenntnissen nie einen Giftpilz gegessen. Es waren nur äußere Faktoren, die einen dazu veranlasst haben, das zu tun, was man getan hat. Wenn ich jemandem auf den Fuß trete, ohne es zu beabsichtigen, aber meine Handlung nicht bereue, dann war meine Handlung nicht freiwillig.

Akrasia: Willensschwäche

Akrasia wird gewöhnlich mit «Unbeherrschtheit» übersetzt, ein Ausdruck, der bei modernen Lesern die Vorstellung eines Mangels an Selbstkontrolle hervorruft; aber Aristoteles meinte mit diesem Wort etwas viel Allgemeineres. Es ist die vertraute Situation, dass man weiß, was man tun sollte, was das Leben erfolgreicher machen würde, und sich trotzdem stur für das entscheidet, was man deutlich als die schlechtere Option erkennt. Im Unterschied zur Unbeherrschtheit ist es eine *freiwillige* Handlung. Man weiß zum Beispiel, dass ein Ehebruch die *eudaimonia* untergraben würde. Trotzdem wird man vielleicht angesichts einer attraktiven und willigen Ehebrecherin von dem Wunsch nach unmittelbarer Befriedigung der Lust überwältigt und gibt der Versuchung nach, obgleich man sich bewusst ist, dass der Ehebruch die Aussichten auf *eudaimonia* schädigt, und obgleich man, wie alle Menschen, nach *eudaimonia* sucht. Man wählt, was man als das Schlechte für einen selbst erkennt. Aristoteles sieht, beeinflusst von Platon, ein Problem in der Vorstellung, dass man vielleicht wirklich weiß, was der beste Handlungsverlauf wäre, und ihn trotzdem nicht wählt. Für Platon handelt man, wenn man wirklich weiß, was das Gute ist, das heißt Wissen von der Form besitzt, automatisch in Übereinstimmung damit. Nach Platon kann es echte *akrasia* gar nicht geben: Jedes scheinbare Beispiel dafür ist in Wirklichkeit zwangsläufig ein Fall von Unkenntnis des Guten. Im Unterschied dazu hält Aristoteles daran fest, dass das Phänomen der *akrasia* wirklich auftritt. Diejenigen, die darunter leiden, wissen auf eine allgemeine Weise, dass bestimmte Arten des Handelns nicht gut für sie sind und nicht zu ihrem Glück beitragen. Vielleicht leisten sie sogar der Vorstellung Lippendienst, dass das, was sie in einem besonderen Fall tun, falsch ist: Aber wenn sie dieses tun, dann empfinden sie es nicht wirklich so, sondern sagen einfach auswendig gelernte Zeilen auf. Sie sind von ihrer Begierde überwältigt und unterliegen der Versuchung unmittelbarer Lust, statt in einer Weise zu handeln, die zu einem langfristigen Gedeihen beiträgt. Obwohl sie auf einer bestimmten Ebene wissen, was gut für sie ist, wählen sie es nicht, weil sie nicht vom allgemeinen Prinzip auf den besonderen Fall schließen.

Das kontemplative Leben

Gegen Ende der *Nikomachischen Ethik* beschreibt Aristoteles die Art von Tätigkeit, die er für den wichtigsten Bestandteil in einem guten Leben hält: die theoretische oder kontemplative Tätigkeit. Obwohl er den größten Teil des Buchs Fragen der praktischen Tugend widmet, mit einer Betonung der Arten von Handlung, die ein Glücklichsein hervorbringen, lässt er keinen Zweifel, dass er die Reflexion auf das, was man weiß, für die höchste Tätigkeit hält, die Menschen möglich ist. Seine Begründung lautet folgendermaßen. Da die charakteristische Tätigkeit des Menschen die Vernunfttätigkeit ist und Vortrefflichkeit immer aus der Erfüllung der charakteristischen Funktion entsteht muss es wahr sein, dass die menschliche Vortrefflichkeit in der Vernunfttätigkeit erlangt wird. Freilich wären nur Götter fähig ein Leben ununterbrochener philosophischer Kontemplation zu führen; für Menschen ist eine solche Kontemplation ein lebenswichtiger Bestandteil, kann aber nicht das Ganze des guten Lebens ausmachen. Gleichwohl ist es die höchste Form von Tätigkeit, die uns möglich ist.

Kritik der *Nikomachischen Ethik*

Menschliche Natur

Die gesamte Diskussion der menschlichen Tüchtigkeit und des menschlichen Charakters bei Aristoteles beruht auf der Idee, dass es so etwas gibt wie die menschliche Natur und dass das, was für unser Menschsein entscheidend ist, unsere Vernunftfähigkeit ist. Es gibt verschiedene Ansatzpunkte, um Aristoteles' Annahmen über die menschliche Natur in Frage zu stellen.

Ein radikaler Ansatz besteht darin, zu bestreiten, dass es etwas Derartiges wie «die menschliche Natur» überhaupt gibt. Das ist die Ansicht einiger Existenzphilosophen, etwa von Jean-Paul Sartre, die glauben, dass jeder Versuch, vorweg zu erklären, wie der Mensch beschaffen sein muss, zum Scheitern verurteilt ist, da wir uns durch unsere Wahlen selbst schaffen, statt uns einer vorweg bestehenden Schablone anzupassen.

Ein zweiter Weg, diesen Aspekt des aristotelischen Vorgehens in Frage zu stellen, besteht darin, die besondere Darstellung der menschlichen Natur, die er gibt und aus der er seine übrigen Schlussfolgerungen zieht, zu kritisieren. Ist die Fähigkeit zur Vernunfttätigkeit *wirklich* das, was uns von anderen Lebewesen trennt? Warum dies und nicht unsere Fähigkeit, uns mit Hilfe unserer Waffen gegenseitig umzubringen? Oder vielleicht unsere Fähigkeit, Musikinstrumente zu spielen?

Inkommensurabilität der Werte

Für Aristoteles gibt es eine höchste Lebensform, das Leben der Kontemplation, die mit anderen Lebensformen verglichen überlegen erscheint. Aber ist das so offensichtlich? Einige Philosophen haben argumentiert, dass viele der Dinge, die Menschen schätzen, einfach inkommensurabel sind, das heißt, dass es absolut keine Möglichkeit gibt, sie miteinander zu vergleichen, kein Maß, das es uns erlauben würde, sie im Vergleich zu beurteilen. Nach dieser Ansicht könnte das kontemplative Leben *eine* wertvolle Lebensform sein; aber das Leben eines aktiven Teilnehmers an den Alltagsangelegenheiten könnte eine andere sein. Es gibt keinen Standpunkt, auf dem wir uns bequem zurücklehnen und die jeweiligen Verdienste der beiden Leben beurteilen könnten, keine gemeinsame Währung, in der ihr Wert gemessen werden kann.

Egoistisch

Ein weiterer Einwand gegen die Ethik des Aristoteles lautet, dass sie nur ein Rezept für die *eudaimonia* eines Einzelnen liefert und keinerlei Interesse an dem Wohlergehen anderer Menschen zeigt. Es handle sich um einen egoistischen Ansatz, der seine Leser nur lehre, die eigenen besten Interessen zu verfolgen.

Gegen eine Kritik dieser Art spricht, dass sie einfach nicht zur Kenntnis nimmt, was die alten Griechen unter Ethik verstanden. Die Entwicklung des individuellen Charakters war genau der Brennpunkt der griechischen Ethik. Eine andere Antwort ist die, dass die Tugenden, die Aristoteles verficht, zum größten Teil genau diejenigen sind, die Individuen benötigen, wenn eine Gesellschaft gedeihen soll.

Die Tugenden scheinen willkürlich

Aus unserer Perspektive erscheint die besondere Liste von Tugenden, die Aristoteles in der *Nikomachischen Ethik* zusammengestellt hat, als Produkt seiner Umwelt. Aristoteles stellt den *status quo* nicht in Frage, sondern konserviert vielmehr die bestehenden Werte seiner Gesellschaft in Gestalt einer philosophischen Abhandlung. So hält er zum Beispiel Sklaverei für eine durchaus annehmbare Praxis. Er verteidigt die Werte des alten athenischen Adels. Trotzdem präsentiert er diese Werte, als wären sie nicht einfach nur Teil der Natur der alten Athener, sondern der menschlichen Natur selbst. Er behandelt sie als universale Eigenschaften des menschlichen Daseins, auch wenn sie den jeweiligen Umständen angepasst werden müssen.

Aber vielen Lesern erscheinen die Auswahl und die Auslassungen von Tugenden und Lastern willkürlich. Warum zum Beispiel sagt Aristoteles nichts über Sympathie oder Altruismus? Seine Darstellung tugendhafter Aktivität sieht provinziell aus. Und wenn sie provinziell ist, ist ihre Relevanz für die gegenwärtige Moraltheorie zwangsläufig beschränkt.

Elitär

Darüber hinaus ist Aristoteles' Theorie in verschiedener Hinsicht unverblümt elitär. Erstens kann keine Rede davon sein, dass *eudaimonia* jedermann verfügbar ist: Man braucht gutes Aussehen, Kinder, ein gewisses Einkommen und eine Menge gutes Glück. Im Unterschied zu vielen Moraltheorien findet sich bei Aristoteles nicht die Vermutung, dass man den höchsten Zustand durch pure Willensanstrengung erreichen kann. Äußere Faktoren bestimmen, ob man ein gutes Leben führt oder nicht. Zweitens, wenn wir die Idee ernst nehmen sollen, dass das gute Leben ein Leben ist, das von philosophischer Kontemplation beherrscht wird, dann ist klar, dass nur diejenigen, die das Glück haben, über genügend Zeit zu verfügen, sich mit dieser Art Denken zu befassen, ein im höchsten Maße gutes Leben führen können.

Aristoteles hätte sich durch den Vorwurf des elitären Denkens kaum sehr getroffen gefühlt. Aber es ist ein wichtiger Zug seiner Theorie, und er muss explizit gemacht werden. Viele Leser von heute werden das Gefühl haben, dass diese Theorie in ihren elitären Eigenschaften blind für wichtige Eigenschaften der Moral ist.

Vagheit

Der vielleicht schlagendste Einwand gegen eine Theorie, die explizit dazu dienen soll, uns zu helfen, bessere Menschen zu werden, ist ihre Vagheit hinsichtlich der Frage, wie wir uns denn nun genau verhalten sollen. Die Lehre von der Mitte bietet als Anleitung nicht eben viel. Die Empfehlung, wir sollten uns so verhalten, wie der *phronimos* handeln würde, ist uninformativ, wenn wir nicht gerade einen *phronimos* bei der Hand haben, den wir fragen können, was er unter diesen Umständen tun würde. Selbst innerhalb der Theorie scheint es einen Konflikt zu geben: Sollen wir uns einem Leben des tugendhaften Handelns hingeben (die Ansicht, die Aristoteles über weite Teile der *Nikomachischen Ethik* hin zum Ausdruck bringt), oder sollen wir auf ein Leben zielen, das substantielle philosophische Kontemplation einschließt, die Lebensform, die gegen Ende des Buches hervorgehoben wird? Die Interpreten versuchen, diese anscheinend entgegengesetzten Ansichten zu versöhnen, aber es lässt sich kaum bestreiten, dass es Aristoteles nicht gelingt, klare Leitlinien in der Frage zu geben, wie wir leben sollen.

Daten

384 v. Chr.	Aristoteles wird in Stageira geboren
	Schüler an Platons Akademie
	Lehrer Alexanders des Großen
	Veröffentlichung zahlreicher Werke über Politik, Tragödie, Biologie u.v.a.
322 v. Chr.	Tod in Chalkis

Weitere Lektüre

O. Höffe (Hg.), *Aristoteles, Die Nikomachische Ethik*, Berlin 1995 (Klassiker Auslegen Bd. 2)

J. L. Ackrill, *Aristoteles*, Berlin / New York 1985, ist eine gute allgemeine Einführung in Aristoteles' Philosophie

F. Dirlmeier, *Nikomachische Ethik*, 3. Aufl., Berlin / Darmstadt 1991

3. Descartes: *Meditationen*

Descartes' *Meditationen* sollen den Leser zum eigenen Denken anhalten. Das Buch ist in der ersten Person geschrieben, es ist eine Art autobiographischer Bericht über eine Woche des Nachdenkens. Dies ist freilich nur ein phantasievolles Mittel, um den Leser dazu zu ermutigen, den Windungen des Gedankengangs zu folgen. Will man das Buch in dem Geist lesen, in dem es geschrieben ist, bedarf es einer aktiven Auseinandersetzung mit seinen Ideen, nicht einer passiven Aufnahme. Der Leser ist aufgefordert, selber zu dem «Ich» des Textes zu werden, indem er sich selber durch die aufeinander folgenden Phasen des Zweifels und der Aufklärung hindurchbewegt. Als philosophische Literatur bleiben die *Meditationen* unübertroffen, und viele der darin ausgedrückten Ideen haben großen Einfluss auf spätere Philosophen ausgeübt. Descartes gilt deshalb auch zu Recht als Vater der modernen Philosophie.

In den *Meditationen* stellt sich Descartes die Aufgabe zu bestimmen, was man wissen kann. Infolgedessen richtet sich sein Hauptinteresse in dem Buch auf Epistemologie, die Theorie der Erkenntnis. Die Grenzen der Erkenntnis herauszufinden war nicht nur eine akademische Übung: Er war überzeugt, wenn er nur Irrtümer in seinem Denken eliminieren und vernünftige Prinzipien für den Erwerb wahrer Überzeugungen entdecken könnte, könnte dies eine Grundlage schaffen, auf der das Gebäude des wissenschaftlichen Verständnisses der Welt und unserer Stellung in ihr errichtet werden könnte. Die herrschenden Ansichten in Frankreich im Jahr 1640, als Descartes seine *Meditationen* schrieb, wurden von der katholischen Kirche bestimmt, die in vielerlei Hinsicht der Wissenschaft feindlich gesonnen war. Descartes kämpfte außerdem gegen eine Tradition der Scholastik in der Philosophie, die dazu neigte, Geschicklichkeit beim Disputieren über die Suche nach Wahrheit zu stellen. Unter diesen Umständen war es ein revolutionärer Schritt für Descartes, auf erste Prinzipien zurückzugehen und überlieferte Meinungen fallen zu lassen.

Descartes glaubte, bevor er mit der konstruktiven Stufe seines Werks beginnen könne, müsse er sich einmal in seinem Leben von allen seinen früheren Überzeugungen freimachen, da er bemerkt hatte, dass viele von ihnen falsch waren. Er hielt es für vernünftig, sich seiner früheren Überzeugungen auf einen Schlag zu entledigen und sie dann eine nach der anderen zu ersetzen, statt zu versuchen, seine Überzeugungsstruktur stückweise zu reparieren. In einer Antwort auf einen Kritiker seines Werks erklärte er dieses Vorgehen durch eine Analogie: Wenn man über faule Äpfel in einem Korb beunruhigt ist, ist man gut beraten, alle Äpfel einzeln herauszunehmen und einzeln zu prüfen, bevor man sie wieder in den Korb zurücklegt. Nur wenn man sicher ist, dass der Apfel, den man untersucht, gesund ist, sollte man ihn wieder in den Korb zurücklegen, da ein einziger fauler Apfel alle anderen anstecken kann. Diese Analogie erklärt seine Methode des radikalen Zweifels, die oft als die Methode des cartesianischen Zweifels bezeichnet wird («cartesianisch» ist das von *Descartes* abgeleitete Adjektiv).

Cartesianischer Zweifel

Die Methode des Zweifels besteht darin, alle früheren Überzeugungen als falsch zu behandeln. Man sollte etwas nur dann glauben, wenn man absolut sicher ist, dass es wahr ist: Der geringste Zweifel an seiner Wahrheit sollte genügen, es zu verwerfen. Die Tatsache, dass man es bezweifeln kann, beweist nicht, dass es *wirklich* falsch *ist*; es kann sich sehr wohl als wahr herausstellen. Aber der bloße Verdacht, es könnte falsch sein, genügt, um es als

Grundlage für das Wissensgebäude als untauglich erscheinen zu lassen. Ein solches Gebäude muss auf unbezweifelbarer Erkenntnis errichtet werden. Offensichtlich taugt diese Methode nicht für die Alltagspraxis, wie Descartes selbst erkannte; aber er war der Meinung, er müsse einmal in seinem Leben von Grund auf alles umstürzen. Vielleicht würde diese Methode ihm ermöglichen, einige Überzeugungen zu entdecken, die über jeden Zweifel erhaben waren und deshalb als Grundlagen für seine Rekonstruktion der Erkenntnis auf vernünftigen Prinzipien in Frage kamen. Im schlimmsten Fall würde sie ihm zeigen, dass alles bezweifelt werden konnte; dass nichts sicher war.

Das Zeugnis der Sinne

Descartes führt diese Methode des Zweifels gleich zu Beginn der ersten Meditation ein und wendet sie rigoros auf seine früheren Überzeugungen an, angefangen bei denen, die er durch seine fünf Sinne erworben hat. Seine Sinne haben ihn manchmal betrogen. Zum Beispiel hat er sich über Dinge getäuscht, die er in der Ferne sehen konnte. Nach dem Prinzip, dass es klug ist, niemals denen volles Vertrauen zu schenken, die uns auch nur ein einziges Mal getäuscht haben, entschließt er sich, dem Zeugnis seiner Sinne nicht zu vertrauen. Aber obwohl ihn die Sinne manchmal über kleine und entfernt liegende Gegenstände getäuscht haben, so konnte er doch gewiss nicht über einige Tatsachen getäuscht werden, die er durch die Sinne erworben hat, wie etwa, dass er jetzt in einem Schlafrock vor einem Feuer sitzt und ein Stück Papier in der Hand hält?

Descartes antwortet darauf, dass er ganz im Gegenteil sogar über etwas im Irrtum sein *könnte*, das so offensichtlich gewiss ist wie dies. Da er in der Vergangenheit geträumt hat, dass er an einem Feuer sitzt, während er in Wirklichkeit schlafend in einem Bett lag, kann er nicht sicher sein, dass er jetzt nicht träumt. Aber selbst in Träumen erscheinen Dinge wie Köpfe,

Hände, Augen und so weiter, die die Bilder von Dingen in der realen Welt sein müssen. So können wir ganz sicher sein, dass derartige Gegenstände existieren. Die Existenz von abstrakteren Begriffen wie Größe, Form und räumliche Ausdehnung scheint sogar noch sicherer. Ob man nun schläft oder wacht, 2 + 3 = 5 und ein Quadrat hat niemals mehr als vier Seiten. Diese Dinge scheinen also wirklich sicher. Aber Descartes zeigt, dass dies alles nur *scheinbare* Sicherheiten sind. Zu diesem Zweck verwendet er das Gedankenexperiment des bösen Dämons.

Der böse Dämon

Was, wenn es einen mächtigen und bösartigen Dämon gäbe, der sein Bestreben darauf richtet, einen ständig über das zu täuschen, was man erfährt und versteht? Es könnte doch sein, dass dieser Dämon jedes Mal, wenn man einen Gegenstand in der Welt ansieht, eine illusorische Erfahrung hervorruft, die man selber für die Realität hält, die aber in Wirklichkeit sein Werk ist. Wenn man Schwierigkeiten hat, sich dies vorzustellen, denke man sich, was passieren würde, wenn man, ohne es zu merken, an eine sehr raffinierte Maschine angeschlossen würde, die eine virtuelle Realität erzeugt. Jedes Mal, wenn man jetzt 2 und 2 zusammenzählt, kommt fünf heraus. Aber wie kann man sicher sein, dass dies nicht so ist, weil der böse Geist, oder wer auch immer diese Maschine bedient, einen betrügt? Vielleicht hat der Dämon einen Fehler bei den Rechnungsvorgängen vorprogrammiert, sodass man immer zu einem falschen Resultat kommt. Vielleicht klingt das weit hergeholt, aber das berührt nicht das Argument von Descartes. Das Einzige, was zählt, ist, dass es *möglich* ist, dass man jetzt getäuscht wird. Wenn man die Methode des cartesianischen Zweifels anwendet, genügt die geringste Möglichkeit, die jeweilige Überzeugung könnte falsch sein, um sie zu verwerfen. Im alltäglichen Leben brauchen wir natürlich viel stärkere Beweise für die Falschheit einer grundlegenden Überzeugung, bevor wir sie so bereitwillig über Bord werfen, und so muss es auch sein. Aber wenn wir nach einer Überzeugung suchen, die gegen jeden Zweifel immun ist, bietet das Gedankenexperiment des bösen Geistes einen sehr starken Test. Jede Überzeugung, die diesen Test besteht, die mit Sicherheit nicht von einem bösen Geist eingepflanzt ist, muss tatsächlich gewiss sein.

Auf dieser Stufe seiner *Meditationen* ist Descartes versucht zu glauben, dass absolut alles bezweifelt werden kann. Freilich wird sein Zweifel in der zweiten Meditation als eine Art Präventivschlag enthüllt. Das heißt, er treibt die skeptischen Argumente bis zu ihrer Grenze, um so zu zeigen, dass es einige Überzeugungen gibt, an denen sich nicht mehr zweifeln lässt. Man kann das auch so ausdrücken, dass er versucht, die Skeptiker in ihrem eigenen Spiel zu schlagen: Er trägt die stärkste Form eines skeptischen Arguments vor, die er sich vorstellen kann, und zeigt dann, dass es ihn nicht daran hindern würde, zumindest zu *einer* Gewissheit zu gelangen.

Die Gewissheit, die er entdeckt, der Wendepunkt in seiner Philosophie, ist als das *cogito* bekannt, vom lateinischen *cogito ergo sum* (ich denke, also bin ich), obgleich diese Formulierung in den *Meditationen* so nicht vorkommt. In den *Meditationen* sagt er: «*Ich bin, ich existiere*, ist notwendig wahr, so oft ich es ausdrücke oder in meinem Geist vorstelle.»

Das *cogito*

Descartes geht es darum, dass selbst dann, wenn der böse Geist tatsächlich existiert und ihn ständig täuscht, es dennoch immer etwas gibt, worüber er nicht getäuscht werden kann, nämlich seine eigene Existenz. Es ist für ihn, Descartes, unmöglich, seine eigene Existenz zu bezweifeln; und Descartes glaubt, dass seine Leser bei näherem Nachdenken zu denselben Schlussfolgerungen über ihre eigene Existenz kommen werden. Jeder Gedanke, den man hat, zeigt an, dass man selbst, der Denker, existiert. Dies ist selbst dann wahr, wenn der Inhalt des eigenen Denkens völlig verworren ist. Man denkt vielleicht, man stehe auf der obersten Plattform des *Empire State Building* und bewundere die Aussicht, während man in Wirklichkeit nur auf einem Bahnsteig in *Sidcup* wartet, aber das spielt keine Rolle: Solange man überhaupt nur einen Gedanken hat, zeigt das, dass man existiert.

Man beachte, dass dieses «Ich», dessen Existenz Descartes bewiesen zu haben glaubt, wann immer er nur denkt, nicht mit seinem Körper identifiziert werden darf. Auf dieser Stufe kann er immer noch alle seine früheren Zweifel daran haben, ob sein Körper wirklich existiert oder nicht, oder ob er in der Form existiert, wie er glaubt. Nur das Denken ist von seiner Existenz unabtrennbar. Im besten Falle kann er aus dem *cogito* folgern, dass er ein denkendes Wesen ist.

Cartesianischer Dualismus

Descartes' Überzeugung, er könne der Existenz seiner selbst als eines denkenden Wesens sicherer sein denn als eines Körpers, legt den Gedanken an eine Trennung von Geist und Körper nahe. Der Geist ist der wirkliche Descartes (oder wer auch immer), dessen Körper vielleicht existiert, vielleicht aber auch nicht. Der Geist kann den Körper überleben. Diese scharfe Trennung zwischen Geist und Körper ist als cartesianischer Dualismus bekannt. Descartes glaubt, dass Geist und Körper, obgleich im Prinzip trennbar, miteinander in Wechselwirkung stehen, interagieren, und infolgedessen wird seine Ansicht gelegentlich auch als Interaktionismus bezeichnet.

Das Wachsbeispiel

Descartes beschreibt ein Stück Wachs, das einer Honigwabe entnommen ist: Es hat noch nicht allen Honiggeschmack verloren, riecht nach Blüten und ist hart und kühl. In dem Augenblick, wo er es dem Feuer nähert, verliert es seinen Geschmack und Geruch, und seine Farbe, Form und Größe verändern sich. Es wird flüssig und fühlt sich warm an. Dieses Beispiel soll zeigen, dass wir zwar vielleicht glauben, durch unsere sinnliche Erfahrung ein Verständnis dessen zu gewinnen, was Wachs ist, dass sich aber in Wirklichkeit alle Information über das Wachs, die wir auf diesem Weg erhalten, verändern kann. Trotzdem bleibt es bei allen Veränderungen dasselbe Stück Wachs. Wie ist dies möglich? Descartes' Erklärung lautet, dass das Verständnis des Wesens von Wachs, das Begreifen dessen, was es zu dem Stück Wachs macht, das es ist, und nicht zu etwas anderem, ein Urteil beinhaltet, das über die sinnliche Erfahrung hinausgeht. Und dieses Urteil, das ein Denkvorgang ist, beweist für Descartes noch einmal die größere Gewissheit, die er von seiner eigenen Existenz als denkendem Ding besitzt als von der Natur und der Existenz der materiellen Welt. Dieses Beispiel lässt Descartes' Rationalismus deutlich werden, das heißt seinen Glauben, wir könnten durch die Vernunft allein Erkenntnis von der Natur der Welt erlangen, eine Ansicht, die in scharfem Gegensatz zum Empirismus steht, der in seiner stärksten Form die Ansicht vertritt, dass all unser Wissen von der Welt auf dem Weg über die Sinne erlangt werden muss.

Gott

Das *cogito* ist der erste Schritt Descartes', um das Gebäude der Erkenntnis, das er mit seiner Methode des Zweifels niedergerissen hat, von neuem zu errichten. Von diesem Punkt an ist er vollkommen konstruktiv. Dennoch scheint es zunächst, als sei

er nicht imstande, über die Schlussfolgerungen hinaus zu gelan
gen, dass er existiert, solange er denkt, und dass er seinem We
sen nach ein denkendes Ding ist. Eine solche Position wäre nu
wenig besser als der Wirbel des Zweifels, in den er sich am End
der ersten Meditation hineingezogen fühlte.

Aber Descartes sieht eine Möglichkeit, um der Falle zu ent
gehen, die an diesem Punkt des *cogito* auf ihn lauert. Er unter
nimmt es, die Existenz Gottes zu beweisen und zu beweisen
dass Gott uns nicht in die Irre führt. Er benutzt zu diesem
Zweck zwei Argumente, das so genannte Argument vom Zei
chen und den ontologischen Gottesbeweis, die in der dritten
bzw. der fünften Meditation erscheinen. Beide Argumente sind
heute wie schon zur Zeit Descartes' kontrovers.

Das Zeichen-Argument

Descartes führt aus, dass er eine Idee Gottes in seinem Geis
vorgefunden hat. Diese Idee muss irgendwoher gekomme
sein, da etwas nicht von nichts kommen kann. Darüber hinau
denkt er, dass in jeder Wirkung ebenso viel Realität enthalte
sein muss wie in ihrer Ursache: In diesem Fall ist die Idee di
Wirkung und die Ursache vermutlich Gott. Es ist so, als wen
Gott auf seinem Werk ein Warenzeichen hinterlassen hätt
(obgleich Descartes diese Analogie nicht benutzt), das sein
Existenz offenbart. Dies ist eine Variante eines traditionelle
Arguments für die Existenz Gottes, das als kosmologische
Gottesbeweis bekannt ist.

Descartes' Idee von Gott war die Vorstellung von einem gü-
tigen Wesen, und ein solcher Gott würde die Menschheit nich
systematisch täuschen wollen. Täuschung ist ein Zeichen vo
Bosheit, nicht von Güte. Infolgedessen schließt Descartes, das
Gott existiert und kein Betrüger ist. Folglich hat er das Ver-
trauen, dass alles, was er klar und deutlich wahrnimmt, wah
sein muss. Gott hätte uns nicht so geschaffen, dass wir uns si-
cher fühlen würden, wenn wir in Wirklichkeit in die Irre ge-
führt worden sind. Die Vorstellung, dass alles, was man klar un

deutlich wahrnimmt, wahr sein muss, spielt in der konstruktiven Phase von Descartes' Philosophie eine entscheidende Rolle.

Der ontologische Gottesbeweis

In der fünften Meditation präsentiert Descartes eine Version des so genannten ontologischen Gottesbeweises. Das ist ein apriorischer Beweis für die Existenz Gottes, das heißt, er beruht nicht auf irgendeinem Zeugnis, das durch die Sinne erworben ist, sondern vielmehr auf der Analyse des Begriffs «Gott». Die Winkelsumme eines Dreiecks beträgt 180 Grad. Diese Schlussfolgerung ergibt sich logisch aus dem Begriff «Dreieck». Es ist ein Aspekt des Wesens eines Dreiecks, dass die Summe seiner Innenwinkel 180 Grad beträgt. Ähnlich folgt, nach Descartes, aus dem Begriff Gottes als eines höchsten vollkommenen Wesens, dass er existiert. Es ist Teil von Gottes Wesen, dass er existiert. Wenn Gott nicht existierte, wäre er kein höchst vollkommenes Wesen: Existenz ist nach Descartes eine seiner Vollkommenheiten. So folgt also allein aus dem Begriff «Gott», dass er notwendig existiert.

Jenseits des Zweifels

Sobald Descartes zu seiner Zufriedenheit bewiesen hat, dass Gott existiert und kein Betrüger ist, beginnt er, die materielle Welt wiederherzustellen. Er muss noch immer die Tatsache erklären, dass ihn seine Sinne wenigstens gelegentlich täuschen, und die Frage beantworten, ob er jemals sicher sein kann, dass er nicht träumt. Er kann sicher sein, dass er, das heißt sein Geist, aufs engste mit einem bestimmten Körper verbunden ist (seinem eigenen), da Gott ihn nicht über die Existenz von etwas täuschen würde, das er so klar und deutlich wahrnimmt. Aber was ist mit der materiellen Welt, die er zu sehen, zu berühren, zu schmecken, zu riechen und zu hören scheint?

Seine alltäglichen Überzeugungen von der Welt sind alle von

seinen Ideen hergeleitet. Wenn er zum Beispiel in der Ferne einen Turm sieht und ihn als rund wahrnimmt, hat er die Idee des runden Turms. Bevor er darüber nachdenkt, nimmt er an, dass Gegenstände in der Welt existieren und den Ideen ähneln, deren Ursache sie sind. Freilich macht der Fall der optischen Illusionen klar, dass er die Idee eines Gegenstands haben kann, die dem Gegenstand andere Eigenschaften gibt, als er tatsächlich besitzt. Der Turm zum Beispiel kann in Wirklichkeit viereckig sein. In der sechsten Meditation kommt Descartes zu dem Schluss, dass die Existenz eines Gottes, der kein Betrüger ist, garantiert, dass es Gegenstände in der materiellen Welt gibt, dass es aber töricht wäre, einfach jedes Zeugnis der Sinne zu akzeptieren, da sie offensichtlich gelegentlich täuschen. Ein gütiger Gott hätte uns freilich nicht so geschaffen, dass wir systematisch über die Existenz von Gegenständen getäuscht werden würden. Darüber hinaus hat er uns gewiss mit den Mitteln versehen, zutreffende Urteile über die Natur der Welt zu fällen. Aber es folgt nicht, dass die Objekte in der Welt genau so sind wie unsere Ideen davon. Wir können uns über Qualitäten wie Größe, Form und Farbe der Dinge täuschen. Letztlich müssen wir, wenn wir verstehen wollen, wie die Welt wirklich beschaffen ist, unsere Zuflucht zu einer mathematischen und geometrischen Analyse nehmen.

In der skeptischen Phase war eines der schlagendsten Argumente Descartes', dass wir vielleicht träumen und unfähig sind zu erkennen, dass wir träumen. In der sechsten Meditation erklärt er, dass wir mindestens zwei Möglichkeiten haben, Träume vom Wachleben zu unterscheiden. Das Gedächtnis kann Träume niemals so miteinander verknüpfen wie im Wachleben: Die verschiedenen Stadien unseres Lebens passen in ein kohärentes Erinnerungsmuster, während unser Traumleben nicht in derselben Weise zusammenhängt. Die zweite Möglichkeit, einen Traum vom Wachleben zu unterscheiden, beruht darauf, dass in unseren Träumen seltsame Erscheinungen vorkommen, die im normalen Leben niemals eintreten; wenn sich zum Beispiel jemand, während ich mit ihm rede, vor meinen Augen in Luft auflösen würde, hätte ich den starken Verdacht, dass ich träume.

Kritik an Descartes

Zieht er alles in Zweifel?

Obwohl die Zweifelsmethode Zweifel an allem, was überhaupt nur bezweifelt werden kann, aufzuwerfen scheint, ist dies nicht der Fall. Descartes verlässt sich zum Beispiel auf die Genauigkeit seines Gedächtnisses, er bezweifelt niemals, dass er in der Vergangenheit geträumt hat oder dass ihn seine Sinne gelegentlich getäuscht haben; er bezweifelt nicht, dass er mit bestimmten Wörtern dieselben Bedeutungen verbindet wie beim letzten Mal, als er sie benutzt hat.

Freilich ist dies für Descartes kein ernsthafter Einwand. Der cartesianische Zweifel bleibt eine starke Form des Skeptizismus: Er hat nur das bezweifelt, was ihm zu bezweifeln möglich war. Stärkere Formen der Skepsis hätten vielleicht seine Fähigkeit, überhaupt zu philosophieren, unterminiert.

Kritik des cogito

Einer der Einwände, die manchmal gegen Descartes' *cogito* vorgebracht werden, insbesondere, wenn ihm die Form «Ich denke, also bin ich» gegeben wird, lautet, dass hier die Wahrheit des allgemeinen Satzes «Alle Gedanken haben Denker» vorausgesetzt ist, eine Annahme, die Descartes niemals zu begründen oder explizit zu machen versucht. Diese Kritik beruht auf der Annahme, dass Descartes die Schlussfolgerung «Ich bin» als das Ergebnis eines logisch gültigen Schlusses folgender Art präsentiert habe:

Alle Gedanken haben Denker.
Es gibt jetzt hier Gedanken.
Also muss der Denker dieser Gedanken existieren.

Aber diese Kritik trifft nicht das *cogito*, wie es in den *Meditationen* auftritt, da es hier nicht einmal eine Andeutung eines logisches Schlusses gibt; vielmehr scheint Descartes eine Introspektion aufseiten des Lesers zu befürworten und ihn aufzufordern, die Wahrheit der Behauptung «Ich bin, ich existiere» zu bezweifeln.

Der cartesianische Zirkel

Sobald Descartes seine eigene Existenz als eines denkenden Dings mit Hilfe des *cogito* erst einmal gesichert hat, beruht sein ganzes Erneuerungsprojekt auf zwei Grundlagen: der Existenz eines gütigen Gottes und der Tatsache, dass alles, was wir klar und deutlich einsehen, wahr ist. Beide Argumente sind fragwürdig. Aber es gibt einen noch stärkeren Einwand, der oft gegen Descartes' Strategie erhoben wird: Dann nämlich, wenn er für die Existenz Gottes argumentiert, verlässt er sich auf den Begriff klarer und deutlicher Ideen; und wenn er für die Lehre von den klaren und deutlichen Ideen argumentiert, setzt er die Existenz Gottes voraus. Mit anderen Worten, er argumentiert in einem Zirkel. Sowohl das Zeichenargument wie der ontologische Gottesbeweis setzen eine Idee von Gott voraus, die Descartes für zutreffend halten kann, weil er sie klar und deutlich wahrnimmt; ohne die Idee Gottes könnte keines der Argumente beginnen. Andererseits beruht die Lehre von der Wahrheit der klaren und deutlichen Ideen auf der Voraussetzung, dass ein gütiger Gott existiert und folglich nicht zulassen würde, dass wir systematisch getäuscht werden. Demnach ist das Argument zirkulär.

Einige Zeitgenossen Descartes' bemerkten dieses Problem im Zentrum von Descartes' Projekt, das als der cartesianische Zirkel bekannt ist. Es ist eine überzeugende Kritik an dem ganzen konstruktiven Unternehmen in den *Meditationen* und es gibt für Descartes offenbar keinen Weg, ihm zu entgehen, es sei denn, er fände eine alternative Rechtfertigung für seinen Glauben an Gott oder eine unabhängige Rechtfertigung für seinen Glauben, dass alles, was er klar und deutlich wahrnimmt, wahist. Nichtsdestoweniger behalten seine skeptischen Argumente und das *cogito* ihre Kraft, selbst wenn der Vorwurf der Zirkularität zutrifft.

Kritik der Argumente für die Existenz Gottes

Selbst wenn Descartes dem Vorwurf der Zirkularität auf irgendeine Weise entgehen könnte, sind seine beiden Argumente für die Existenz Gottes starken Einwänden ausgesetzt.

Erstens beruhen beide Argumente auf der Annahme, dass wir alle eine Idee Gottes in uns haben, die uns nicht einfach in unserer Jugend eingetrichtert worden ist. Diese Annahme kann in Frage gestellt werden.

Zweitens: Das Zeichenargument beruht auf einer weiteren Annahme, nämlich, dass es zumindest ebenso viel Realität in der Ursache von etwas geben muss, wie in der Wirkung vorhanden ist. Descartes benötigt diese Annahme, um von der Realität seiner Idee von Gott zur Realität Gottes zu gelangen. Aber auch diese Annahme kann in Frage gestellt werden. Zum Beispiel können die Wissenschaftler heute erklären, wie sich das Leben aus unbelebter Materie entwickelt hat: In unseren Augen ist es keineswegs mehr selbstverständlich, dass Leben nur von lebendigen Dingen verursacht werden kann.

Die weiter verbreitete Form des kosmologischen Gottesbeweises ist tatsächlich viel überzeugender als Descartes' Version: Sie besteht in dem Versuch, nicht nur den Ursprung einer Idee, sondern das gesamte Universum und alles darin zu begreifen. Sie beantwortet die Frage «Warum gibt es überhaupt etwas und nicht vielmehr nichts?» statt der weniger umfassenden Frage, die Descartes stellt: «Woher stammt meine Idee von Gott?»

Der ontologische Gottesbeweis ist als Argument für die Existenz Gottes besonders wenig überzeugend. Er erscheint wie ein logischer Trick, wie ein Versuch, Gott durch eine Definition Dasein zu verschaffen. Die schwerwiegendste Kritik daran ist, dass er annimmt, Existenz sei einfach nur eine weitere Eigenschaft wie allmächtig oder gütig und nicht das, was sie wirklich ist: die

Bedingung dafür, solche Eigenschaften überhaupt zu haben. Ein weiteres Problem des ontologischen Beweises besteht darin, dass er uns zu gestatten scheint, alle Arten von Gebilden ins Dasein zu beschwören. Ich habe zum Beispiel in meinem Geist die Idee eines vollkommenen Philosophen; aber es scheint absurd zu sagen, weil ich die Idee eines solchen Philosophen habe, müsse dieser Philosoph auch existieren, weil ein nicht-existenter Philosoph (offensichtlich) nicht vollkommen sein kann.

Der Dualismus ist ein Fehler
Descartes' Geist-Körper-Dualismus findet unter heutigen Philosophen nur wenige Fürsprecher. Vor allem wirft er das Problem auf zu erklären, wie eine Interaktion zwischen einem immateriellen Geist und einem physischen Körper möglich ist. Descartes war sich der Schwierigkeit bewusst und ging sogar so weit, eine Stelle im Gehirn zu identifizieren, die Zirbeldrüse, wo seiner Ansicht nach die Geist-Körper-Wechselwirkung stattfindet. Aber eine solche Lokalisierung löst nicht die Schwierigkeit, wie etwas, das nicht physisch ist, Veränderungen in der physischen Welt herbeiführen kann.

Allgemein gesagt scheint eine Form des Monismus, das heißt eine Theorie, die nur eine einzige Art von Substanz (das Physische) annimmt, weniger Schwierigkeiten aufzuwerfen als eine dualistische Theorie (die zwei Arten von Substanz voraussetzt), obgleich die Aufgabe, die Natur des menschlichen Bewusstseins zu erklären, nahezu unlösbar erscheint.

Daten

1596 Geburt in La Haye (heute Descartes), Frankreich
1641 veröffentlicht die *Meditationen*
1649 Umzug nach Stockholm, Schweden, um Königin Christina zu unterrichten
1650 Tod in Stockholm

Weitere Lektüre

Dominik Perler, *René Descartes*, München 1998, gibt eine detaillierte, gut zugängliche Einführung in das philosophische Werk Descartes'

W. Röd, *Descartes. Die Genese des Cartesianischen Rationalismus*, München 1982

Eine Darstellung von Descartes' Leben gibt R. Specht, *Descartes*, Hamburg 1980

Bernard Williams, *Descartes. Das Vorhaben der reinen philosophischen Untersuchung*, Königstein 1981

4. Thomas Hobbes: *Leviathan*

Das Titelblatt von Thomas Hobbes' *Leviathan* ist eine der wenigen bildlichen Darstellungen einer philosophischen Idee, die im Gedächtnis haften bleiben. Ein riesiger Mensch, dessen Körper aus Tausenden kleinerer Menschen zusammengesetzt ist, überragt eine wohl geordnete Stadt, die sich unter ihm ausbreitet. Der Kirchturm erscheint winzig im Vergleich zu diesem Riesen, der eine Krone trägt und ein Schwert in der einen, ein Zepter in der anderen Hand hält. Das ist der große Leviathan, der von Hobbes beschriebene «sterbliche Gott». Der Leviathan, der im Alten Testament als ein Seeungeheuer erscheint, ist Hobbes' Bild für den mächtigen Souverän, der das Volk repräsentiert und in einem gewissen Sinn dessen Verkörperung ist: Die Masse, die in der Form eines künstlich geschaffenen Riesen vereint ist.

Im *Leviathan* diagnostiziert Hobbes die allgemeinen Ursachen von Zwietracht und Konflikt und verschreibt ein Heilmittel. Die zentralen Argumente des Buchs richten sich auf die Frage, warum es für Individuen vernünftig ist, ihre Zustimmung dazu zu geben, von einem machtvollen Herrscher beherrscht zu werden (der entweder eine einzelne Person oder eine Versammlung sein kann). Frieden kann nur erlangt werden, wenn jedermann einen Gesellschaftsvertrag akzeptiert. Hobbes' Diskussion dieser Streitfragen bildet das Zentrum des *Leviathan*, aber das Buch berührt zahlreiche andere Themen von der Psychologie bis zur Religion. Tatsächlich ist mehr als die Hälfte des *Leviathan* einer detaillierten Diskussion der Religion und der Heiligen Schrift gewidmet: Diese Hälfte wird heute nur noch selten gelesen. Ich konzentriere mich hier auf das Hauptthema des Buchs, den Vertrag, den freie Individuen schließen, um auf einen gewissen Teil ihrer natürlichen Freiheit im Tausch für den Schutz voreinander und vor einem Angriff von außen zu verzichten. Hobbes beginnt seine Darstellung dieses Vertrags mit einer Untersuchung darüber, wie das Leben wäre, wenn keine Gesellschaft oder kein Gemeinwesen existierte.

Der Naturzustand

Statt wirkliche Gesellschaften zu beschreiben, löst Hobbes die Gesellschaft lieber in ihre grundlegenden Elemente auf: die Individuen, die in einer Welt beschränkter Ressourcen um ihr Überleben kämpfen. Er fordert den Leser auf, sich die Bedingungen des Lebens in einem Naturzustand vorzustellen, die Lage, in der wir uns befänden, wenn jeder staatliche Schutz wegfiele. In dieser vorgestellten Welt gäbe es kein Recht oder Unrecht, da es ohne eine höchste Macht, sie durchzusetzen, keine Gesetze gäbe. Es gäbe auch kein Eigentum: Jeder hätte ein Anrecht auf alles, was er erwerben und festhalten könnte. Für Hobbes sind Moralität und Gerechtigkeit die Schöpfungen bestimmter Gesellschaften. Es gibt keine absoluten Werte, die unabhängig von bestimmten Gesellschaften gelten. Recht, Unrecht, Gerechtigkeit, Ungerechtigkeit sind Werte, die durch die souveränen Mächte innerhalb eines Staats geschaffen und nicht irgendwie als schon vorhanden in der Welt entdeckt werden. Folglich gäbe es im Naturzustand keinerlei Moral.

Hobbes' Darstellung des Naturzustands ist ein Gedankenexperiment, das die Grenzen politischer Verpflichtung klären soll. Wenn man den Naturzustand unattraktiv findet, hat man einen ausgezeichneten Grund, alles Notwendige zu tun, um ihn zu verhindern. Der Naturzustand ist ein Zustand endlosen Krieges aller gegen alle. Da es keinen mächtigen Gesetzgeber oder Gesetzeshüter gibt, ist keine Kooperation zwischen den Einzelnen möglich. Ohne eine solche Macht braucht keiner ein gegebenes

Versprechen zu halten, da es immer in seinem Interesse liegt seine Versprechen zu brechen, wenn es ihm passt. Wenn man nur einen starken Überlebenswillen hat, ist es im Naturzustand einfach nur Klugheit, Übereinkünfte zu brechen, wenn es einem passt. Wer sich nicht einfach nimmt, was er braucht, sobald er damit durchkommt, läuft Gefahr, dass jemand anders das Wenige, was man hat, stiehlt. In dieser Situation des direkten Wettbewerbs um knappe Ressourcen, die für das Überleben wichtig sind, hat es einen guten Sinn, vorsorgliche Angriffe gegen jeden zu führen, der eine Bedrohung für die eigene Sicherheit darstellen könnte. Das ist die effektivste Strategie für das Überleben. Selbst wenn gerade kein Kampf stattfindet, ist dies, wie Hobbes sagt, immer noch ein Kriegszustand, da eine ständige Drohung besteht, dass Gewalttätigkeit ausbricht.

Im Naturzustand kann es keine menschlichen Projekte geben, die Kooperation erfordern, wie etwa extensiven Ackerbau oder Architektur. Selbst die Schwächsten können potentiell die Stärksten töten, folglich ist niemand sicher und jeder eine mögliche Bedrohung. Hobbes hat das Leben im Naturzustand eindrücklich als «einsam, armselig, ekelhaft, tierisch und kurz» bezeichnet. Wenn man vor der Möglichkeit eines solchen Lebens steht, scheint der Verzicht auf einen gewissen Teil der Freiheit nur ein geringer Preis, den man für Frieden und Sicherheit zu zahlen hat. Hobbes erklärt, was Individuen im Naturzustand tun müssen, um ihrer unattraktiven Zwangslage zu entkommen. Die Furcht vor einem gewaltsamen Tod und der Wunsch nach den Vorteilen des Friedens bieten starke Motive dafür.

Im Naturzustand hat jeder ein natürliches Recht auf Selbsterhaltung, und zwar auch dann noch, wenn jedes andere Recht im Gesellschaftsvertrag aufgegeben worden ist. Hobbes kontrastiert dieses natürliche Recht mit den natürlichen Gesetzen. Ein Recht besteht in der Freiheit, etwas zu tun oder zu unterlassen, während ein Gesetz einen dazu bestimmt oder verpflichtet, etwas zu tun oder zu unterlassen.

Natürliche Gesetze

Selbst im Naturzustand gibt es Gesetze der Natur: Das sind die Gesetze, die aus dem Gebrauch der Vernunft folgen. Sie sind nicht wie das heutige Gesetz gegen Trunkenheit am Steuer: Hobbes verwendet den Ausdruck «bürgerliches Gesetz», um auf diese Art von Vorschriften zu verweisen (der Inhalt der bürgerlichen Gesetze wird vom Souverän oder Personen, die in seinem Namen handeln, bestimmt). Dagegen sind Naturgesetze Prinzipien, durch die jede vernünftige Person verpflichtet oder gebunden wird. Im Naturzustand hat jeder ein Recht auf alles. Die unausweichliche Folge davon ist, wie wir gesehen haben, Mangel an Sicherheit und ein Zustand ständigen Kriegs. Das Naturgesetz, welches die Vernunft unter diesen Umständen gibt, ist: *Jedermann hat sich um Frieden zu bemühen, solange dazu Hoffnung besteht.* Ein zweites Naturgesetz lautet: *Jedermann soll freiwillig, wenn andere ebenfalls dazu bereit sind, auf sein Recht auf alles verzichten, soweit er dies um des Friedens und der Selbstverteidigung willen für notwendig hält, und er soll sich mit so viel Freiheit gegenüber anderen zufrieden geben, wie er anderen gegen sich selbst einräumen würde.* (Das ist eine Version der religiösen Vorschrift *Was ihr wollt, dass andere euch tun werden, das tut ihnen.*) Hobbes stellt eine lange Liste von Naturgesetzen zusammen, aus denen folgt, dass es, vorausgesetzt, die anderen sind bereit, ebenso zu handeln, für jeden im Naturzustand vernünftig ist, seine unbegrenzte Freiheit im Tausch für Sicherheit aufzugeben.

Der Gesellschaftsvertrag

Der vernünftige Weg des Handelns besteht darin, einen Gesellschaftsvertrag zu schließen, wobei einem mächtigen Souverän Freiheiten abgetreten werden. Der Souverän muss mächtig genug sein, um gegebene Versprechen erzwingen zu können, denn, wie Hobbes darlegt, «Verträge ohne das Schwert sind bloß Worte und besitzen nicht die Kraft, einem Menschen auch nur die geringste Sicherheit zu bieten.» Die Macht des Souveräns garantiert, dass die Leute tun werden, was sie sich vorgenommen haben. Das Ergebnis ist Frieden.

Es ist wahr, dass einige Lebewesen, wie Bienen und Ameisen in Gesellschaften leben, die reibungslos funktionieren, ohne einer obersten Zwangsgewalt zu bedürfen. Hobbes legt dar, dass sich die menschliche Situation von der der Bienen und Ameisen grundlegend unterscheidet. Menschen stehen in einem ständigen Wettstreit um Ehre und Würde, der zu Neid und Hass und schließlich sogar zu Krieg führt; Ameisen und Bienen haben kein Gefühl für Ehre und Würde. Menschen verfügen über die Macht der Vernunft, die sie in den Stand setzt, die Weise, wie sie regiert werden, zu kritisieren, und dies führt allmählich zu bürgerlicher Unruhe; Ameisen und Bienen haben keine derartige Vernunft. Menschen bilden Gemeinschaften nur mittels Verträgen; Ameisen und Bienen haben eine natürliche Übereinstimmung untereinander. Infolgedessen bedürfen Menschen der Androhung von Gewalt, wenn gewährleistet sein soll, dass sie ihre Versprechen nicht brechen, während diese Notwendigkeit für Ameisen und Bienen nicht besteht.

Für Hobbes ist der Gesellschaftsvertrag ein Vertrag, der mit anderen Individuen geschlossen wird, um die natürlichen Rechte im Austausch für Schutz aufzugeben. Dieser Vertrag muss keine historische Realität haben: Hobbes behauptet nicht, dass an einem bestimmten Punkt in der menschlichen Geschichte jedes Staats jedermann plötzlich zustimmte, dass der Kampf den Aufwand an Kraft nicht lohne und dass es sinnvoller wäre zu kooperieren. Vielmehr bietet er einen Weg, politische Systeme zu verstehen, zu rechtfertigen und zu ändern. Man kann den *Leviathan* so verstehen, als wollte uns Hobbes darin zu verstehen geben, wir würden uns, sollten die bestehenden Bedingungen eines impliziten Vertrags aufgehoben werden, in einem Naturzustand mit seinem Krieg aller gegen alle wieder finden. Wenn Hobbes' Argument vernünftig ist und sein Bild des Naturzustands zutrifft, dann bietet der *Leviathan* zwingende Gründe dafür, den Frieden unter der Herrschaft eines mächtigen Souveräns aufrechtzuerhalten.

Der Souverän

Der Souverän, sei es ein Einzelner oder eine Versammlung, wird zu einer künstlichen Person. Sobald die Willen aller durch den Gesellschaftsvertrag gebunden sind, ist der Souverän die lebende Verkörperung des Staats. Obgleich Hobbes die Möglichkeit einer souveränen Versammlung einräumt (das heißt einer Gruppe wie ein Parlament statt eines allmächtigen Individuums), liegen seine Sympathien bei einer starken Monarchie. Freilich hatte er wenig Respekt vor der damals weit verbreiteten Ansicht, die als das göttliche Recht der Könige bekannt war, nach der Gott die Thronfolge billigte und den königlichen Erben heilige Rechte verlieh.

Der Gesellschaftsvertrag hebt das natürliche Recht zur Selbstverteidigung nicht auf, das Individuen im Naturzustand besitzen. Hobbes ging so weit zu behaupten, dass jedermann ein natürliches Recht habe, sich selbst zu retten, selbst wenn er von Leuten angegriffen werde, die für den Souverän handeln. Ein Verurteilter auf dem Weg zur Exekution würde, selbst wenn er zugestimmt hätte, dem Gesetz zu folgen, und ein faires Verfahren gehabt hätte, nicht ungerecht handeln, wenn er den Soldaten Widerstand leistete, die damit beauftragt sind, ihn zum Schafott zu führen. Aber freilich hat niemand das Recht zu intervenieren, um jemand anderem unter solchen Umständen zu Hilfe zu kommen. Man darf nur kämpfen, um seine eigene Haut zu retten.

Das Gefangenendilemma

Einige zeitgenössische Kommentatoren von Hobbes' Werk weisen auf die Ähnlichkeit zwischen seiner Diskussion des Naturzustands und dem so genannten Gefangenendilemma hin, einer imaginären Situation, die bestimmte Probleme der Kooperation mit anderen Leuten illustrieren soll. Angenommen, A und B, die zusammen ein Verbrechen begangen haben, sind gefangen genommen worden, allerdings nicht auf frischer Tat; beide werden in verschiedenen Zellen verhört. A weiß nicht, was B gestanden hat und was nicht.

Die Situation ist folgende: Wenn keiner von beiden gesteht, werden beide freigelassen, weil die Polizei nicht genug Beweismaterial besitzt, um sie zu überführen. Zunächst scheint dieser Gedanke die beste Option. Aber der Haken dabei ist, dass, wenn A schweigt und sein Partner gesteht und ihn damit belastet, B für seine Kollaboration belohnt werden wird und freikommt, während A eine lange Gefängnisstrafe erhält. A kann ebenfalls eine Belohnung erhalten, wenn er gesteht, B aber nicht. Sollte es geschehen, dass beide gestehen, erhalten beide eine kurze Gefängnisstrafe. In dieser Situation ist es für A, gleich was sein Mittäter tut, sinnvoll zu gestehen (vorausgesetzt, A will seinen eigenen Vorteil maximieren). Denn wenn B nicht gesteht, hat A eine gute Chance, sowohl eine Belohnung zu erhalten wie auch freigelassen zu werden; und wenn B gesteht, dann ist es weit besser für A, für eine kurze Zeit ins Gefängnis zu gehen als dort lange zu bleiben, weil B A belastet hat. Wenn also beide darauf aus sind, ihre Belohnungen zu maximieren und die Strafen zu minimieren, werden beide gestehen. Unglücklicherweise erzeugt das für jeden von beiden ein schlechteres Ergebnis, als wenn beide geschwiegen hätten.

Hobbes' Naturzustand ist dem insofern ähnlich, als es in ihm für A (und jeden anderen) immer sinnvoll ist, einen Vertrag zu brechen, wenn er dabei gewinnen kann. Die Einhaltung des Vertrags ist riskant: Das schlimmste Szenario tritt ein, wenn A den

Vertrag einhält und jemand anderes ihn bricht. Wenn die andere Person ihn einhält, wird A aller Wahrscheinlichkeit nach gewinnen, wenn A ihn bricht. Wenn die andere Person ihn bricht, dann sollte A seine Verluste minimieren, indem er ihn ebenfalls bricht. Folglich sollte A in keinem Fall seinen Vertrag halten. Es gibt in dieser Situation kein Motiv für ein rationales Individuum, das darauf bedacht ist, das beste Resultat für sich zu erzielen, einen Vertrag zu halten. Das ist der Grund, weshalb Hobbes den Begriff des Souveräns einführen muss, weil ohne eine derartige mächtige Zwangsgewalt, die für die Durchsetzung von Verträgen sorgt, niemand ein Motiv hätte, irgendein gegebenes Versprechen zu halten. Der Vertrag mit anderen, seine Rechte an den Souverän abzutreten, unterscheidet sich von anderen Verträgen darin, dass man bestraft wird, wenn man ihn bricht, wahrscheinlich sogar sehr schwer. Folglich hat man in diesem Fall ein starkes Motiv, den grundlegenden Gesellschaftsvertrag zu halten.

Kritik an Hobbes' *Leviathan*

Falsche Auffassung von der menschlichen Natur?

Gegen die Beschreibung des Naturzustands bei Hobbes wird häufig eingewandt, dass dieser ein unangemessen trübes Bild der menschlichen Natur außerhalb des zivilisierenden Einflusses des Staats zeichne. Hobbes glaubt, dass wir in unserem innersten Herzen alle Egoisten seien, die ausschließlich auf die Befriedigung ihrer Begierden bedacht sind. Er ist ein strikter Materialist, der annimmt, das ganze Universum und alles darin könne auf der Basis von Materie in Bewegung erklärt werden. Menschen sind wie raffinierte Maschinen. Im Gegensatz zu seiner etwas pessimistischen Ansicht, dass Menschen zwangsläufig streiten und kämpfen, sobald der Lack der Zivilisation abgefallen ist, haben einige etwas optimistischere Philosophen behauptet, Altruismus sei eine relativ allgemeine menschliche Eigenschaft und Kooperation zwischen Individuen auch ohne Androhung von Gewalt möglich.

Zu Hobbes' Verteidigung muss man aber sagen, dass seine Theorie die Arten von Rivalitäten und Aggression zu beschreiben scheint, die zwischen Ländern auf der internationalen Ebene bestehen. Herrschte kein gegenseitiges Misstrauen, dann bestünde auch keinerlei Notwendigkeit, Kernwaffen aufzuhäufen. Aber wenn Hobbes' Theorie auf Verhältnisse zwischen Staaten wie auch innerhalb ihrer Anwendung findet, dann ist die Zukunft noch trüber, denn es ist unwahrscheinlich, dass ein Souverän auftreten wird, der mächtig genug ist, die Einhaltung von Verträgen zu erzwingen, die zwischen verschiedenen Staaten geschlossen werden, und folglich können wir einen ewigen Krieg aller gegen alle erwarten (selbst wenn dies kein Krieg im buchstäblichen Sinne ist, sondern nur ein Zustand potentiellen Konflikts).

Soziale Parasiten

Ein weiterer Einwand gegen Hobbes' Darstellung ergibt sich daraus, dass er keinem irgendwelche Gründe liefert, am Gesellschaftsvertrag festzuhalten, sobald er ihn ungestraft brechen kann. Warum sollte ein Taschendieb an den vom Souverän verkündeten bürgerlichen Gesetzen gegen Diebstahl festhalten, wenn er sich sicher ist, dass er nicht erwischt wird? Wenn, wie Hobbes argumentiert, Gewalt nötig ist, um Leute im Naturzustand dazu zu veranlassen, ihre Verträge zu halten, dann werden vermutlich dieselben Leute auch gezwungen werden müssen, die bürgerlichen Gesetze zu befolgen. Aber kein Staat kann jedermann die ganze Zeit überwachen, nicht einmal einer, der mit Fernsehüberwachungsanlagen ausgerüstet ist.

Hobbes würde wohl auf diese Kritik mit dem Verweis auf das natürliche Gesetz antworten, dass man den Schutz des Staates nicht akzeptieren sollte, ohne gleichzeitig die Verpflichtung zu übernehmen, die bürgerlichen Gesetze des Staates zu beachten. Freilich ist diese Antwort nicht wirklich angemessen.

Der Naturzustand eine reine Fiktion

Eine grundlegende Kritik an Hobbes' Methodologie besteht in dem Einwand, dass sein Naturzustand eine sinnlose Fiktion sei, die keine Beziehung zur Geschichte habe und ihm nur dazu diene, seine monarchistischen Vorurteile einzuschmuggeln, als wären sie die Schlussfolgerungen rationaler Argumente.

Zum ersten Punkt herrscht allgemeine Übereinstimmung, dass Hobbes' Darstellung lediglich hypothetisch gemeint ist, obgleich er überzeugt war, dass einige Eingeborene Amerikas annähernd in einem Naturzustand lebten. Er stellt dar, wie das Leben wäre, wenn es keine souveräne Macht gäbe oder wenn eine souveräne Macht beseitigt würde. Freilich können, wie wir gesehen haben, seine Annahmen, wie dieser Zustand aussähe, durchaus in Frage gestellt werden, genau wie der Wert eines Gedankenexperiments, das dem wirklichen Geschehen derart unähnlich ist.

Was die eingeschmuggelten Vorurteile anbetrifft, so räumt Hobbes interessanterweise die Möglichkeit ein, dass der Souverän auch eine Versammlung und nicht nur einfach ein Monarch sein könnte. Wenn Hobbes hier einfach nur seine monarchistischen Vorurteile enthüllt, dann scheint es witzlos, diese Möglichkeit mit einzuschließen; selbstverständlich nur, falls Hobbes hier nicht ganz rational seine eigene Selbsterhaltung vor Augen hat (was gut zu seinen philosophischen Ansichten über die menschliche Natur passen würde), ohne sich in der Öffentlichkeit auf eine allzu extreme Form des Monarchismus festlegen zu wollen.

Totalitär?

Wie schon Platon vor ihm, so scheint Hobbes ganz zufrieden damit, die Freiheit der Bürger in seinem Idealstaat beträchtlich zu reduzieren. So hält er zum Beispiel eine Zensur durch den Souverän für vollkommen akzeptabel, ja für wünschenswert: Kein Buch sollte veröffentlicht werden, bevor dessen Inhalt auf seine Tendenz, den Frieden zu fördern, überprüft und bewertet worden ist. Das Gemeinwesen ist ein intoleranter Ort, und das

Gewissen der Einzelnen sollte nicht überbewertet werden. Es ist Sache des Souveräns zu erklären, was recht und was unrecht ist. Viele von uns dürften diesen Aspekt der hobbesschen Alternative zum Naturzustand besonders unattraktiv finden. Obgleich Hobbes die Macht des Souveräns, alles zu tun, was er will, einschränkt, sind diese Grenzen nicht hinreichend streng, um zu verhindern, dass das Gemeinwesen zu einem totalitären Staat wird, samt allem, was damit verbunden ist.

Hobbes' wahrscheinliche Antwort auf diese Art von Kritik wird in der Zwischenüberschrift zu einem seiner Abschnitte (II,18) gegeben: *«Die souveräne Gewalt ist nicht so schmerzhaft wie ihr Fehlen.»* Trotzdem, an einem bestimmten Punkt dürften, wie es scheint, selbst die Härten des Naturzustands dem Leben unter einigen totalitären Regimes vorzuziehen sein. Einige Menschen würden gewiss ein einsames, armseliges, ekelhaftes, rohes und kurzes Leben einem Leben vorziehen, das praktisch Sklaverei ist.

Daten

1588 geboren in Malmesbury, Wiltshire
1641 schreibt Einwände gegen Descartes' *Meditationen*
1651 veröffentlicht den *Leviathan*
1679 stirbt in Hardwick, Derbyshire

Weitere Lektüre

Wolfgang Kersting (Hg.), *Thomas Hobbes, «Leviathan oder Stoff, Form und Gewalt eines bürgerlichen und kirchlichen Staates»*, Berlin 1997 (Klassiker Auslegen Bd. 5)

I. Fetscher, *Einleitung* in: «Leviathan», herausgegeben und eingeleitet von Iring Fetscher, Frankfurt an Main 1984

W. Kersting, *Hobbes zur Einführung*, Hamburg 1992

5. John Locke: *Über den menschlichen Verstand*

Ist der Geist eines Neugeborenen eine leere Tafel? Oder kommen wir schon mit bestimmten Erkenntnissen auf die Welt? John Locke stellte diese Fragen in seinem *Über den menschlichen Verstand*. Seine Antwort lautete, dass all unser Wissen letztlich aus der Information stamme, die wir von unseren fünf Sinnen erhalten. Wir kommen ohne das geringste Wissen auf die Welt. Alles, was wir wissen, lehrt uns die Erfahrung. Diese Ansicht wird gewöhnlich als Empirismus bezeichnet, im Unterschied zur Lehre von angeborenen Erkenntnissen sowie zum Rationalismus, der Behauptung, dass wir Erkenntnis von der Welt allein durch die Macht der Vernunft erlangen. Zu der Zeit, als Locke schrieb, im 17. Jahrhundert, wurde eine lebhafte Debatte über die Ursprünge unserer Erkenntnis geführt, und dies hat sich bis zum gegenwärtigen Tag fortgesetzt.

Lockes *Über den menschlichen Verstand*, das im Jahre 1689 veröffentlicht wurde, wurde bald zu einem philosophischen Bestseller. Noch zu seinen Lebzeiten erschienen vier Auflagen, und schon im Jahre 1735 war eine elfte Auflage erreicht. Es handelt sich um ein komplexes Werk, in dessen Mittelpunkt die Frage nach Ursprung und Grenzen der menschlichen Erkenntnis steht. Was können wir wissen? Welche Beziehung besteht zwischen Denken und Wirklichkeit? Dies sind die ewigen Fragen des Zweigs der Philosophie, der Erkenntnistheorie genannt wird. Lockes Antworten darauf hatten einen dauernden Einfluss auf den Verlauf der Philosophie, und viele bedeutende Philosophen, einschließlich George Berkeley (1685–1753) und Gottfried Wilhelm Leibniz (1646–1716), definierten ihre eigene Position im Verhältnis zum Standpunkt Lockes.

Locke bezeichnete seine Rolle als die eines «Hilfsarbeiters», der begriffliche Verwirrungen beiseite räumt, damit die Wissenschaftler oder Naturphilosophen, wie sie damals genannt wurden, ihre wichtige Arbeit fortführen konnten, das menschliche Wissen zu erweitern. Diese die eigene Bedeutung etwas schmälernde Bemerkung sollte uns nicht blind gegenüber der Schwierigkeit der Aufgabe machen, die Locke sich selbst setzte und die in nichts Geringerem bestand als darin, die Ursprünge und die Natur der menschlichen Erkenntnis zu erklären. Dies beinhaltete eine Verwerfung einer ganzen philosophischen Tradition, die auf der Annahme beruhte, dass alles, was von einer Autorität wie Aristoteles geschrieben worden war, wahr sein müsse. Locke empfand großes Vergnügen dabei, überlieferte Lehrmeinungen über Bord zu werfen und sie durch begründete Hypothesen zu ersetzen. Er hatte sich zum Ziel gesetzt, Licht auf das zu werfen, was bislang nur im Dunkeln gelegen hatte. Seine Motivation stammte aus seiner Liebe zur Wahrheit und dem freudigen Gefühl, für sich selbst über einige der tiefsten Fragen nachzudenken, die wir stellen können. Er machte sich keine Illusionen, dass er zu den Themen, die er diskutierte, das letzte Wort haben würde. Auch war er nicht sonderlich optimistisch in Bezug auf den menschlichen Verstand ganz allgemein: Er glaubte, dass Gott uns «alles, was für die Bequemlichkeit des Lebens und zur Unterweisung in der Tugend erforderlich ist, gegeben und die Behaglichkeiten dieses Lebens sowie den Weg zu einem besseren Dasein» in den Bereich unserer Erkenntnis gestellt habe, dass aber letztlich die Kräfte des Verstandes beschränkt seien.

Keine angeborenen Prinzipien

Viele Philosophen des 17. Jahrhunderts glaubten an die Existenz gottgegebener angeborener Prinzipien, das heißt an Prinzipien, mit deren Kenntnis jedes menschliche Lebewesen von Geburt an ausgestattet ist. Solche Prinzipien konnten entweder spekulative Prinzipien sein, wie Locke sie nannte, wie die offensichtlich wahre Aussage «Alles, was ist, ist»; oder praktische Prinzipien wie die moralische Forderung «Eltern haben die moralische Pflicht, sich um ihre Kinder zu kümmern» oder «Jeder soll seine Versprechen halten». Locke führt eine ganze Reihe von Argumenten an, um zu zeigen, dass kein Prinzip dieser Art angeboren ist. Die meisten dieser Argumente beruhen auf seiner grundlegenden Annahme, dass der Inhalt des menschlichen Geistes ihm selbst *durchsichtig* sei: das heißt, wenn man einen Gedanken habe, es einem möglich sein müsse, Zugang zu dem Inhalt dieses Gedankens zu haben. Locke glaubt nicht, dass die Behauptung sinnvoll ist, jemand könne einen Gedanken haben, ohne zu wissen, wovon dieser Gedanke handelt. Er verwirft jede Vorstellung unbewusster Gedanken als unsinnig.

Um seine Behauptung zu unterstützen, dass es keine angeborenen Prinzipien gibt, macht er unter anderem von dem Argument Gebrauch, dass offensichtlich keine vollständige Übereinstimmung in der Frage herrsche, welches diese angeblich angeborenen Prinzipien sind. Wenn wir alle mit der Kenntnis geboren würden, dass wir zum Beispiel «unsere Versprechen halten sollen», dann würde jeder dies als ein fundamentales Prinzip anerkennen. Aber wie Locke darlegt, gibt es keine derartige Übereinstimmung. Einige Menschen fühlen nicht die geringste Verpflichtung, ihre Versprechen zu halten. Auch Kinder erkennen dieses Prinzip nicht unmittelbar als für sie verpflichtend an; vielmehr muss man es ihnen beibringen. Dasselbe gilt für jedes andere Prinzip, sei es moralisch oder sonstwie beschaffen, das man näher untersucht.

Darüber hinaus sollte man erwarten, dass diese angeblich angeborenen Prinzipien bei Kindern deutlicher sind als bei Erwachsenen, weil Kinder weniger von den örtlichen Bräuchen beeinflusst sind und weniger Erfahrung von der Welt besitzen. Die angeborenen Prinzipien sollten also in ihnen klar zu erkennen sein. Aber das ist nicht der Fall.

Die Auffassung, dass es angeborene moralische Prinzipien gibt, die allen Menschen gemeinsam sind, ist für Locke ein absoluter Blindgänger, da jeder Blick auf die Geschichte genügt, um die unermessliche Vielfalt moralischer Prinzipien zu enthüllen, die von Gesellschaften und von Einzelnen vertreten worden sind. Es ist einfach unplausibel zu glauben, eine solche Vielfalt könne aus identischen Prinzipien, die in jedermanns Geist eingepflanzt seien, stammen.

Diese und andere Argumente bewogen Locke dazu, die Ansicht zu verwerfen, es gebe angeborene Prinzipien. Freilich bleibt die Aufgabe zu erklären, wie es dazu kommt, dass der menschliche Geist über Gedanken, Überzeugungen und Erkenntnisse von der Welt verfügt. Seine Antwort ist, dass alle unsere Ideen aus der Erfahrung stammen.

Ideen

Locke benutzt das Wort «Idee», um damit alles zu bezeichnen, worüber jemand nachdenkt. Wenn man aus dem Fenster blickt, ist das, was man sieht – ein Baum etwa oder ein Spatz –, nicht der Baum oder der Spatz selbst, sondern vielmehr deren Repräsentation, eine Idee, so etwas wie ein Bild im Kopf. Was man sieht, ist nicht einfach ein Produkt dessen, was da draußen in der Welt ist, sondern zum Teil eine Schöpfung des eigenen sensorischen Systems. Aber nicht alle unsere Ideen stammen aus unmittelbarer sinnlicher Wahrnehmung der Welt. Einige von ihnen sind Ideen der Reflexion, etwa, wenn wir Schlüsse ziehen oder uns erinnern oder etwas wollen.

Locke glaubte, dass alle unsere Ideen letztlich aus der Erfahrung herrühren, sodass der Inhalt unserer Gedanken, selbst wenn wir eher nachdenken als wahrnehmen, aus der Sensation (Empfindung, Sinneswahrnehmung) stammt. Ein Kind, das von der Welt abgeschnitten wäre, das nur die Empfindungen von Schwarz und Weiß hätte, hätte genauso wenig die Idee von

Scharlachrot und Grün wie vom Geschmack von Austern oder Ananas, wenn es sie niemals probiert hätte.

Ideen können auf verschiedene Arten und Weisen kombiniert werden, sodass wir, wenn wir erst einmal die Idee von Scharlachrot und die Idee eines Mantels haben, uns einen scharlachroten Mantel vorstellen können, selbst wenn wir in Wirklichkeit niemals einen gesehen haben. Aber die einfacheren Ideen, aus denen die komplexeren gebildet werden, haben ihren Ursprung sämtlich in der Wahrnehmung durch einen oder mehrere der fünf Sinne.

Primäre und sekundäre Qualitäten

Wenn wir sagen, dass ein Schneeball grau-weiß und kalt und rund ist, meinen wir damit, dass er in uns die Ideen dieser Eigenschaften hervorrufen kann. Locke unterscheidet primäre und sekundäre Qualitäten und gibt von ihnen jeweils eine sehr verschiedene Erklärung. Primäre Qualitäten sind von Objekten untrennbar. Die primären Qualitäten eines Schneeballs würden seine Gestalt und Festigkeit einschließen, nicht aber seine Farbe oder seine Kälte. Hier war Locke stark von der Wissenschaft seiner Zeit, insbesondere von der Korpuskularhypothese, die Robert Boyle (1627–1691) aufgestellt hatte, beeinflusst. Boyle vertrat den Gedanken, dass alle Materie aus winzigen Partikeln oder «Korpuskeln» zusammengesetzt sei, die auf verschiedene Weise Gruppen bildeten. Ein einzelnes Korpuskel allein im Universum würde immer noch die primären Qualitäten der Gestalt, Größe und Festigkeit besitzen. Die Ideen, die wir von den primären Qualitäten eines Objekts haben, ähneln, wie Locke glaubt, diesen Qualitäten. Wenn also ein Schneeball die primären Qualitäten der Rundheit und eine gewisse Größe hat, dann ähneln die Ideen, die wir von diesen Eigenschaften haben, diesen Aspekten des wirklichen Schneeballs: Sie sind genaue Repräsentationen dieser Qualitäten.

Sekundäre Qualitäten sind Kräfte, die Ideen hervorrufen. Aber sekundäre Qualitäten ähneln ihren Objekten nicht; sie sind eher eine Konsequenz der Beschaffenheit von Korpuskeln (das heißt der Mikrostruktur), aus denen die Gegenstände zusammengesetzt sind, der besonderen Bedingungen, unter denen sie wahrgenommen werden, und des sensorischen Systems des Wahrnehmenden. Sekundäre Qualitäten sind, im Unterschied zu primären, keine Eigenschaften, welche die Korpuskeln selbst unabhängig vom Beobachter haben. Man nehme zum Beispiel die Farbe: Der Schneeball erscheint grau-weiß. Farbe ist eine sekundäre Qualität. Das bedeutet, dass der wirkliche Schneeball nicht wirklich Farbe in dem Sinn hat, wie er Gestalt und Größe hat. Ich habe eine Idee vom Schneeball als grau-weiß. Aber unter verschiedenen Beleuchtungsbedingungen könnte er mit einer ganz anderen Farbe erscheinen, zum Beispiel blau. Aber in diesem Fall wäre die Bläue genauso wenig in dem Schneeball wie die Grau-Weiße. Die Farbe des Schneeballs leitet sich aus der Anordnung der Korpuskeln ab, aus denen er zusammengesetzt ist; die primären Qualitäten der Korpuskeln verursachen meine Ideen von den Korpuskeln. Dasselbe gilt von der Kälte des Schneeballs sowie von seinem Geschmack. Das sind nicht eigentlich Eigenschaften, die sich in dem Schneeball finden, sondern vielmehr sekundäre Qualitäten des Gegenstands, die von seinen primären Qualitäten abhängen.

Lockes Diskussion der primären und sekundären Qualitäten ist beispielhaft für seinen Realismus: für seinen unbezweifelten Glauben an die Existenz wirklicher Gegenstände in der Außenwelt, die unsere Erfahrung verursachen. Dies hört sich vielleicht einfach nur nach gesundem Menschenverstand an, aber viele Philosophen seiner Zeit wie auch davor und danach sind zu skeptischen Ansichten über die Natur der Ursachen unserer Erfahrung gelangt.

Persönliche Identität

Ein Abschnitt in Lockes *Über den menschlichen Verstand*, der für den größten Teil der späteren Diskussion dieses Themas den Rahmen abgab und noch im späten 20. Jahrhundert seinen Einfluss ausübt, ist das Kapitel über «Identität und Verschiedenheit» (II. 27). Es ist dem Buch erst in der zweiten Auflage hinzugefügt worden. Es enthält eine Diskussion des Problems der persönlichen Identität, der Frage, was jemanden nach einer gewissen Zeitspanne, in der er sich ganz signifikant verändert haben kann, zu derselben Person macht, sowohl körperlich wie seelisch.

Lockes Antwort auf diese Frage beinhaltet eine Diskussion dreier verschiedener, aber verwandter Fragen: (1) Was konstituiert die Selbigkeit einer *Substanz*? (2) Was macht jemanden zu einem späteren Datum zum selben *Menschen*? (3) Was macht jemanden zu einem späteren Datum zur selben *Person*?

Wir würden sagen, dass wir es mit derselben Substanz zu tun haben, wenn keines der Partikel, aus denen ein Gegenstand zusammengesetzt ist, verändert oder entfernt worden ist. Offensichtlich kommt dies bei einem lebenden Organismus niemals vor, da Teile, zumindest auf mikroskopischer Ebene, kontinuierlich verloren gehen und ersetzt werden. Deshalb ist die Dieselbigkeit der physischen Substanz kein nützliches Kriterium für die Bestimmung persönlicher Identität über die Zeit hinweg, da kein lebender Mensch jemals von Augenblick zu Augenblick genau dieselben physischen Bestandteile beibehält.

Für Locke ist ein «Mensch» ein besonderer biologischer Organismus, ein Mitglied der Spezies, die wir *homo sapiens* nennen. In dieser Hinsicht gleicht ein Mensch einer Eiche oder einem Pferd. Eine riesig ausgebreitete Eiche ist immer noch dieselbe Eiche, die sie vor zwanzig Jahren war, obwohl sie ihre Größe verdoppelt und ihre Blätter zwanzig Mal verloren hat. Es ist nicht dieselbe Substanz, aber es ist dieselbe Eiche, dank der fortdauernden Funktion ihrer lebenden Teile. Auf gleiche Weise

bin ich derselbe Mensch, der ich vor zwanzig Jahren war, trot
physischer wie psychischer Veränderungen, die jeder bemerke
kann.

Ein Teil von Lockes Originalität bei der Behandlung diese
Themas beruhte darauf, dass er die Fragen nach der Identitä
eines Menschen von denen der *persönlichen* Identität eine
Menschen trennte. Aber was genau ist eine Person, wenn si
nicht dasselbe ist wie ein Mensch? Nach Locke ist eine Perso
«ein denkendes verständiges Wesen, das Vernunft und Überle
gung besitzt und sich selbst als sich selbst betrachten kann. Da
heißt, es erfaßt sich als dasselbe Ding, das zu verschiedenen Zei
ten und an verschiedenen Orten denkt.» Mit anderen Worte
eine Person ist nicht einfach ein Mitglied unserer Spezies, d
einigen Menschen die Kraft der Vernunft und des Selbstbe
wusstseins fehlt. Außerdem könnten im Prinzip einige nicht
menschliche Kreaturen als Personen angesehen werden. Lock
zitiert einen Bericht über einen vernünftigen Papagei, der im
stande war, auf überzeugende Weise ganz detaillierte Fragen z
beantworten. Aber trotz seiner Intelligenz würden wir ih
wohl kaum als Menschen bezeichnen: Er wäre immer nur ei
vernünftiger Papagei; aber er könnte wohl als eine Person ange
sehen werden, wenn er die angemessene Ebene von Rationalitä
und Selbstbewusstsein hätte.

Was ist, nach Locke, das Kriterium der persönlichen Identitä
über die Zeit hinweg? Nicht einfach körperliche Kontinuität, d
diese uns nicht garantiert, dass wir es mit derselben Person z
tun haben. Eher erstreckt sich die persönliche Identität nur s
weit wie das Bewusstsein: Gedächtnis und fortdauernde Aner
kennung, für seine früheren Handlungen verantwortlich z
sein, sind die Bedingungen persönlicher Identität. Gleichgülti
wie sehr ich mich physisch verändert habe, wenn ich mich a
meine früheren Handlungen als an meine eigenen erinner
kann, dann bin ich dieselbe Person, die ich einmal war.

Locke erhellt diese Vorstellung mit einem Gedankenexperi
ment. Man stelle sich vor, dass eines Tages ein Fürst aufwach

und nur noch die Erinnerungen eines Schusters hat und keine eigenen. Sein Körper bleibt unverändert. Am selben Morgen wacht ein Schuster auf und findet, dass er ausschließlich die Erinnerungen eines Fürsten hat. Locke behauptet, dass das Individuum mit dem fürstlichen Körper zwar derselbe Mensch bleibt, aber nicht dieselbe Person ist, die es war, als es sich schlafen legte. Es wäre unbillig, die Person mit dem fürstlichen Körper für die früheren Handlungen des Fürsten verantwortlich zu machen, da sie keinerlei Erinnerungen daran hätte, sie vollbracht zu haben. Dieses weit hergeholte Beispiel soll den wichtigen Unterschied zwischen den Begriffen «Mensch» und «Person» deutlich machen.

Aber was machen wir dann mit Fällen von Gedächtnisverlust? Es scheint, dass wir nach Lockes Erklärung niemals Menschen für das bestrafen dürfen, woran sie sich nicht erinnern können, da sie in einem wichtigen Sinn nicht dieselben Personen sind, die das Fehlverhalten begangen haben. «Person» ist für Locke ein juristischer Ausdruck, womit er meint, dass er besonders für Rechtsfragen relevant ist, die sich auf die Verantwortung für die eigenen Handlungen beziehen. Es scheint danach, dass wir niemals einen Mörder bestrafen sollten, der sich an seine Mordtat nicht erinnert. Lockes Ansicht hierzu ist, dass wir dazu neigen, in Fällen von Gedächtnisverlust oder angeblichem Gedächtnisverlust anzunehmen, dass, wenn wir den *Menschen* identifiziert haben, der die Handlungen verrichtet hat, dieser dieselbe *Person* sein muss, die sie begangen hat. Wir bestrafen Trunkenbolde für ihre Handlungen, selbst wenn sie behaupten, sich nicht erinnern zu können, was sie getan haben. Aber dies ist nur einfach das Ergebnis der allgemeinen Schwierigkeit, die Unkenntnis dessen nachzuweisen, was man getan hat. Das Gesetz muss praktisch sein und akzeptiert deshalb selten einen Gedächtnisverlust als Entschuldigung. Aber, wie Locke annimmt, am Tag des Jüngsten Gerichts wird Gott keinen für Handlungen verantwortlich halten, an die er sich nicht erinnern kann.

Sprache

Locke interessiert sich ebenso für die Natur der Sprache wie für ihren Gebrauch im Rahmen einer gelingenden Kommunikation. Sprache besteht für ihn nicht einfach darin, verständliche Laute hervorzubringen: Papageien können das auch. Vielmehr sind Wörter Zeichen für Ideen: Sie bezeichnen sie. Weil Wörter Zeichen für Ideen sind und alle unsere Ideen aus der Erfahrung stammen, ist unsere gesamte Sprache und unser Denken, das Sprache verwendet, mit unserer Erfahrung eng verbunden.

Durch die Verwendung von Wörtern können wir anderen unsere Gedanken mitteilen. Aber Locke glaubt, dass wir mit denselben Wörtern nicht alle dieselben Ideen verbinden. So können sich zum Beispiel meine besonderen Assoziationen mit dem Wort «Albatros» von deinen aufgrund unserer sehr verschiedenen Erfahrungen mit Albatrossen vollkommen unterscheiden. Du hast vielleicht keinerlei Erfahrung mit Albatrossen oder kennst vielleicht nur ein Bild von ihnen und fühlst dich vielleicht trotzdem sicher bei der Verwendung des Worts. Die Idee, die du mit dem Wort assoziierst, wäre sehr verschieden von der Idee, die jemand hat, der täglich mit Albatrossen umgeht. Wenn du keine klare Idee von einem Albatros hast, gibst du schließlich vielleicht nur Töne, die nichts bezeichnen, von dir, wie ein Papagei, dem man beigebracht hat, Laute nachzuahmen, oder wie ein kleines Kind. Obgleich also Wörter in der Öffentlichkeit geäußert werden, kann das, was sie bezeichnen, trotzdem privat und persönlich sein. Das kann eine Quelle der Verwirrung und des Missverständnisses sein.

Es gibt weit weniger Bezeichnungen als Dinge, auf die sie sich beziehen. Das ist nicht überraschend, denn wenn es einen Namen für jedes besondere Ding gäbe, wäre es unmöglich, effektiv zu kommunizieren. Wir verwenden den allgemeinen Ausdruck «Albatros», um uns auf eine ganze Vogelart zu beziehen. Locke behauptet, dass wir derartige allgemeine Wörter auf der Basis der Abstraktion von unseren besonderen Erfahrungen erwerben.

Kritik an Locke

Angeborenes Wissen
Im 20. Jahrhundert haben Forschungen des Linguisten Noam Chomsky (geb. 1928) die Debatte um angeborenes Wissen wiederbelebt. Aus einer genauen Analyse der Sätze, die kleine Kinder verwenden, wenn sie sprechen lernen, schloss er, dass die universal geltenden grammatischen Strukturen verschiedener Sprachen und die Strukturen grammatischer Fehler von Kindern am besten dadurch erklärt werden könnten, dass man einen angeborenen Rahmen für die Interpretation und Sprachverwendung annimmt, den Chomsky *Language Acquisition Device* (Spracherwerbsmechanismus) nannte. Diese Ansicht stellt Lockes Überzeugung in Frage, der Geist eines Neugeborenen sei wie ein leeres Stück Papier, das darauf warte, durch die Erfahrung beschrieben zu werden. Sie steht Gottfried Leibniz' Ansicht viel näher, dass der Geist einem Marmorblock gleiche, dessen Adern eine bestimmte Skulptur vorzuzeichnen scheinen.

Ähneln Ideen von primären Qualitäten ihren Gegenständen?
Lockes Darstellung des Unterschieds zwischen primären und sekundären Qualitäten klingt beim ersten Lesen plausibel und erhält zusätzliche Unterstützung durch die verschiedenen Sinnestäuschungen, die den Gedanken nahe legen, dass sekundäre Qualitäten Qualitäten von Gegenständen sind, wie sie uns erscheinen, statt wirklich irgendwie in den Gegenständen zu sein. Aber wie schon George Berkeley deutlich machte, ist Lockes Behauptung, dass Ideen von primären Qualitäten den Gegenständen selbst ähneln, nicht zu halten.

Nach Lockes Darstellung sind Gegenstände, wie sie wirklich sind, hinter einem Schleier der Wahrnehmung verborgen. Direkten Zugang haben wir nur zu Ideen, nicht zu dem, wovon diese Ideen Ideen sind. Folglich ist die Behauptung Lockes, Ideen von primären Qualitäten ähnelten ihren Gegenständen, unsinnig. Um festzustellen, ob ein Ding einem anderen ähnelt, brauchen wir Zugang zu beiden. Aber nach Lockes Darstellung des Geistes haben wir Zugang jeweils nur zu einer Seite: unseren eigenen Ideen. Berkeley ging noch einen Schritt weiter; da wir, genau genommen, Zugang nur zu dem Inhalt unseres eigenen Geistes haben, könnten wir nicht einmal beweisen, dass irgendetwas von unserem Geist Unabhängiges existiert. Locke nimmt dagegen einfach nur an, dass der Geist unsere Ideen nicht hervorbringen könnte, ohne dass es eine Außenwelt gibt.

Das homunculus-*Problem*

Lockes Darstellung der Ideen macht sie Bildern im Kopf sehr ähnlich. Aber das sagt nicht wirklich sehr viel über die Denkprozesse; denn um zu erkennen, was das Bild abbildet, scheint eine kleine Person (ein *homunculus*) im Innern unseres Kopfes erforderlich zu sein, die diese Bilder interpretiert, und dann eine weitere in deren Kopf usw. Diese unendliche Reihe von immer kleineren *homunculi*, die durch seine Erklärung des Geistes impliziert wird, ist offensichtlich eine unannehmbare Konsequenz. Sie lässt vermuten, dass irgendetwas an Lockes Darstellung nicht stimmt.

Gedächtnisverlust führt nicht immer zur Auflösung persönlicher Identität

Der Philosoph Thomas Reid (1710–1796) trat Lockes Behauptung, das Gedächtnis biete ein adäquates Kriterium der persönlichen Identität, mit folgendem Beispiel entgegen. Man stelle sich einen tapferen Offizier vor, der einstmals in der Schule für einen Diebstahl aus einem Obstgarten schwer bestraft worden ist. In seinem ersten Feldzug als junger Soldat gelingt es ihm eine Standarte vom Feind zu erobern. Als er die Standarte eroberte, konnte er sich noch erinnern, dass er als Kind ausgepeitscht worden war. Später wurde er zum General ernannt. Zu jener Zeit konnte er sich zwar noch erinnern, dass er die Standarte erobert hatte, nicht jedoch, dass er in der Schule ausgepeitscht worden war. Nach Lockes Darstellung ist die Person welche die Standarte erobert hatte, wegen der Gedächtnisverbindung dieselbe Person, die ausgepeitscht worden war. Ebenso macht die Gedächtnisverbindung den General zur selben Person wie den jungen Offizier, der die Standarte erobert hatte. Die Logik scheint uns zu sagen, wenn der Junge dieselbe Person wie der junge Offizier ist und der Offizier dieselbe Person wie der alte General, dann muss der Junge dieselbe Person wie der alte General sein. Locke dagegen müsste dies aus dem Grund bestreiten, dass sich der alte General nicht mehr daran erinnern kann, dass er ausgepeitscht worden ist und auf diese Weise die Verbindung zur Vergangenheit abgeschnitten ist. Reid geht es darum, dass dies eine logische Absurdität ist, da Lockes Darstellung uns zu zwei einander widersprechenden Schlussfolgerungen führt: dass der Junge und der General dieselbe Person sind und dass sie es nicht sind. Jede Theorie, die zu einem so offensichtlichen Widerspruch führt, muss falsch sein.

Locke müsste auf diese Art Kritik antworten, dass der Junge und der General zwar derselbe *Mensch* sind, aber nicht dieselbe *Person*, und dass es falsch wäre, den General für das verantwortlich zu machen, was der Junge getan hat. Locke müsste bestreiten, dass das Muster überlappender Erinnerungen, das von Reid beschrieben worden ist, zu der Schlussfolgerung führt, dass der Junge dieselbe Person wie der General ist.

Daten

1632 geboren in Wrington, Somerset
1689 veröffentlicht *Über den menschlichen Verstand* und *Zwei Abhandlungen über die Regierung* (obgleich das gedruckte Erscheinungsdatum 1690 lautet)
1704 stirbt in Oates, Essex

Weitere Lektüre

Udo Thiel (Hg.), *John Locke, «Essay über den menschlichen Verstand»*, Berlin 1997 (Klassiker Auslegen Bd. 6)
W. Euchner, *John Locke zur Einführung*, Hamburg 1996
Rainer Specht, *John Locke*, München 1989 (BsR 509)

6. John Locke: *Zweite Abhandlung über die Regierung*

Folgende Wahrheiten erachten wir als selbstverständlich: dass alle Menschen gleich geschaffen sind; dass sie von ihrem Schöpfer mit gewissen unveräußerlichen Rechten ausgestattet sind; dass dazu Leben, Freiheit und das Streben nach Glück gehören ... dass, wenn immer irgendeine Regierungsform sich als diesen Zielen abträglich erweist, es Recht des Volkes ist, sie zu ändern oder abzuschaffen.

Diese berühmten Zeilen aus der amerikanischen Unabhängigkeitserklärung aus dem Jahr 1776 paraphrasieren die Botschaft, die im Mittelpunkt der beinahe ein Jahrhundert früher geschriebenen *Zweiten Abhandlung über die Regierung* von John Locke steht. Locke veröffentlichte seine *Zwei Abhandlungen über die Regierung* anonym im Jahre 1689, aber es gibt Hinweise, dass er sie in den frühen achtziger Jahren schrieb, als die Idee, dass das Volk ein Recht habe, eine ungerechte Regierung zu stürzen, geradezu als Hochverrat angesehen worden wäre und leicht die Todesstrafe hätte nach sich ziehen können. Viele Einzelheiten der *Zwei Abhandlungen* beziehen sich auf die turbulenten politischen Ereignisse der achtziger Jahre des 17. Jahrhunderts; aber die *Zweite Abhandlung*, mit ihrem Versuch, elementare Menschenrechte zu begründen, hat einen Einfluss ausgeübt, der sich weit über die Belange des 17. Jahrhunderts hinaus erstreckt.

Die *Erste* und die *Zweite Abhandlung*

Von den beiden Abhandlungen ist die zweite die weitaus interessantere. Die *Erste Abhandlung* ist beinahe vollständig negativ: Sie ist ein kritischer Angriff auf die Ideen von Sir Robert Filmer. Filmer argumentierte, die Macht des Monarchen sei von Gott gegeben und habe nicht das Geringste mit der Zustimmung des Volks zu tun, eine Ansicht, die als das göttliche Recht der Könige bekannt war. Gott habe Adam, dem ersten Menschen, die Herrschaft über die ganze Erde verliehen; die Autorität der jetzigen Herrscher könne bis auf diese erste Schenkung zurückverfolgt werden. Die Pflicht des Volks, dem Herrscher zu gehorchen, sei eine Pflicht gegen Gott, da es die Herrscher, infolge der Aufteilung der Welt seit der Zeit Adams, durch den Willen Gottes gebe. Was das Volk wünsche, spiele keine Rolle. Jedermann habe die absolute Pflicht, dem Monarchen zu gehorchen, und die Pflicht sei indirekt eine Pflicht, Gott zu gehorchen.

Die *Erste Abhandlung* ist eine vernichtende Kritik Lockes an den Einzelheiten von Filmers Argument; in der *Zweiten Abhandlung* umreißt er seine eigene positive Theorie der Regierung. Locke stellt hier die Frage: «Welches sind die Quellen und die Grenzen legitimer politischer Autorität?» Oder um es in einer praktischeren Form zu formulieren: «Warum sollen wir unseren Herrschern gehorchen, und unter welchen Umständen haben wir das Recht, ihnen Widerstand zu leisten?»

Der Naturzustand und die Gesetze der Natur

Um diese Fragen zu beantworten, stellte sich Locke, wie viele politische Philosophen vor und nach ihm, vor, wie das Leben in einem Naturzustand aussähe, in einer Welt ohne von einer Regierung erlassene Gesetze und ohne organisierte Gesellschaft. Diese Art von Gedankenexperiment dient gewöhnlich nicht dazu, eine realistische Darstellung des tatsächlichen Lebens zu einem bestimmten Zeitpunkt zu geben, sondern ist eher eine Geschichte, die zu dem Zweck erfunden wird, die Bildung einer Gesellschaft mit Regierung und Gesetzen philosophisch zu rechtfertigen. Hobbes glaubte, dass wir uns im Naturzustand in einem permanenten Kriegszustand aller gegen alle befinden würden, weil wir um knappe Ressourcen wetteifern würden; im Gegensatz dazu bietet Lockes Naturzustand ein weitaus anziehenderes Bild. Für Hobbes werden die Menschen im Naturzustand durch ihre Bedürfnisse und Begierden getrieben und die Vorsicht gebietet ihnen, Vorsichtsmaßnahmen gegen jeden möglichen Konkurrenten zu ergreifen. Locke dagegen glaubt, dass selbst in einem Zustand, der vor jeder organisierten Gesellschaft existiert, Menschen durch die Gesetze der Natur, wie er sie nennt, gebunden sein würden und dass diese verbieten, einander zu schaden.

Die Gesetze der Natur sind von Gott gegebene Gesetze, die jeder Mensch durch Nachdenken entdecken kann. In Lockes Naturzustand sind die Einzelnen sowohl gleich wie frei. Es gibt keine natürliche Hierarchie, die den einen Menschen über den anderen stellt: Jeder zählt genauso viel wie jeder andere und alle sind vor Gott gleich. Die Individuen sind auch frei, aber diese Freiheit sollte nicht mit Zügellosigkeit (der Freiheit, alles zu tun, was einem in den Sinn kommt) verwechselt werden. Die Freiheit wird, selbst im Naturzustand, durch die von selbst einleuchtenden gottgegebenen Gesetze der Natur beschränkt, die einen daran hindern, Selbstmord zu begehen (da Gott offensichtlich den Plan hatte, dass jeder seine natürliche Lebenszeit zu Ende leben sollte) und andere Menschen zu schädigen (da Gott uns als Gleiche geschaffen hat, die einander nicht als Werkzeuge benutzen sollten).

Lockes Naturzustand scheint unter anderem auch aus dem Grund so sehr viel angenehmer als Hobbes' brutaler Krieg aller gegen alle, weil Locke glaubt, die Gesetze der Natur könnten von jedem Einzelnen vollstreckt werden. Das schließt die Verhängung von Strafen für das Übertreten der Gesetze der Natur ein. Selbst außerhalb der Gesellschaft sind die von Gott gegebenen Gesetze gültig und erzwingbar. Da das Gesetz der Natur verbietet, jemanden ohne Rechtfertigung anzugreifen, hat jeder ein natürliches Recht, den Angreifer zu bestrafen, sowohl um eine Art Wiedergutmachung zu erlangen wie auch um ihn von weiterer Gewalttätigkeit abzuhalten. Dieses Recht zu bestrafen erstreckt sich sogar auf diejenigen, die nicht direkt beteiligt sind. Jemand anderes könnte in Erfahrung bringen, dass mich jemand angegriffen hat, und sich dafür entscheiden, ihn entsprechend zu bestrafen. Offensichtlich besteht deshalb im Naturzustand die Gefahr, dass die Individuen die Gesetze der Natur nicht uneigennützig einhalten. Sie würden dazu neigen, unter dem Deckmantel der Anwendung der Gesetze der Natur ihre eigenen Interessen zu fördern. Das ist einer der Gründe, warum der Zusammenschluss aller und die Bildung einer Regierung eine Verbesserung des Naturzustands darstellen, da eine Regierung unabhängige Richter einsetzen kann.

Eigentum

Eines der fundamentalen Rechte, die jedermann im Naturzustand besitzt, ist das Recht auf Eigentum. Locke benutzt das Wort «Eigentum», um damit Besitz an Grund und Boden, an Häusern, persönlichen Gütern usw. zu bezeichnen. Für Locke besitzen wir Eigentum auch an uns selbst, das heißt, wir besitzen uns selbst und haben ein Recht zu tun, was wir wollen, vorausgesetzt, wir fügen anderen damit keinen Schaden zu oder nehmen uns selbst nicht das Leben. Lockes Darstellung der Entstehung von Eigentum im Naturzustand handelt nur vom Eigentum im vertrauten Sinn und prinzipiell von Land und den Früchten des Ackerbaus. Unglücklicherweise erklärt er nirgends, wie es kommt, dass jeder von uns Eigentum an sich selbst besitzt.

Wie also erwerben Individuen rechtmäßige Ansprüche auf Land, besonders im Hinblick auf die religiöse Lehre, dass Gott die Welt Adam übereignete, um von der gesamten Menschheit in Besitz genommen zu werden? Im Kern lautet Lockes Antwort, dass die menschliche Arbeit, die zum Wert des Landes beiträgt, ein Recht auf Eigentum im Naturzustand verleiht, vorausgesetzt, niemand anders hat einen früheren Anspruch auf das Land. Der Arbeitende, der das Land mit seiner Arbeit «gemischt» hat, hat ein Recht auf dieses Land. Man stelle sich jemanden im Naturzustand vor, der davon lebt, Nüsse und Samen von wilden Bäumen und Pflanzen zu sammeln. Wenn er einen Sack mit dieser mageren Nahrung gesammelt hat, dann gehört er ihm rechtmäßig dank der Arbeit, die er in das Sammeln der Nahrungsmittel gesteckt hat. Ähnlich hat der, der das Land mit seiner Arbeit mischt, der umgräbt, pflanzt und eine Ernte einbringt, einen rechtmäßigen Anspruch auf das Land und seine Ernte. Aber es gibt strikte Grenzen für die Quantität der Güter, die auf diese Weise erworben werden können: Die Grenze, die das Gesetz der Natur setzt, besagt, dass niemand mehr nehmen sollte, als er wirklich verbrauchen kann. Wenn die Nüsse und Samen des Sammlers verfaulen, bevor er dazu kommt, sie zu verzehren, oder der Pflanzer eine Ernte einbringt, die er verderben lässt, dann sind beide einer Bestrafung unterworfen, weil sie das Naturgesetz übertreten haben, welches das Eigentum des Einzelnen auf das beschränkt, was er verbrauchen kann. Der Sammler oder Pflanzer, der mehr nimmt, als er verbrauchen kann, greift also praktisch auf den Anteil seines Nachbarn über.

Geld

Weil viele der lebensnotwendigen Dinge des täglichen Gebrauchs, besonders Nahrung, leicht verderblich sind, kommen die Menschen normalerweise überein, einigen weniger verderblichen Gegenständen wie Gold oder Silber Wert zu verleihen.

Nach gegenseitiger Übereinkunft tauschen Einzelne im Naturzustand verderbliche Güter gegen diese beständigen Gegenstände ein. Auf diese Weise wird das Geld erfunden. Und Geld transformiert die Möglichkeiten des Eigentumserwerbs im Naturzustand, da es den Individuen erlaubt, große Mengen von Eigentum aufzuhäufen, ohne dessen Verderbnis zu riskieren. Zum Beispiel kann ein Bauer große Beträge von Mais erzeugen und dann alles, was er nicht selbst verzehrt, gegen Geld eintauschen. Auf diese Weise erwirbt er eine wertvolle und dauerhafte Ware, die je nach Bedarf für die Notwendigkeiten des Lebens eingetauscht werden kann. Auch hilft er dadurch, andere Mitglieder der Gemeinschaft zu ernähren. Durch die stillschweigende Zustimmung zur Institution des Geldes, glaubt Locke, haben wir alle die materielle Ungleichheit zwischen Individuen akzeptiert, die sich beinahe unvermeidlich daraus ergibt.

Bürgerliche Gesellschaft

Bislang haben wir uns einfach angeschaut, was Locke über den Naturzustand zu sagen hat, eine Situation, die von gottgegebenen Gesetzen der Natur regiert wird. Aber eines seiner Hauptziele besteht darin zu zeigen, wie das, was er eine bürgerliche Gesellschaft [*civil society*] oder einen Staat [*commonwealth*] nennt (er verwendet diese Ausdrücke unterschiedslos), entstehen kann und wie die Angehörigen einer solchen Gesellschaft von deren Dasein profitieren.

Der Hauptgrund, weshalb die Menschen den Naturzustand verlassen, ist ihr Bedürfnis nach Schutz; Schutz des Lebens, der Freiheit und des Eigentums, besonders des Letzteren. Obgleich im Naturzustand jeder ein Recht darauf hat, jeden zu bestrafen, der ein natürliches Gesetz bricht, führt das Eigeninteresse unvermeidlich bei allen, die darum gebeten werden, ihre Nachbarn zu verurteilen, zur Parteilichkeit. Um ein friedliches Leben zu garantieren, ist es notwendig, aus dem Naturzustand in eine organisierte Gesellschaft überzugehen. Das bedeutet, einige Rechte aufzugeben, die man im Naturzustand besitzt. Insbesondere bedeutet es, auf das Recht zu verzichten, selber Strafen für Übertretungen der natürlichen Gesetze zu verhängen. Nach gegenseitiger Übereinkunft verzichten die Mitglieder einer Gesellschaft auf dieses Recht um der größeren Sicherheit willen, die sie dadurch gewinnen. Sie legen die Macht, Gesetze zu erlassen und durchzusetzen, in die Hände eines Einzelnen oder einer Gruppe von Menschen, die damit betraut sind, für das öffentliche Wohl zu sorgen.

Individuen können die Freiheiten des Naturzustands einzig dadurch aufgeben, dass sie ihre Zustimmung dazu geben. Locke spricht vom *ursprünglichen Vertrag*, den Einzelne miteinander eingehen können: Es ist sein Ausdruck für das, was man gewöhnlich als Gesellschaftsvertrag bezeichnet. Wenn dieser ursprüngliche Vertrag frei und ausdrücklich abgeschlossen wird, ist die Zustimmung zu ihm *ausdrücklich*: Wenn der Vertrag einfach nur implizit im Verhalten enthalten ist, statt explizit gebilligt zu werden, ist die Zustimmung *stillschweigend*.

Man könnte dagegen einwenden, dass man nicht im Naturzustand geboren wird, sondern sich vielmehr inmitten einer organisierten Gesellschaft samt ihren Gesetzen und einer schon bestehenden Regierung vorfindet. Wie kann man also zugestimmt haben, auf einige der grundlegenden Rechte zu verzichten? Der Begriff der Regierung durch Zustimmung könnte angesichts der Tatsache, dass man niemals bewusst der gegenwärtigen Situation zugestimmt hat, unplausibel erscheinen. Locke antwortet darauf, dass jeder, der in einer bürgerlichen Gesellschaft vom Schutz seines Eigentums profitiert oder die anderen Vorteile genießt, die eine derartige Organisation mit sich führen kann, dadurch seine stillschweigende Zustimmung gegeben hat, einige natürliche Rechte aufzugeben. Sobald der Gesellschaftsvertrag einmal geschlossen ist, stimmt der Einzelne implizit zu, durch die Entscheidung der Mehrheit gebunden zu werden.

Das bedeutet freilich nicht, dass die Individuen in der bürgerlichen Gesellschaft sich verpflichtet haben, den Diktaten willkürlicher Tyrannen zu gehorchen. Der umstrittenste Aspekt von Lockes *Zweiter Abhandlung* zur Zeit seiner Veröffentlichung und ohne Zweifel einer der Gründe, warum er es vorzog, ihn anonym zu veröffentlichen, war seine Ansicht, dass es für Bürger manchmal rechtmäßig sein kann, ihre Herrscher zu stürzen und zu ersetzen.

Rebellion

Der Grund der Vereinigung zu einer bürgerlichen Gesellschaft ist der Schutz von Leben, Freiheit und Eigentum. Wenn eine Regierung oder ein Herrscher ohne jeden Skrupel ihre legitime Rolle überschreiten und aufhören, in diesen Hinsichten für das öffentliche Wohl zu sorgen, dann, so argumentiert Locke, hat das Volk das Recht, sich zu erheben und Regierung oder Herrscher zu stürzen. Regierung oder Herrscher haben eine Vertrauensposition inne; wenn dieses Vertrauen verraten wird, ist damit alle Verpflichtung auf Seiten des Volks gelöst. Dadurch, dass Regierung oder Herrscher nicht zugunsten des öffentlichen Wohls handeln, verwirken sie die Macht, die ihnen das Volk durch den Gesellschaftsvertrag verliehen hat. Das folgt aus Lockes Überzeugung, dass jede legitime Regierung eine Regierung durch Zustimmung ist. Auf den Vorwurf, dies sei geradezu eine Aufforderung zur Rebellion, antwortet Locke, dass es gewiss nicht richtig sein kann, sich Räubern und Piraten zu beugen; das heißt, wer ohne die Zustimmung des Volks herrscht und im Widerspruch zum Gemeinwohl handelt, gleicht einem Verbrecher und verdient keinen Gehorsam. Nach Lockes Darstellung hat keine Regierung und kein Herrscher das Recht auf eine absolute Macht über seine Bürger. Die Grenzen der Macht sind die Grenzen des Dienstes für das Gemeinwohl.

Kritik an Locke

Die Rolle Gottes

Ein offensichtlicher Kritikpunkt an Lockes Position ist, dass sie sich stark auf die Existenz des christlichen oder zumindest des alttestamentarischen Gottes stützt. Der Begriff eines Gesetzes der Natur, der für seine Theorie der Regierung grundlegend ist, stammt aus der orthodoxen christlichen Lehre. Ohne die Existenz Gottes dürfen wir erwarten, dass der Naturzustand dem Zustand des Kriegs aller gegen alle, wie er von Hobbes beschrieben wurde, viel näher steht. Während Atheismus zu der Zeit, als Locke seine *Abhandlungen* schrieb, ein vergleichsweise seltenes Phänomen war, ist er heute eine allgemein übliche Position. Viele Menschen sind überzeugt, dass es keinen Gott gibt, weder den christlichen noch einen anderen. Für solche Atheisten wird Lockes Theorie nicht überzeugend sein, wenn sich keine nichttheologischen Prämissen für sie finden lassen.

Kein Konsens über Gesetze der Natur

Aber selbst Christen dürften mit Lockes Darstellung der Gesetze der Natur ihre Schwierigkeiten haben. Angeblich sind sie von Gott gegeben und leicht zu entdecken: Man braucht nur darüber nachzudenken, welche Handlungen vernünftig sind. Aber es ist keineswegs offensichtlich, dass solche Gesetze existieren. Locke nimmt an, dass sie existieren und dass sie leicht zu erkennen sind. Trotzdem legt der große Bereich unvereinbarer Prinzipien des Handelns, die verschiedene Philosophen durch Nachdenken entdeckt zu haben behaupteten, den Gedanken nahe, dass es nur wenig Übereinstimmung über das gibt, was die angeblichen Gesetze der Natur tatsächlich diktieren. Wenn es keine natürlichen Gesetze gibt oder eine ernsthafte Verwirrung über ihren Inhalt besteht, ist Lockes Theorie der Regierung gescheitert.

Klassenvorurteile?
Einige von Lockes Kritikern haben seiner Diskussion des Eigentums besondere Aufmerksamkeit geschenkt. Ihrer Ansicht nach zeigt sie, dass ihm daran gelegen war, den *status quo* in Beziehung auf Grundbesitz zu rechtfertigen, und dass er somit den Interessen der besitzenden Klassen auf Kosten der Menschen gedient habe, die nichts als ihre Arbeitskraft zu verkaufen hatten. Diese Position findet eine gewisse Unterstützung im Text, besonders wenn Locke kommentiert, dass das Land, das von seinen Knechten bearbeitet wird, ihm gehöre (statt seinen Knechten). Obwohl Locke darauf insistiert, dass im Naturzustand jeder frei und gleich ist, scheint also die *Zweite Abhandlung* eine Rechtfertigung für extreme Ungleichheit des Eigentums zu sein.

Daten

Siehe voriges Kapitel

Weitere Lektüre

W. Euchner, Einleitung zu «*John Locke: Zwei Abhandlungen über die Regierung*», 2. Aufl., Frankfurt am Main 1977
W. Euchner, *Naturrecht und Politik bei J. Locke*, Frankfurt am Main 1979
L. Strauss, *Naturrecht und Geschichte*, Stuttgart 1956

7. David Hume: *Eine Untersuchung über den menschlichen Verstand*

Hume war Skeptiker. Aber im Unterschied zu einigen griechischen Skeptikern der Antike befürwortete er nicht die Urteilsenthaltung in jeder Streitfrage. Er glaubte, dass die Natur uns für das Leben gut ausgerüstet hat und an einem bestimmten Punkt Instinkt und Gefühl das Steuer übernehmen und philosophische Zweifel mit Recht absurd erscheinen. Hume stellte die traditionelle Ansicht in Frage, dass der Mensch seinem Wesen nach vernünftig sei. Er argumentierte, dass die Vernunft im menschlichen Leben nur eine sehr beschränkte Rolle spiele, weit beschränkter, als die meisten früheren Philosophen vermuteten.

Die Strenge und Originalität seines Werks sind erstaunlich, besonders angesichts der Tatsache, dass er die meisten seiner philosophischen Ideen schon mit fünfundzwanzig Jahren ausgearbeitet und veröffentlicht hatte. Sein erstes Buch, *Ein Traktat über die menschliche Natur*, erhielt weit weniger Aufmerksamkeit, als er gehofft hatte; er schrieb später, der Traktat sei als «Totgeburt aus der Presse gefallen». Die *Untersuchung über den menschlichen Verstand* ist eine neu geschriebene und erweiterte Version des *Traktats*, die dessen Inhalt zugänglicher machen sollte. Er hatte das Gefühl, dass die Leser von dessen Form abgestoßen seien, war aber mit dem Inhalt der *Abhandlung* zum größten Teil zufrieden. Man kann sich nur schwer vorstellen, dass sich ein Philosoph heutzutage derartige Mühe mit seinen Lesern geben würde.

Hume wird gewöhnlich, wie auch Locke, als Empirist bezeichnet; wie Locke glaubt er, dass der gesamte Inhalt des Geistes letztlich aus der Erfahrung stamme. Hume ist Empirist nicht einfach nur im Sinne seiner Schlussfolgerungen über die Ursprünge unseres Denkens, sondern auch in seiner Methodologie. Er macht nicht den Versuch, aus ersten Prinzipien herzuleiten, wie Menschen sein müssen, sondern verlässt sich vielmehr auf die Beobachtung, gewöhnlich in der Form der Introspektion. Er will eine kohärente wissenschaftliche Ansicht vom Menschen entwerfen.

Viele seiner Ansichten über den Geist und dessen Beziehung zur Welt sind von Lockes *Versuch über den menschlichen Verstand* beeinflusst, aber Hume führte sie eine Stufe weiter. Seine Philosophie ähnelt der Lockes besonders in einer Hinsicht, der Abhängigkeit von der Theorie der Ideen. Hume führte freilich mehrere neue Ausdrücke ein. Wo Locke einfach das Wort «Idee» verwendete, spricht Hume von «Perzeptionen» [*Auffassungen*], «Impressionen» [*Eindrücken*] und «Ideen» [*Vorstellungen*].

Der Ursprung der Ideen

Hume verwendet das Wort *Perzeption* für jeden Erfahrungsinhalt: das Äquivalent zu Lockes «*idea*». Wir haben Perzeptionen, wenn wir sehen, fühlen, uns erinnern, uns etwas vorstellen usf.: ein viel weiterer Bereich geistiger Tätigkeit, als durch den heutigen Gebrauch des Wortes Wahrnehmung abgedeckt wird. Für Hume gibt es zwei grundlegende Arten von Perzeptionen: Eindrücke und Ideen.

Eindrücke sind Erfahrungen, die wir machen, wenn wir sehen, fühlen, lieben, hassen, begehren oder etwas wollen. Hume nennt sie «lebhafter» als Ideen, womit er offenbar meint, dass sie klarer und genauer sind. Ideen sind Kopien von Eindrücken: sie sind die Gegenstände unseres Denkens, wenn wir uns an unsere Erfahrung erinnern oder unsere Einbildungskraft betätigen.

So habe ich zum Beispiel jetzt eine Idee von meiner Feder, die sich über die Seite bewegt, und von jemandem, der hinter mir in der Bibliothek die Seiten eines Buches umblättert. Ebenso habe ich einen Eindruck von der Beschaffenheit des Papiers unter meiner Hand. Diese sensorischen Erfahrungen sind lebhaft: Es wäre schwierig, mich davon zu überzeugen, dass ich mich einfach nur an frühere Erfahrungen erinnere oder dass ich träume. Später, wenn ich diese Zeilen in meinen Computer tippe, werde ich zweifellos an diesen Augenblick zurückdenken und mich an meine Eindrücke erinnern. Dann werde ich statt Eindrücken Ideen haben, Ideen, die nicht dieselbe Lebhaftigkeit besitzen werden wie die gegenwärtigen sensorischen Eindrücke, deren Abbilder sie sind.

Hume revidiert Lockes Behauptung, es gebe keine angeborenen Ideen, da *alle unsere Ideen Abbilder von Eindrücken sind.* Mit anderen Worten, es ist uns unmöglich, eine Idee von etwas zu haben, das wir nicht zunächst als Eindruck erfahren haben.

Wie würde Hume demnach meine Fähigkeit erklären, mir einen goldenen Berg vorzustellen, obgleich ich niemals einen gesehen habe und also niemals einen Eindruck von einem hatte? Seine Antwort beruht auf einer Unterscheidung zwischen einfachen und komplexen Ideen. Einfache Ideen sind von einfachen Eindrücken abgeleitet. Sie sind Ideen von Dingen wie Farbe und Form, Ideen, die nicht in zusammengesetzte Teile aufgelöst werden können. Komplexe Ideen sind Kombinationen von einfachen Ideen. So ist meine Idee eines goldenen Bergs einfach eine komplexe Idee, die aus den einfacheren Ideen «Berg» und «golden» zusammengesetzt ist. Und diese einfachen Ideen stammen letztlich aus meiner Erfahrung von Bergen und von goldenen Dingen.

Der Glaube, unsere Ideen stammten aus früheren Eindrücken, beruht auf der nahe liegenden Vorstellung, dass alle unsere Ideen bei genauerem Nachdenken in ihre Bestandteile aufgelöst werden können, die sich ihrerseits auf Eindrücke zurückführen lassen. Diese Erklärung wird auch durch die Beobachtung gestützt, dass jemand, der von Geburt an blind ist, unfähig ist, eine Idee von der Farbe Rot zu haben, da er keinerlei visuellen Eindruck der Farbe hat. Ähnlich und etwas kontroverser erklärt Hume, dass jemand, der selbstsüchtig ist, außerstande ist, sich eine Idee von Gefühlen der Großzügigkeit zu bilden.

Aber obgleich Hume überzeugt ist, dass seine Verfeinerung der Lockeschen Theorie der Ideen zum größten Teil imstande ist den Ursprung jeder einzelnen Idee zu erklären, weist er nichtsdestoweniger auf eine Ausnahme von diesem Prinzip hin. Diese Ausnahme ist die fehlende Blauschattierung. Jemand, der einen weiten Bereich von Blauschattierungen gesehen hat, hat vielleicht niemals einen Eindruck von einer bestimmten Blauschattierung gehabt. Trotzdem kann er sich eine Idee von dieser fehlenden Blauschattierung machen. Nach Humes Theorie sollte dies unmöglich sein, da er keinen einfachen Eindruck gehabt hat dem die Idee dieser Farbe entspricht. Freilich fühlt er sich durch dieses scheinbare Gegenbeispiel nicht sonderlich beunruhigt weil es eine Ausnahme darstellt, und er modifiziert deshalb auch nicht seine grundlegenden Prinzipien in dessen Licht.

Die Assoziation von Ideen

Hume schlägt drei Arten der Verknüpfung zwischen Ideen vor Diese Verknüpfungen bieten eine Erklärung dafür, wie es kommt, dass wir uns von einem Gedanken zum anderen bewegen. Es sind Ähnlichkeit, Kontiguität und Ursache und Wirkung.

Wenn zwei Dinge einander *ähneln*, dann führt uns der Gedanke des einen ganz natürlich zum Gedanken an das andere. Wenn ich zum Beispiel auf ein Bild meiner Tochter blicke, werden meine Gedanken ganz natürlich zu meiner Tochter selbst gelenkt. Ganz ähnlich, wenn sich zwei Dinge in Raum und Zeit *berühren*, sie also eng nebeneinander liegen, dann führt die Idee des einen zur Idee des anderen. Wenn ich also über meine Küche nachdenke, dann wird sich mein Gedanke leicht zum anschließenden Esszimmer fortbewegen, weil sie nebeneinander liegen. Schließlich, wenn zwei Dinge in einem Verhältnis zueinander stehen, weil das eine die *Ursache* des anderen ist, dann werden uns die Gedanken über die Ursache zu Gedanken über die Wirkung führen. Wenn ich zum Beispiel die Idee habe, irgendwo mit dem Zeh anzustoßen, dann werden sich meine Gedanken, da dieser Stoß die Ursache von Schmerz ist, leicht zu den Ideen von Schmerz fortbewegen.

Mit Hilfe dieser Unterscheidung zwischen Ideen und Eindrücken und den drei Prinzipien der Assoziation von Ideen glaubt Hume, das gesamte Wirken unseres bewussten Geistes erklären zu können.

Verursachung

Eine Billardkugel stößt an eine andere und verursacht deren Bewegung. Das sehen wir und so beschreiben wir es auch. Aber was bedeutet es, wenn man sagt, dass eine Sache eine andere *verursacht*? Das ist für Hume eine grundlegende Frage, da, wie er darlegt, all unser Denken über Tatsachen beinhaltet, dass wir von bekannten Ursachen auf erwartete Wirkungen oder von wahrgenommenen Wirkungen auf wahrscheinliche Ursachen schließen. Wenn ich zum Beispiel auf einer verlassenen Insel eine Uhr gefunden hätte, würde ich annehmen, dass ihr Dasein dadurch verursacht worden ist, dass irgendjemand sie auf der Insel hat liegen lassen. Wenn ich eine Stimme im Dunkeln hörte, würde ich annehmen, dass jemand da ist, der spricht. Das sind Beispiele, wie man von Wirkungen auf ihre Ursachen schließt. Wenn ich eine Billardkugel zu einer anderen rollen sehe, erwarte ich ihre Wirkung, wenn sie sie berührt, und schließe so von der Ursache auf eine wahrscheinliche Wirkung. Wissenschaftliches Schließen beruht darauf, dass man über Ursache und Wirkung nachdenkt.

Aber statt die Beziehungen zwischen Ursache und Wirkung als selbstverständlich aufzufassen, wie wir es unvermeidlich meistens tun, fragt Hume, woher wir unsere Idee dieser Beziehung haben. Egal wie oft ich Kollisionen von Billardkugeln sehe, ich werde nicht imstande sein, irgendetwas in der ersten Kugel zu erkennen, das darauf schließen lässt, dass sich der zweite Ball in eine bestimmte Richtung bewegen *muss*. Hume glaubt, die Quelle all unserer Erkenntnisse über Kausalbeziehungen sei die Erfahrung. Solange wir nicht gesehen haben, wie zwei Billardkugeln zusammenstoßen (oder zumindest ein ähnliches Ereignis), werden wir keine Idee davon haben, was passieren wird. Adam, der erste Mensch, wäre außerstande gewesen vorherzusagen, dass das Untertauchen seines Kopfes unter Wasser die Wirkung haben würde, dass er ertrinkt. Solange er nicht die Erfahrung von Wasser gemacht hätte, hätte er keinerlei Möglichkeit gehabt, dessen Wirkungen zu kennen.

Sobald Adam erst einmal Erfahrungen mit der Wirkung von Wasser gemacht hätte, hätte er vorausgesagt, dass es sich auf dieselbe Weise auch in Zukunft verhalten würde. Diese Art von Schlussfolgerung über die Zukunft, die auf früheren Regelmäßigkeiten beruht, wird als Induktion bezeichnet. Ähnliche Ursachen erzeugen ähnliche Wirkungen, und wir können nicht umhin anzunehmen, dass in dieser Hinsicht die Zukunft der Vergangenheit gleichen wird. Aber an diesem Punkt tritt das sogenannte Induktionsproblem auf. Unsere Rechtfertigung der Annahme, dass die Zukunft der Vergangenheit gleichen wird, ist fadenscheinig. Trotzdem bildet sie die Grundlage all unseres Denkens. Ich kann die Tatsache, dass die Annahme der Regelmäßigkeit in der Natur mir in der Vergangenheit gute Dienste geleistet hat, nicht als eine Rechtfertigung induktiver Überlegungen über die Zukunft verwenden; das wäre ein fehlerhaftes zirkuläres Argument, das die Induktion benutzt, um die Induktion zu rechtfertigen. Tatsache ist, dass es sich einfach um eine Gewohnheit handelt, die Menschen nun einmal haben, sei es auch eine, die uns alles in allem gute Dienste leistet. Es sind

Brauch und Gewohnheit, die uns durchs Leben führen, nicht die Kräfte der Vernunft.

Genau besehen läuft unser Wissen von Ursache und Wirkung auf Folgendes hinaus: Wenn wir zwei Dinge ständig beisammen finden, von denen das eine dem anderen vorausgeht, dann nennen wir das erste die Ursache des zweiten, der Wirkung. Über diese «konstante Verknüpfung», wie Hume sie nennt, sowie über die zeitliche Priorität der Ursache vor der Wirkung hinaus gibt es keine notwendige Verknüpfung zwischen einer Ursache und ihrer Wirkung. Hume will damit nicht unser Vertrauen auf Beziehungen zwischen Ursachen und Wirkungen erschüttern: Das wäre ohnehin nicht möglich. Er zeigt vielmehr, in wie geringem Maß unser Verhalten auf Vernunft beruht und in wie großem Maß es von unserer ererbten Natur und unseren Gewohnheiten abhängig ist.

Der freie Wille

Nach traditioneller Vorstellung ist es nicht miteinander vereinbar, dass der Wille frei ist und alle unsere Handlungen eine Ursache haben. Wenn jede menschliche Handlung einfach die Wirkung einer früheren Ursache ist, dann ist unser Gefühl, Gewalt über unsere Handlungen zu haben, irreführend. Nach dieser Ansicht ist der freie Wille einfach nur eine Illusion. Und ohne freien Willen kann es keinen Raum für moralische Verantwortung und Schuldfähigkeit geben; wenn alle unsere Handlungen verursacht sind und somit außerhalb unserer Kontrolle liegen, kann es nicht angemessen sein, uns für sie zu loben oder zu tadeln.

Hume widersprach dieser Auffassung und argumentierte, *sowohl* dass alle unsere Handlungen in gewissem Sinn verursacht sind *wie auch*, dass wir einen freien Willen haben. Diese Ansicht wird auch als Theorie der Vereinbarkeit, als Kompatibilismus, bezeichnet. Humes Argument ist gelegentlich etwas skizzenhaft. Er unterstreicht, dass die Menschen den Naturgesetzen genauso unterworfen sind wie die physische Materie. Zum Beispiel tendieren ähnliche Motive dazu, ähnliche Handlungen hervorzurufen: Es findet sich in der menschlichen Welt die gleiche Art von beständiger Verknüpfung von Ursache und Wirkung wie in der materiellen. Wer eine Börse mit Gold auf dem Bürgersteig in *Charing Cross* liegen lässt, erwartet ebenso wenig, sie bei seiner Rückkehr dort wieder vorzufinden, wie dass ihr Flügel wachsen und sie davonfliegt. Es gibt eine voraussagbare Regelmäßigkeit im menschlichen Verhalten, und sie zeigt sich in der gesamten Geschichte und in jeder Nation. Diese Regularität in der menschlichen Natur untergräbt in keiner Weise die Möglichkeit, dass wir wählen, was wir tun wollen. Für Hume bedeutet es deshalb keinen Widerspruch, dass unsere Handlungen voraussagbar sind und dass sie frei gewählt werden.

Hume erwägt den Einwurf, seine Darstellung des menschlichen Verhaltens habe die Konsequenz, dass entweder keine unserer Handlungen falsch ist, da sie auf Gott als ihre Ursache zurückgeführt werden können, oder unsere bösen Handlungen letztlich aus Gott entspringen. Nicht ohne Ironie verwirft Hume beide Optionen als offensichtlich absurd und äußert die Ansicht, die Antwort auf dieses Problem liege jenseits der Reichweite seiner Philosophie. Aber die meisten seiner Leser dürften verstanden haben, dass er einen kaum verhohlenen Angriff auf den Gottesbegriff führte. Wenn es keinen Gott gibt oder wenn Gott nicht so ist, wie ihn die Theologen beschreiben, dann gibt es vielleicht kein Problem hinsichtlich der Zuweisung von Verantwortung für böse menschliche Handlungen.

Seine Skepsis betreffs verschiedener Argumente für die Existenz Gottes setzt sich in zwei wichtigen Kapiteln fort, von denen das eine den teleologischen Gottesbeweis und das andere Wunder behandelt. Diese Kapitel waren im *Traktat* nicht enthalten. Sie wurden, als sie in der *Untersuchung über den menschlichen Verstand* veröffentlicht wurden, als extrem kontrovers angesehen, und die Diskussion der Wunder war Gegenstand vieler Pamphlete von erzürnten Theologen. Da sich das Kapitel über den teleologischen Gottesbeweis im wesentlichen mit dem Argument in seinen *Dialogen über die natürliche Religion* deckt (dem Gegenstand des nächsten Kapitels in diesem Buch), werde ich ihn hier nicht diskutieren.

Wunder

Hume fordert uns auf, als grundlegendes Prinzip anzuerkennen, dass ein besonnener Mensch seinen Glauben immer an dem jeweils verfügbaren Beweismaterial orientiert. Auf der Grundlage dieses unkontroversen Prinzips verwirft er den Vorschlag, redlichen Berichten von Leuten, die behaupten, Augenzeugen von Wundern gewesen zu sein, Glauben zu schenken.

Hume äußert sich sehr klar darüber, was ein Wunder ist. Ein Wunder ist die Überschreitung eines Naturgesetzes durch einen besonderen Willensakt der Gottheit. Wunder sollten nicht mit lediglich außergewöhnlichen Ereignissen verwechselt werden. Zum Beispiel wäre es ein Wunder, wenn ich plötzlich anfinge, ohne jede Stütze und ohne dass mich etwas Physisches dort hielte, einen halben Meter über dem Boden zu schweben. Dagegen wäre es lediglich außergewöhnlich, wenn ich in der Lotterie gewänne. Ein Schweben über dem Boden ist eine Verletzung der geltenden Gesetze der Physik; in der Lotterie zu gewinnen ist kein Wunder (außer vielleicht wenn ich gewänne, ohne einen Lotterieschein zu haben): Es ist angesichts der minimalen Chancen, die ich habe, lediglich ein relativ unwahrscheinliches Ereignis.

Viele Menschen behaupten, Zeuge von Wundern im obigen Sinn gewesen zu sein. Dagegen argumentiert Hume, dass wir niemals ihrem Zeugnis glauben sollten, wenn es nicht noch wunderbarer wäre, dass sie lügen oder sich täuschen, als dass das Wunder geschehen ist. Wir sollten immer das kleinere Wunder glauben und immer eine Erklärung, die sich auf das lediglich

Außergewöhnliche stützt, einer solchen vorziehen, die auf dem Vorkommen eines Wunders beruht. Das ist die einzig vernünftige Strategie, wenn man seinen Glauben dem verfügbaren Beweismaterial anpasst.

Nach Humes Auffassung hat sich niemals ein Zeugnis für irgendeine Art Wunder bis zur Wahrscheinlichkeit, geschweige denn bis zu einem Beweis erhoben; kein menschliches Zeugnis kann deshalb genügend Kraft besitzen, um ein Wunder zu beweisen. Der Grund ist, dass die Gültigkeit jedes Naturgesetzes durch zahlreiche Beobachtungen bestätigt worden ist. Das Prinzip einmal vorausgesetzt, dass sich der Glaube dem verfügbaren Beweismaterial anmessen soll, besteht Hume darauf, dass das Zeugnis von Wundern, das von einem bestimmten Augenzeugen stammt, nur ein ungenügender Beweis ist, um die Ansicht darauf zu gründen, dass ein Naturgesetz überschritten worden ist. Seine Position wird durch Tatsachen der Psychologie gestützt, wie etwa, dass Menschen großes Vergnügen bei den Affekten der Überraschung und des Staunens empfinden, bei der Art von Emotionen, die gewöhnlich von Berichten über Wunder erregt werden. Diese Affekte können ein Anreiz sein, sich selbst in der Frage zu betrügen, ob das Ereignis, dessen Zeuge man geworden ist, ein Wunder ist oder nicht. Die meisten von denen, die behaupten, Zeugen von Wundern gewesen zu sein, können sich davon einen Vorteil versprechen: Es ist durchaus wahrscheinlich, dass sie eine besondere Behandlung erfahren und als von Gott auserwählt gelten. Dies kann eine starke Verlockung sein, andere oder auch sich selbst zu täuschen.

Humes Gabel

Hume beendet seine *Untersuchung* mit einer energischen Verurteilung philosophischer Literatur, die nicht seinen strikt empirischen Prinzipien genügt. Er richtet an jedes Buch zwei Fragen. Die Dichotomie, die diese beiden Fragen beinhalten, ist als

Humes Gabel bekannt. Diese beiden Fragen lauten: Erstens: Enthält dieser Band irgendeinen abstrakten Gedankengang von der Art, wie er sich in Mathematik oder Geometrie findet? Wenn nicht, enthält er eine Tatsachenaussage von einer Art, die beobachtet oder geprüft werden kann? Falls nicht, erklärt er, «so werft ihn ins Feuer, denn er kann nichts als Blendwerk und Täuschung enthalten».

Kritik an Hume

Setzt Ideentheorie voraus
Humes Philosophie, besonders seine Erklärung der Induktion, hat sich als bemerkenswert widerstandsfähig gegen Kritik erwiesen. Allerdings wird seine Theorie der Ideen von beinahe allen heutigen Philosophen verworfen. Hume hat für seine Auffassung vom Geist nicht wirklich Gründe angeführt, sondern sie eher als selbstverständlich vorausgesetzt und nur verfeinert. Trotzdem ergeben sich aus dieser Art von Repräsentationstheorie zahlreiche Schwierigkeiten, von denen einige im Kapitel über Lockes *Versuch* erwähnt worden sind, etwa das *homunculus*-Problem.

Die fehlende Blauschattierung bietet ein Gegenbeispiel
Wie wir gesehen haben, sieht Hume das Beispiel der fehlenden Blauschattierung als ein mögliches Gegenbeispiel seiner Ansicht an, dass alle unsere Ideen aus früheren Eindrücken stammen, verwirft es aber als Ausnahmefall. Aber dieselbe Art von Beispiel könnte für jeden der fünf Sinne konstruiert werden: der fehlende Ton in einer Tonleiter; der fehlende Geschmack zwischen zwei bekannten Geschmäckern, die fehlende Oberflächenbeschaffenheit, der fehlende Geruch, der zwischen zwei Gerüche fällt. Diese Art Beispiel stellt, wenn sie ernst genommen wird, eine größere Bedrohung für Humes Theorie des Geistes dar, als er zu erkennen scheint.

Hume könnte auf diese Art von Kritik freilich auf mindestens zwei Arten reagieren. Erstens könnte er einfach die Möglichkeit bestreiten, eine Idee der fehlenden Blauschattierung (oder eins seiner Äquivalente) zu haben. Diesen Weg hat er nicht gewählt. Zweitens könnte er die Idee der fehlenden Schattierung als eine *komplexe* Idee ansehen, vielleicht als eine Kombination der Ideen von Blau und der Relation Heller-sein-als. Aber weil er sich auf die Annahme festgelegt hat, dass Ideen von Farben immer einfache Ideen sind, hat er auch diese Möglichkeit nicht gewählt.

Daten

1711	geboren in Edinburgh, Schottland
1739–40	veröffentlicht *Abhandlung über die menschliche Natur*
1748	veröffentlicht *Untersuchung über den menschlichen Verstand*
1776	stirbt in Edinburgh *Dialoge über die natürliche Religion* (siehe nächstes Kapitel) posthum veröffentlicht

Weitere Lektüre

Jens Kulenkampff (Hg.), *David Hume, «Untersuchung über den menschlichen Verstand»*, Berlin 1997 (Klassiker Auslegen Bd. 8)

E. Craig, *David Hume. Eine Einführung in seine Philosophie*, Frankfurt am Main 1997

Jens Kulenkampff, *David Hume*, München 1989 (BsR 517)

8. David Hume: *Dialoge über natürliche Religion*

Außer Platon haben nur sehr wenige Philosophen erfolgreich in Dialogform geschrieben. David Hume ist die eindrucksvollste Ausnahme. Seine *Dialoge über natürliche Religion* zeigen die gleiche Meisterschaft bei der philosophischen Argumentation wie in der literarischen Ausführung. Anders als Platon, der Sokrates die besten Zeilen zu geben pflegt, teilt Hume die guten Argumente zwischen den drei Hauptsprechern Demea, Cleanthes und Philo auf, obgleich seine Sympathien alles in allem deutlich bei Letzterem liegen. Dadurch wird der Leser in die Debatte einbezogen. Die «richtige» Ansicht ist nicht deutlich als solche gekennzeichnet und muss durch die hitzige Debatte des Dialogs hindurch erkannt werden, eine Technik, die Hume von dem römischen Autor Cicero übernommen hat.

Hume veröffentlichte sein Werk nicht zu seinen Lebzeiten: Er fürchtete Verfolgung durch die religiösen Autoritäten. Er gab sich freilich große Mühe, sicherzustellen, dass es posthum veröffentlicht wurde. Das zentrale Thema des Buchs ist der teleologische Gottesbeweis. Dieser teleologische Beweis war die Hauptstütze von Befürwortern der natürlichen Religion, das heißt derjenigen, die ihren religiösen Glauben auf wissenschaftliche Beweise gründeten. Die natürliche Religion galt gewöhnlich als Gegensatz zur Offenbarung. Die Offenbarung war der Beweis der Existenz und der Attribute Gottes, den man den Evangelien samt ihren Darstellungen der von Jesus vollbrachten Wunder, insbesondere seiner Auferstehung, entnehmen zu können glaubte. Hume hatte schon in seinem umstrittenen Essay «Über Wunder», der in seiner *Untersuchung über den menschlichen Verstand* enthalten war (diskutiert im vorangehenden Kapitel), einen ausführlichen Angriff auf die Ansprüche der Offenbarung geführt. In den *Dialogen* gerät die natürliche Religion unter Feuer, obgleich auf eine indirektere Weise, da die Argumente von einem fiktiven Charakter und nicht in Humes eigenem Namen vorgetragen werden.

Die Personen

Obgleich in den *Dialogen* fünf Personen namentlich erwähnt werden, wird die Debatte von nur drei Hauptsprechern geführt: von Cleanthes, Demea und Philo. Das gesamte Gespräch wird von Pamphilos seinem Freund Hermippus berichtet, aber keiner von beiden nimmt an der philosophischen Diskussion teil.

Jede der drei Hauptpersonen verteidigt eine erkennbare Position. Cleanthes glaubt an den teleologischen Gottesbeweis, die Ansicht, dass die offensichtliche Zweckmäßigkeit im Universum die Existenz Gottes beweise. Er ist also ein Verteidiger der natürlichen Religion. Demea ist Fideist, das heißt, er setzt sein Vertrauen nicht auf die Vernunft, sondern bekennt sich zu dem Glauben, dass Gott existiert und dass er die Attribute hat, die ihm zugeschrieben werden. Er glaubt freilich auch, dass der so genannte Beweis der ersten Ursache einen schlüssigen Beweis für die Existenz Gottes darstellt. Philo, dessen Argumente, mit einer möglichen Ausnahme, die Argumente sind, die Hume selbst nur allzu gern verwendet hätte, ist ein gemäßigter Skeptiker. Seine prinzipielle Rolle in den *Dialogen* besteht darin, die Positionen zu kritisieren, die von den beiden anderen Hauptpersonen vorgetragen werden, und dadurch zu beweisen, dass die Vernunft nichts Bedeutsames über Gottes Attribute zu sagen hat. Insbesondere seine Kritik des teleologischen Gottesbeweises und der Schlussfolgerungen, die daraus gezogen werden können, ist vernichtend. Für den größten Teil des Buchs wäre es am einfachsten, Philo als Atheisten aufzufassen. Aber er sagt ausdrücklich, er glaube, es sei offensichtlich, dass Gott existiert und dass sich die wichtigen Fragen darauf beziehen, welche Attribute er hat. Ob dies nun nur ein ironischer Zug ist, den Hume hinzugefügt hat, um die Autoritäten daran zu hindern, das Werk als eine Verteidigung des Atheismus zu ächten, oder nicht, ist unklar.

Der teleologische Gottesbeweis

Cleanthes trägt den Beweis *a posteriori* vor, der jetzt eher unter dem Namen teleologischer Gottesbeweis bekannt ist. (Beweise *a posteriori* sind Beweise, die auf Erfahrung beruhen.) Dieser Beweis glaubt die Existenz eines allmächtigen, allwissenden und gütigen Gottes der Betrachtung der natürlichen Welt entnehmen zu können. Wenn wir uns umsehen, finden wir, dass jeder Aspekt der natürlichen Welt die Zeichen eines offensichtlichen Zwecks trägt. Es passt alles zusammen wie die Teile einer Maschine. So ist zum Beispiel das menschliche Auge dem Sehen brillant angepasst; die Linse, die Hornhaut und die Retina scheinen von einer höheren Intelligenz erdacht zu sein, und der Entwurf und die Konstruktion des Auges ist geschickter als alles, was menschliche Hände schaffen können. Cleanthes zieht aus dieser Art von Beobachtungen die Schlussfolgerung, dass die natürliche Welt von einem intelligenten Schöpfer entworfen worden sein muss. Dieser Schöpfer muss eine Intelligenz gehabt haben, die der Größe und Großartigkeit seines Werks entspricht und muss also Gott gewesen sein, wie er traditionell aufgefasst wird. Mit anderen Worten, Cleanthes stellt eine Analogie zwischen der Natur und menschlichen Artefakten her und schließt auf der Basis dieser Analogie nicht nur, dass Gott existiert, sondern dass er allmächtig, allwissend und gütig ist.

Um sein Argument noch stärker zu machen, verwendet Cleanthes verschiedene denkwürdige Beispiele. Wenn wir im Dunkeln eine artikulierte Stimme sprechen hören, schließen wir sicher und mit Recht, dass dort jemand ist. Die artikulierte

Stimme im Dunkeln ist ein hinreichender Beleg für diese Schlussfolgerung. Nach Cleanthes bieten aber die Werke der Natur zumindest ebenso viele Beweise für die Existenz Gottes wie eine artikulierte Stimme im Dunkeln für die Existenz eines Sprechers.

Ein anderes Beispiel, das Cleanthes benutzt, ist die Pflanzenbibliothek. Man stelle sich vor, Bücher wären lebende Dinge, die sich wie Pflanzen reproduzieren könnten. Wenn wir ein Buch mit seinen Zeichen entdeckten (Wörtern, die in einer sinnvollen Ordnung angeordnet sind), würden wir dies als schlüssiges Belegmaterial dafür ansehen, dass es von einem intelligenten Wesen geschrieben worden ist. Selbst wenn sich Bücher selbst vermehrten, würde dies nur beweisen, dass sie Spuren des Denkens zeigten. Ähnlich, behauptet Cleanthes, können wir Intelligenz und Plan in den Werken der Natur erkennen. Nur ein blinder Dogmatiker würde das Beweismaterial für die Existenz und die Eigenschaften Gottes leugnen, das die Natur bietet. Mindestens glaubt Cleanthes das. Freilich wird ein großer Teil des Dialogs von Philo und bis zu einem gewissen Grade von Demea bestritten, die Cleanthes' Argumente angreifen.

Kritik des teleologischen Gottesbeweises

Schwäche einer Analogie

Philo wendet unter anderem gegen den teleologischen Gottesbeweis ein, dass er auf einer relativ schwachen Analogie zwischen der natürlichen Welt oder Teilen von ihr und menschlichen Schöpfungen beruht. Analogieschlüsse beruhen auf Ähnlichkeiten zwischen den beiden verglichenen Dingen. Wenn die Ähnlichkeiten relativ oberflächlich sind, dann wird auch jede Schlussfolgerung, die auf dieser Grundlage gezogen wird, schwach sein und unabhängiges Beweismaterial oder Argumente zu ihrer Stützung benötigen.

Wenn wir ein Haus untersuchen, dann ist es ganz vernünftig, aus seiner Struktur zu schließen, dass es von einem Bauherrn oder einem Architekten geplant worden ist. Das ist deshalb so, weil wir die Erfahrung gemacht haben, dass ähnliche Wirkungen (andere Gebäude) durch diese Art von Ursache hervorgebracht worden sind (von einem Baumeister oder einem Architekten geplant worden zu sein). Soweit befinden wir uns auf sicherem Boden, wenn wir einen Analogieschluss verwenden. Aber wenn das gesamte Universum mit einem Haus verglichen wird, dann ist die Unähnlichkeit zwischen den verglichenen Dingen so überwältigend, dass alle Schlussfolgerungen, die auf der angeblichen Analogie zwischen den beiden beruhen, nicht mehr als Raterei sein können. Trotzdem behandelt Cleanthes diese Art von Analogieschluss als zwingenden Beweis für die Existenz und die Attribute Gottes.

Grenzen dieser Schlussfolgerung

Dem teleologischen Gottesbeweis liegt das Prinzip zugrunde, dass ähnliche Ursachen ähnliche Wirkungen haben. Weil die Teile und das Ganze der natürlichen Welt in einigen Hinsichten einer Maschine ähneln, ist es vernünftig zu schließen, dass sie von derselben Art von Ursache herrühren wie eine Maschine, nämlich einem intelligenten Entwurf. Aber wenn dieses Prinzip rigoros angewendet würde, wäre Cleanthes zu einer extremen Form von Anthropomorphismus gezwungen (der Tendenz, menschliche Eigenschaften nicht-menschlichen Dingen, in diesem Fall Gott, zuzuschreiben). So lehrt die traditionelle Theologie, dass Gott vollkommen ist. Aber wenn wir die Analogie zwischen göttlichen und menschlichen Planern ernst nehmen, haben wir kein Recht zu behaupten, dass Gott vollkommen ist, da menschliche Planer offensichtlich nicht perfekt sind. In welchem Fall der teleologische Gottesbeweis, selbst wenn er die Existenz eines Schöpfers bewiese, über seine Attribute, die den erklärten Gegenstand des Gesprächs zwischen Cleanthes, Demea und Philo bilden, ganz besonders wenig aussagekräftig wäre.

Um ein anderes Beispiel zu nehmen: Die traditionelle Theologie ist monotheistisch. Aber die meisten komplizierten großen menschlichen Projekte sind das Ergebnis einer Gemeinschaftsarbeit von Planern und Erbauern. Wenn wir bei dem Versuch, die Schöpfung des Universums zu erklären, strikten Gebrauch von dieser Analogie machen, müssen wir den Gedanken ernst nehmen, dass das Universum von einem Team von Göttern erschaffen wurde.

Alternative Erklärungen

Philo schlägt noch verschiedene alternative Erklärungen der sichtbaren Ordnung und Zweckmäßigkeit der Welt vor. Einige davon sind weit hergeholt und zwar mit Absicht. Ihm geht es darum, dass das Beweismaterial, das der teleologische Gottesbeweis liefert, bei genauerer Prüfung diese Alternativen nicht ausschließen kann. Es gibt mindestens ebenso viele Beweise für sie wie dafür, dass der christliche Gott die Quelle von Ordnung und Plan im Universum ist.

So ist Philo zum Beispiel an einem Punkt sehr nahe daran, eine Theorie der Evolution auf der Grundlage der natürlichen Auslese vorzuschlagen. Er vermutet, die erkennbare Planmäßigkeit könnte daher rühren, dass diejenigen Lebewesen, die nicht gut an ihre Umwelt angepasst sind, einfach sterben. Eben deshalb, so deutet er an, sollten wir nicht überrascht sein, Lebewesen zu finden, die gut an ihre Umgebung angepasst sind. Seit Darwin, beinahe ein Jahrhundert nach Humes *Dialogen*, seine Ideen über die Evolution vorgetragen hat, haben die meisten Wissenschaftler die Theorie einer unpersönlichen natürlichen Auslese als die beste verfügbare Erklärung der scheinbaren Zweckmäßigkeit, die Pflanzen und Tiere aufweisen, übernommen.

Eine weitere alternative Erklärung, mit der Philo spielt, ist die einer gigantischen Spinne, die das Universum aus ihrem Magen herausspinnt. Er will damit sagen, dass Ordnung und scheinbarer Plan nicht notwendig einem intelligenten Gehirn entspringen müssen. Spinnen spinnen Netze, die Ordnung und Plan aufweisen, trotzdem spinnen sie mit ihrem Magen. Die Analogie zwischen einer Spinne und einem Schöpfer des Universums scheint absurd, in diesem Punkt stimmt Philo zu. Aber wenn es einen Planeten gäbe, der einzig von Spinnen bewohnt wäre, dann erschiene sie als die natürlichste Erklärung von Ordnung, so natürlich, wie es uns zu sein scheint, dass alles, was nach einem Plan aussieht, aus einem menschenähnlichen Denken stammt.

Das Übel

Die vernichtendste Kritik des teleologischen Gottesbeweises liefert das Problem des Übels. Wie hätte ein wohlwollender Gott eine Welt planen können, in der es so viel Leiden gibt? Philo malt ein Bild vom menschlichen Leben, das von Leiden charakterisiert ist. Cleanthes' Antwort ist, dass solches Leiden das geringere von zwei Übeln sein könnte. Gott habe deshalb eine Welt geschaffen, die so viel Schmerz und Leiden enthalte, weil jede alternative Welt noch schlimmer gewesen wäre. Aber, wie Philo insistiert, ein allmächtiger Gott hätte eine bessere Welt schaffen können. Oder zumindest erscheint es uns bloßen Sterblichen so. Philo identifiziert vier Hauptgründe des Leidens, von denen keiner notwendig zu sein scheint, die aber alle Teil des menschlichen Daseins sind.

Zunächst sind wir so konstituiert, dass Schmerz wie Lust in einigen Fällen nötig sind, um uns zum Handeln zu bewegen. Wir scheinen so geschaffen zu sein, dass zum Beispiel das Unbehagen, das uns extremer Durst bereitet, uns einen starken Anreiz bietet, nach Wasser zu suchen; wogegen, wie Philo denkt, wir einfach von dem Wunsch nach Lust mit ihren verschiedenen Graden angetrieben werden könnten. Zweitens folgt die Welt, einschließlich der menschlichen Welt, strikt dem, was er «allgemeine Gesetze» nennt. Das sind die Gesetze der Physik. Daraus ergibt sich unmittelbar, dass alle Arten von Unglück vorkommen. Trotzdem könnte doch ganz gewiss ein guter und allmächtiger Gott eingreifen, um solchen Ereignissen Einhalt zu gebieten. Einige kleinere Anpassungen (wie etwa in diesem Jahrhundert das Entfernen von einigen wenigen Teilen von Stalins und Hitlers Gehirn) hätten eine viel bessere Welt mit sehr viel weniger Leiden hervorgebracht. Aber Gott entschied sich dafür, nicht einzugreifen. Drittens, die Natur stattet uns mit dem bloßen Minimum der Kräfte und Fähigkeiten aus, die wir brauchen, um zu überleben. Das macht uns gegenüber der geringsten Veränderung unserer Umstände verletzlich. Philo hält dagegen, dass ein wohlwollender väterlicher Gott in solchen Dingen wie Nahrung und natürlicher Stärke großzügiger für uns gesorgt hätte. Viertens verweist Philo auf schlechte Arbeit, die sich im Plan des Universums zeigt, zumindest aus menschlicher Perspektive. So finden wir zum Beispiel, dass, obgleich Regen nötig ist, damit Pflanzen wachsen und wir zu trinken haben, es häufig so heftig regnet, dass es zu Überschwemmungen kommt. Diese und zahlreiche andere «Konstruktionsfehler» führen Philo zu dem Schluss, dass der Schöpfer des Universums dem menschlichen Leiden gegenüber gleichgültig gewesen sein muss. Gewiss bietet der teleologische Gottesbeweis nicht genügend Beweismaterial, um einen Glauben an einen *wohlwollenden* Schöpfer zu rechtfertigen.

Der kosmologische Gottesbeweis

Obgleich sich der größte Teil der Diskussion in den *Dialogen* auf den teleologischen Gottesbeweis konzentriert, ist dies nicht der einzige angebliche Beweis für die Existenz und Natur Gottes, der beigebracht wird. Demea ist ein glühender Verteidiger dessen, was er den «einfachen und sublimen Beweis *a priori*» nennt, besser bekannt unter dem Namen kosmologischer Gottesbeweis oder Argument der ersten Ursache. Dieses Argument geht von der Annahme aus, dass alles, was existiert, einen früheren Grund gehabt haben muss, der seine Existenz erklärt.

Wenn wir die Kette von Wirkungen und Ursachen in der Zeit zurückverfolgen, müssen wir entweder in einem infiniten Regress immer weiter gehen; oder wir werden eine unverursachte Ursache finden, die notwendig existiert. Demea hält die erste Option für absurd und schließt deshalb, die notwendig existierende unverursachte Ursache sei die erste Ursache von allem und damit Gott. Cleanthes' Antwort schließt das Argument ein, dass wir bei der Suche nach einer ersten Ursache nicht weiter zurückzugehen brauchen als bis zum Universum selbst: Es besteht keine Notwendigkeit, nach einer noch früheren Ursache zu suchen. Oder um es noch anders auszudrücken, selbst wenn das Argument der ersten Ursache beweist, dass es ein notwendig existierendes Wesen gibt, so beweist es doch nicht, dass dieses Wesen Gott ist, wie er traditionell von den Christen begriffen wird.

War Hume Atheist?

Ich habe schon die Schwierigkeit erwähnt, auf der Basis der *Dialoge* genau auseinander zu nehmen, was Hume über Religion dachte. Wenngleich Philo der Charakter ist, der Hume intellektuell am nächsten steht, so ist er doch nicht einfach ein Sprachrohr des Philosophen. Viele von Humes Zeitgenossen hielten es für ausgemacht, dass er Atheist war, und wenn er die *Dialoge* schon zu seinen Lebzeiten veröffentlicht hätte, wären sie ohne Zweifel als schlüssiger Beweis dafür angesehen worden. Freilich war Hume, als er in den sechziger Jahren des 18. Jahrhunderts in Paris unbekümmerte Atheisten traf, wirklich schockiert, obgleich sich seine Ansichten gegen Ende seines Lebens verändert haben mögen.

Seine offizielle Lehre war ein gemäßigter Skeptizismus: eine moderate Form des Skeptizismus, die zwar nichts einfach gutgläubig hinnimmt, aber auch nicht bis zu den Absurditäten derjenigen Skeptiker fortgeht, die zu leben versuchen, als könnte man überhaupt nichts als sicher hinnehmen. Ein gemäßigter Skeptizismus, der auf Fragen der Religion angewendet wird, weist in die Richtung des Atheismus, macht aber kurz davor Halt. Der gemäßigte Skeptiker würde den teleologischen Gottesbeweis nicht als Beweis für die Existenz des christlichen Gottes oder seiner Attribute akzeptieren. Aber die Behauptung, dass es nicht genügend Beweismaterial gibt, um einen Glauben an die Existenz Gottes darauf zu stützen, ist nicht dasselbe wie die Behauptung, dass Gott definitiv nicht existiert. Hume hätte den Atheismus vielleicht selbst als eine dogmatische Position angesehen, das heißt als eine Position, für die es nur ungenügendes Beweismaterial gibt. Vielleicht hat also Hume tatsächlich zusammen mit Philo angenommen, dass das Universum eine Art intelligenten Schöpfer hat. Aber er hat ganz gewiss geglaubt, dass die menschliche Vernunft nicht ausreicht, um uns detailliertes Wissen davon zu geben, wie jener Schöpfer, wenn es denn einen gab, beschaffen sein mochte. Er starb, ohne uns große Hoffnungen auf ein Weiterleben nach dem Tod zu machen.

Daten

Siehe voriges Kapitel.

Weitere Lektüre

J. Buchenegger, *David Humes Argumente gegen das Christentum*, Frankfurt am Main 1987

N. Hoerster, *David Hume, Existenz und Eigenschaft Gottes*, in: Speck (Hg.), Grundprobleme der großen Philosophen, Philosophie der Neuzeit I, Göttingen 1975, S. 240ff.

D.-J. Löwisch, Kants *Kritik der reinen Vernunft* und Humes *Dialogues Concerning Natural Religion*, in: Kant-Studien 56 (1965/66), S. 170ff.

J. L. Mackie, *Das Wunder des Theismus. Argumente für und gegen die Existenz Gottes*, Stuttgart 1985, bietet eine ausgezeichnete Einführung in die Philosophie der Religion und enthält eine Diskussion von Humes *Dialogen*.

Humes «Über eine besondere Vorsehung und einen zukünftigen Staat», Kapitel XI der *Untersuchung des menschlichen Verstandes*, überschneidet sich in mancher Hinsicht mit der Diskussion des teleologischen Gottesbeweises in den *Dialogen*, sowohl inhaltlich wie in der literarischen Technik.

9. Jean-Jacques Rousseau: *Der Gesellschaftsvertrag*

«Der Mensch ist frei geboren und überall liegt er in Ketten.» Diese Einleitungszeile des *Gesellschaftsvertrags* hat in den vergangenen zwei Jahrhunderten das Herz so manches Revolutionärs bewegt. Aber ihr steht in demselben Buch der beunruhigende Gedanke gegenüber, dass, wer immer sich weigert, dem Gemeinwohl zu dienen, von der Gemeinschaft dazu gezwungen werden sollte. Das bedeutet nichts anderes, «als daß man ihn zwingen wird, frei zu sein». Das klingt wie eine Erlaubnis zur Unterdrückung, von der Schwierigkeit einmal ganz abgesehen festzustellen, worin das Gemeinwohl des Staats besteht. Beide Ideen verdeutlichen die kompromisslose Natur der rousseauschen Philosophie: Er hat sich niemals gescheut, kontroverse und sogar gefährliche Ansichten zu äußern. In einer Zeit, da es üblich war, derartige Ansichten anonym zu veröffentlichen, schrieb Rousseau unter seinem eigenen Namen. Infolgedessen wurden viele seiner Werke verboten und er lebte in ständiger Furcht vor Verfolgung; er musste mehrere Male aus seiner Heimat fliehen, um eine sicherere Zuflucht zu suchen. Unter diesen Umständen ist es nicht überraschend, dass er in späteren Jahren an Verfolgungswahn litt, weil er glaubte, das Opfer einer internationalen Verschwörung zu sein.

Rousseaus zentrales Ziel im *Gesellschaftsvertrag* besteht darin, die Quellen und Grenzen legitimer Macht zu erklären. Er glaubt, dass unsere Pflichten gegen den Staat aus einem Gesellschaftsvertrag oder Gesellschaftspakt, wie er ihn manchmal nennt, stammen, mittels dessen Individuen sich in einen politischen Körper verwandeln: in ein Ganzes, das seinen eigenen allgemeinen Willen hat, der nicht notwendig einfach nur eine

Summe der individuellen Willen der Leute ist, aus denen er zusammengesetzt ist.

Der Gesellschaftsvertrag

Wie die meisten Autoren in der Tradition des Gesellschaftsvertrags, einschließlich Hobbes und Locke, beschreibt Rousseau den Gesellschaftsvertrag, als wäre er ein historisches Ereignis. Aber er wollte dadurch nicht erklären, wie die wirklichen Staaten entstanden sind; es ist einfach ein Mittel, um die zugrunde liegende Struktur des Staats herauszuarbeiten. Er behauptet nicht, es habe einen bestimmten Augenblick in der Geschichte gegeben, zu dem die Menschen wirklich zusammengekommen seien und miteinander einen Vertrag abgeschlossen hätten, sondern nur, die Beziehungen zwischen den Bürgern und dem Staat könnten am besten dadurch verstanden werden, dass man die hypothetischen Ursprünge der Vergesellschaftung erwägt.

Unter den Mitgliedern eines Staates besteht grundsätzlich Übereinstimmung darüber, dass der Zweck ihrer Vereinigung das Gemeinwohl ist. Es ist für jeden von Vorteil, als Glied einer Gesellschaft mit anderen zusammenzuarbeiten statt allein zu leben. Die Gesellschaft kann den Schutz von Leben und Eigentum bieten. Deshalb haben die Einzelnen einen starken Anreiz, zu kooperieren und einen Staat zu bilden.

Auf den ersten Blick könnte es so scheinen, als vertrete Rousseau zwei unvereinbare Ideale, da er sowohl die Freiheit rühmt, die alle Menschen, selbst außerhalb der Gesellschaft, haben, wie auch die großen Vorteile des Lebens innerhalb der Gesellschaft. Unsere natürliche Freiheit ist ein notwendiger Teil unseres Menschseins: Wenn wir unsere Freiheit vollständig aufgeben oder zu Sklaven werden, dann hören wir auf, in vollem Sinn Menschen zu sein. Wenn die Gesellschaft uns unsere Freiheit vollständig nähme, hätte es keinen Sinn, sich ihr anzuschließen, da wir in diesem Fall unser Menschsein verlieren würden. Rousseau stellt sich selbst die Aufgabe zu erklären, wie wir einen Staat bilden können, ohne unsere Freiheit zu verlieren. Dies scheint unmöglich, da das Wesen des Lebens in der Gesellschaft darin besteht, die meisten seiner natürlichen Freiheiten aufzugeben, um die Wohltaten des Schutzes zu ernten. Aber Rousseau glaubt, seine bestimmte Version der Gesellschaftsvertragstheorie biete eine Formel, die echte Freiheit mit den Wohltaten der Gesellschaft verbindet. Im Mittelpunkt seiner Erklärung steht seine Lehre vom allgemeinen Willen.

Der allgemeine Wille

Wenn die Einzelnen durch einen Gesellschaftsvertrag in einen Staat verwandelt worden sind, sind sie durch gemeinsame Ziele vereint. Der allgemeine Wille ist der Wunsch des Staats als eines Ganzen: Der allgemeine Wille erstrebt das Gemeinwohl.

Der Begriff des Gemeinwillens ist wahrscheinlich einfacher zu verstehen, wenn er mit dem des Willens aller (oder des Gesamtwillens) verglichen wird. Es kann sein, dass alle Individuen, die zusammen den Staat ausmachen, ein bestimmtes Ergebnis wünschen, weil sie sich individuelle Vorteile davon versprechen. Zum Beispiel könnten sie alle eine Steuersenkung wünschen. Also ist es der Wille aller Individuen, die Steuer zu senken. Aber wenn zu erwarten steht, dass der Staat als Ganzer dadurch gewinnt, dass die Steuern hoch bleiben, dann ist das der allgemeine Wille, selbst wenn die Individuen mit ihren persönlichen Interessen diese Politik nicht wünschen. Für das Gemeinwohl sollten die Steuern hoch bleiben, und jeder, der dem widersteht, sollte «gezwungen werden, frei zu sein». Ähnlich könnte ich als Individuum ein Sonderinteresse daran haben, dass eine neue Straße nicht gerade durch den Garten hinter meinem Haus geführt wird. Aber wenn sich herausstellt, dass die neue Route das Beste für das Gemeinwohl ist, dann muss ich als Teil des Staats sie wollen.

Rousseaus Philosophie macht eine scharfe Unterscheidung zwischen den Individuen mit ihren persönlichen Interessen und Wünschen, die weitgehend eigennützig sind, und denselben Individuen als Teil des Staats. In der letzteren öffentlichen Rolle gibt es keinen Platz für einen Sonderwillen, der dem Gemeinwillen entgegengesetzt ist: Es wäre so, als ob man sich gegen sein eigenes besseres Selbst wendete. Die eigennützigen Interessen, die man als Individuum hat, sollten immer den höheren Zielen des allgemeinen Willens dienen. Der Gemeinwille strebt jederzeit nach dem Gemeinwohl, und das Fortbestehen des Staates hängt davon ab, dass seine Mitglieder ihre Privatinteressen zurückstellen, wo sie mit den Interessen des Staats in Konflikt geraten.

Freiheit

Das scheint nur wenig Raum für Freiheit zu lassen, zumindest wie dieser Ausdruck im Allgemeinen verstanden wird. Wenn man seine persönlichen Wünsche zugunsten des größeren Guten des Staats opfern muss, dann scheint es, dass die Handlungsfreiheit oft eingeschränkt werden wird. Wir haben schon gesehen, dass Rousseau nur allzu gern die Menschen dazu zwingen will, frei zu sein, wenn sie sich sträuben, die Macht des allgemeinen Willens anzuerkennen. Aber Rousseau behauptet, dass diese Organisation des Staats, weit davon entfernt, die Freiheit einzuschränken, sie überhaupt erst schafft. Die wichtigste Form der Freiheit besteht genau darin, in Übereinstimmung mit dem allgemeinen Willen zu handeln. Dies ist die bürgerliche Freiheit, im Gegensatz zur bloßen Bedürfnisbefriedigung, die außerhalb der Gesellschaft zulässig ist. Für Rousseau liegt keine Paradoxie darin, eine solche Freiheit durch Zwang zu erreichen.

Der Gesetzgeber

Der Erfolg und die Lebensdauer eines Staats hängen von der Natur seiner Verfassung ab. Gute und angemessene Gesetze sind für seine dauerhafte Existenz nötig. Rousseau schlägt vor, diese Gesetze durch einen Gesetzgeber schaffen zu lassen. Der gute Gesetzgeber ist in jeder Hinsicht ein außergewöhnlicher Mann, der eine Verwandlung des Volks herbeiführt, indem er einen blühenden Staat möglich macht. Für Rousseau besteht die einzige Funktion dieses Gesetzgebers darin, die Gesetze des Staats auszuarbeiten. Ein Gesetzgeber, der gleichzeitig der Souverän wäre, könnte in Versuchung geraten, Gesetze im Sinne seiner eigenen Interessen zu geben, da er ja weiß, dass er die Macht hätte, dadurch zu gewinnen. Auch sollte der Gesetzgeber nicht mit der Abfassung an sich guter Gesetze beginnen, ohne die Natur des Volks und des Landes in Rechnung zu stellen, für die er sie ausarbeitet. Gesetze müssen auf die jeweiligen Umstände zugeschnitten sein.

Die Regierung

Die Regierung sollte klar vom Souverän unterschieden sein. Die Rolle der Regierung ist rein exekutiv. Das bedeutet, dass die Regierung aus derjenigen Gruppe von Individuen besteht, die die Politik des Souveräns in die Tat umsetzen. Rousseau nennt den Staat den Souverän, sofern er die Ausübung des allgemeinen Willens ist. In weniger als vollkommenen Staaten kann der Souverän eine andere Form annehmen, aber in Rousseaus Idealstaat besteht er aus jedem einzelnen Bürger. Seine Verwendung des Worts «Souverän» kann ziemlich verwirrend sein, weil es für uns einfach «Monarch» bedeuten kann. Aber Rousseau war ein entschiedener Gegner der Idee, dass ein Monarch souveräne Macht besitzen sollte. Einer der Gründe, warum *Der Gesellschaftsvertrag* als subversiv angesehen wurde, war seine Verteidigung der Herrschaft durch das Volk und seine offenen Angriffe auf die Idee einer erblichen Monarchie.

Drei Arten von Regierung

Rousseau untersucht drei mögliche Arten von Regierung, obgleich er erkennt, dass die meisten wirklichen Staaten eine Mischung aus verschiedenen Arten verwenden. Diese drei grundlegenden Arten sind Demokratie, Aristokratie und Monarchie. Im Unterschied zu vielen anderen Politiktheoretikern schreibt Rousseau nicht eine bestimmte Regierungsform für alle Staaten vor: Es bedarf einer gewissen Flexibilität, wenn man die Umstände, die Größe des Staats, die Natur und die Bräuche des Volks usf. in Betracht zieht. Aber er stellt unter den Arten der Regierung eine Rangfolge auf und zieht offensichtlich eine Wahlaristokratie den übrigen vor.

Demokratie
Obgleich die Regierungen Englands und der USA oft als «demokratisch» bezeichnet werden, hätte Rousseau sie wohl eher unter die Wahlaristokratien gerechnet. Unter «Demokratie» verstand er die direkte Demokratie, das heißt ein System, das jeden einzelnen Bürger berechtigt, zu jeder Frage seine Stimme abzugeben. Offensichtlich kann ein solches System nur in einem sehr kleinen Staat und bei der Entscheidung über relativ einfache Fragen funktionieren, andernfalls würde das technische Problem, die gesamte Bürgerschaft zusammenzubringen und das Regierungsgeschäft über die Bühne zu bringen, jede andere Tätigkeit unmöglich machen. Rousseau erkennt die Anziehungskraft einer solchen direkten Demokratie an, wenn die praktischen Schwierigkeiten überwunden werden können, weist aber darauf hin, dass eine «derartig vollkommene Regierung» besser für Götter als für Sterbliche geeignet ist.

Aristokratie
Rousseau kennt drei Arten von Aristokratie: die natürliche, die wählbare und die erbliche Aristokratie. Wir verwenden das Wort gewöhnlich nur zur Bezeichnung der letzten Art. Er hält die Erbaristokratie für die schlechteste und die Wahlaristokratie für die beste Art von Aristokratie. Eine Wahlaristokratie ist eine Regierung durch eine Gruppe von Einzelnen, die auf Grund ihrer Eignung für diese Aufgabe gewählt worden sind. Wahlen minimieren die Gefahr, dass diejenigen, die ihre privaten Interessen über das Gemeinwohl stellen, ihre Macht längere Zeit ausüben.

Monarchie
Die Monarchie legt die Regierungsgewalt in die Hände eines Einzelnen. Dieses System hat viele inhärente Gefahren. Zum Beispiel neigen Monarchen, wie Rousseau behauptet, dazu, Beamte nicht deshalb zu ernennen, weil sie kompetent sind, sondern weil sie einen guten Eindruck bei Hof machen. Das Ergebnis ist eine schlechte Regierung. Rousseau äußert sich besonders bissig über erbliche Monarchien, die, wie er sagt, immer Gefahr laufen, die höchste Macht Kindern, Ungeheuern oder Dummköpfen zu übergeben, eine Ansicht, die nicht gerade auf Gegenliebe bei den Anhänger der Idee vom göttlichen Recht der Könige stieß, der Vorstellung, dass die Erbmonarchie Gottes Wille sei.

Kritik an Rousseau

Freiheit
Gegen Rousseaus *Gesellschaftsvertrag* wird häufig eingewendet, dass er eine extreme Art von Unterdrückung zu legitimieren scheint; dass er, weit davon entfernt, die Bedingungen für Freiheit zu schaffen, totalitären Regierungen eine Rechtfertigung gebe, solche Bedingungen gerade abzuschaffen. Diese An-

sicht lässt sich nicht nur durch die finsteren Implikationen der Wendung «jemanden zwingen, frei zu sein» belegen, sondern auch durch Rousseaus Vorschlag, der Staat solle einen Zensor beschäftigen, der für die Moral zuständig ist. Die bürgerliche Freiheit, die Rousseau feiert, kann sich durchaus als extreme Unterdrückung herausstellen; auf jeden Fall braucht sie nicht die Toleranz zu enthalten, auf die das Wort «Freiheit» hinzudeuten scheint. Ob das so ist oder nicht, hängt von der Natur des allgemeinen Willens ab.

Damit soll nicht gesagt sein, dass Rousseau absichtlich der Unterdrückung das Wort redete. Sein aufrichtiges Ziel war es, eine Situation zu schildern, die sowohl Freiheit wie die Wohltaten der Gesellschaft gewähren würde. Aber es ist eine Schwäche seines Systems, dass es Unterdrückung unterstützen kann.

Wie entdecken wir den allgemeinen Willen?

Selbst wenn wir zugeben, dass wir unsere individuellen Interessen zugunsten des allgemeinen Willens aufopfern sollten, bleibt immer noch das Problem, zu entdecken, was dieser allgemeine Wille ist. Nach Rousseaus Auffassung würde, wenn das Volk über eine beliebige Frage abstimmt, ohne dass die Einzelnen sich gegenseitig konsultieren, das Mehrheitsvotum in der Richtung des allgemeinen Willens liegen, da sich geringfügig abweichende Interessen sozusagen gegenseitig aufheben. Aber das scheint unplausibel: Eine Abstimmung würde zumindest eine voll informierte Bevölkerung erfordern. Außerdem ist es unrealistisch zu erwarten, dass das Volk abstimmt, ohne Parteien zu bilden. So stehen wir vor dem praktischen Problem, zu entscheiden, was dem Gemeinwohl dient. Ohne die Möglichkeit, das Gemeinwohl zu entdecken, würde die gesamte Theorie Rousseaus zusammenbrechen.

Daten

1712 geboren in Genf, Schweiz
1762 veröffentlicht den *Gesellschaftsvertrag*
1778 stirbt in Ermenonville, Frankreich

Weitere Lektüre

Iring Fetscher, *Rousseaus politische Philosophie*, Frankfurt am Main 1975

Jean Starobinski, *Rousseau. Eine Welt von Widerständen*, München/Wien 1980

Rousseaus Autobiographie, *Bekenntnisse*, zuerst veröffentlicht 1782, bietet einige bemerkenswerte Einsichten in sein Leben.

10. Immanuel Kant: *Kritik der reinen Vernunft*

Immanuel Kant charakterisiert seine Methode als eine Art «kopernikanische Wende» in der Philosophie. Kopernikus vertrat die Theorie, dass sich die Erde um die Sonne dreht und nicht umgekehrt. Kants revolutionäre Idee ist die, dass die Welt, die wir bewohnen und wahrnehmen, auf Eigenschaften des Geistes des Wahrnehmenden beruht und nicht einfach unabhängig von uns existiert.

Wenn man sich die Welt durch eine rosa Brille anschaut, dann wird alles rosa erscheinen. Vor Kant nahmen viele Philosophen an, dass wir zum größten Teil passive Rezipienten von Information über die Welt seien. Kant dagegen glaubte, dass wir, sofern wir die Welt wahrnehmen, unserer gesamten Erfahrung bestimmte Eigenschaften auferlegen. Um überhaupt eine Erfahrung machen zu können, müssen wir die Welt so erfahren, dass sie Beziehungen von Ursache und Wirkung enthält, dass sie in der Zeit geordnet ist und dass die Gegenstände, die wir wahrnehmen, in räumlichen Beziehungen zueinander stehen. Ursache und Wirkung und Raum und Zeit werden vom wahrnehmenden Subjekt beigetragen und sind nicht da draußen in der Welt, existieren nicht unabhängig von uns. Die «Brille», die wir tragen, färbt unsere gesamte Erfahrung. Um die Analogie weiterzuführen: Wir wären gar nicht imstande, überhaupt irgendetwas zu erfahren, wenn wir die «Brille» abnähmen.

Die *Kritik der reinen Vernunft* ist, wie der Titel andeutet, ein Angriff auf die Idee, dass wir allein mit unserer Vernunft imstande seien, die Natur der Realität zu entdecken. Kant kommt zu dem Schluss, dass Erkenntnis sowohl sinnliche Erfahrung wie auch Begriffe erfordert, die vom Wahrnehmenden beigetragen werden. Jedes von beiden ist ohne das jeweils andere nutzlos. Insbesondere eine metaphysische Spekulation über das, was jenseits des Reichs der Erscheinungen liegt, ist wertlos, wenn sie nicht auf Erfahrung gründet. Die reine Vernunft wird nicht den Schlüssel zur letzten Natur einer transzendenten Realität liefern.

Das Buch ist komplex, und trotz seiner sorgfältig geplanten «Architektonik» oder Struktur ist der Gedankengang schwer zu verfolgen. Ein Teil der Schwierigkeit rührt von der inhärenten Schwierigkeit des Stoffs, der Tatsache, dass Kant die Grenzen der menschlichen Erkenntnis untersucht; aber größtenteils ist sie eine Folge seiner Verwendung einer technischen Sprache und seines verwickelten Stils. Eine weitere Eigenschaft, die es schwer zu lesen macht, ist die Verknüpfung seiner Teile; ein volles Verständnis des Werks würde voraussetzen, dass man alle Teile kennt und weiß, wie sie miteinander verbunden sind. Hier ist nur Raum für eine Skizze einiger seiner wichtigsten Themen.

Synthetische Sätze *a priori*

Empiristische Philosophen wie David Hume unterschieden zwei Arten der Erkenntnis: Beziehungen von Ideen (Vorstellungen) und Tatsachen. Beziehungen von Ideen geben Erkenntnis, die wahr durch Definition ist, etwa, dass alle Kängurus Lebewesen sind. Wir können der Wahrheit dessen sicher sein, unabhängig davon, ob wir irgendeine Erfahrung mit Kängurus haben. Es folgt einfach aus der Definition von «Känguru». Wenn jemand behauptet, ein Känguru entdeckt zu haben, das kein Lebewesen ist, dann wissen wir, ohne zuvor seine Geschichte überprüft zu haben, dass er sich über die Bedeutung von «Känguru» im Irrtum befindet. Kant nennt Aussagen wie «Alle Kängurus sind Lebewesen» «analytisch».

Ein Beispiel für die andere Art von Erkenntnis, die Hume anerkannte, ist der Satz «Einige Junggesellen besitzen Briefmarkensammlungen». Um zu bestimmen, ob eine solche Aussage wahr ist oder nicht, muss man Beobachtungen anstellen. Unabhängig von solcher Beobachtung kann man nicht wissen, ob sie wahr ist oder nicht. Es ist eine Aussage über einen Aspekt der Welt. Für Hume gibt es nur diese beiden Möglichkeiten: Aussagen müssen entweder analytisch oder empirisch sein. Wenn sie keins von beiden sind, tragen sie nichts zur menschlichen Erkenntnis bei.

Kant, der von sich selbst sagt, sein «dogmatischer Schlummer» sei durch die Lektüre von Humes Werk unterbrochen worden, kennt noch einen dritten Typ von Erkenntnis, die er synthetisch *a priori* nennt. «Synthetisch» wird im Gegensatz zu «analytisch» gebraucht. *A priori* ist ein lateinischer Ausdruck, den Kant auf alle Erkenntnisse anwendet, deren Wahrheit wir unabhängig von der Erfahrung kennen; im Gegensatz dazu meint der Ausdruck *a posteriori* so viel wie durch Erfahrung erworben. Einem Empiristen wie Hume erschiene der Begriff des Synthetischen *a priori* seltsam. Er hielt es für selbstverständlich, dass eine Aussage *a priori* analytisch sein musste. Kant dachte anders.

Was Kant meint, lässt sich vielleicht am einfachsten an einigen Beispielen klarmachen. Wo Hume nur zwei Möglichkeiten zuließ, räumte Kant drei ein: Analytische Sätze *a priori*, synthetische Sätze *a posteriori* und synthetische Sätze *a priori*. Analytische Sätze *a priori* schließen Urteile ein wie «alle Kängurus sind Lebewesen», sie geben uns kein neues Wissen über die Welt. Die Idee eines Lebewesens ist in der Idee eines Kängurus, wie Kant sagt, «enthalten». Synthetische Sätze *a posteriori* betreffen dagegen den Bereich empirischer Urteile, wie etwa, dass alle Philosophen Brillen tragen. Es bedarf der Beobachtung, um solche Aussagen zu verifizieren oder zu falsifizieren. Das Synthetische *a priori*, Kants Hauptinteresse in der *Kritik der reinen Vernunft*, besteht in Urteilen, die notwendig wahr sind und deren Wahrheit wir unabhängig von der Erfahrung wissen können, die uns aber trotzdem echte Erkenntnis von bestimmten Aspekten der Welt geben. Kants Beispiele für Urteile *a priori* schließen den größten Teil der Mathematik ein (wie zum Beispiel die Gleichung $7 + 5 = 12$) und «Jedes Ereignis muss eine Ursache haben». Nach Kants Auffassung wissen wir, dass die Aussagen «Jedes Ereignis muss eine Ursache haben» und «$7 + 5 = 12$» notwendig wahr sind; trotzdem teilen sie uns etwas über die Welt mit, folglich ist keine von ihnen analytisch. Das Ziel der *Kritik der reinen Vernunft* besteht darin, zu untersuchen, wie solche synthetischen Urteile *a priori* möglich sind. Die Antwort läuft auf eine Erklärung dessen hinaus, was wahr sein muss, wenn wir oder andere bewusste Wesen überhaupt Erfahrung haben sollen.

Erscheinungen und das Ding-an-sich

Kant unterscheidet zwischen der Welt, die wir erfahren (der Welt der *Phänomene*), und der ihr zugrunde liegenden Welt dahinter. Die zugrunde liegende Realität besteht aus *Noumena*, über die wir überhaupt nichts sagen können, weil wir keinerlei Zugang zu ihnen haben. Wir sind auf die Erkenntnis der Phänomene beschränkt; Noumena müssen für uns auf ewig ein Geheimnis bleiben. Deshalb befindet sich der größte Teil der metaphysischen Spekulation über die letzte Natur der Realität im Irrtum, da sie behauptet, Eigenschaften der noumenalen Welt zu beschreiben, und es unser Los ist, vollständig in der phänomenalen Welt zu bleiben.

Freilich nehmen wir nicht einfach passiv sinnliche Information über die Welt auf. Wahrnehmung beinhaltet mehr als die Aufnahme von Daten. Was aufgenommen wird, muss erkannt und organisiert werden. In Kants Terminologie: Anschauungen werden unter Begriffe gebracht. Ohne Begriffe wäre Erfahrung sinnlos; wie er es ausdrückt: «Gedanken ohne Inhalt sind leer, Anschauungen ohne Begriffe sind blind.» Ich könnte keine Erkenntnis des Computers vor mir haben ohne Anschauung (die sinnliche Erfahrung des Computers); aber ich muss auch imstande sein, ihn als das zu erkennen und wiederzuerkennen, was er ist, und das beinhaltet, ihn unter einen Begriff zu bringen. Die Fähigkeit meines Geistes, die sich mit Anschauungen befasst, ist die Sinnlichkeit; diejenige, die sich mit Begriffen befasst, ist der Verstand. Nur durch die Zusammenarbeit von Sinnlichkeit und Verstand ist Erkenntnis überhaupt möglich.

Raum / Zeit

Raum und Zeit sind in Kants Terminologie Formen der Anschauung. Sie sind notwendige Eigenschaften unserer Erfahrung und nicht Eigenschaften des Dings-an-sich. Sie werden vom Wahrnehmenden beigetragen. Kant will damit sagen: Wenn ich aus dem Fenster auf die Straße schaue und Kinder spielen sehe, dann scheint mir zwar der Raum, in dem die Kinder spielen, einfach eine Eigenschaft der Realität zu sein und nicht etwas, das ich selbst beitrage, aber um Erkenntnis dessen zu haben, was sich dort abspielt, muss ich meine Wahrnehmung in Begriffen des Raumes organisieren. Ähnlich ist die Ordnung von Ereignissen in der Zeit etwas, was ich den Anschauungen auferlege, und nicht eine immanente Eigenschaft dessen, was ich wahrnehme.

Die Kategorien

Kant identifiziert zwölf Kategorien, einschließlich der Kategorie der Substanz und der Kategorie von Ursache und Wirkung. Sie erlauben uns, unsere Anschauungen unter Begriffe zu bringen. Sie sind Begriffe *a priori*. Sie sind der Beitrag des Wahrnehmenden zu der Erfahrung. Es ist nicht einfach eine Tatsache, dass alle unsere Erfahrung zum Beispiel in Begriffen von Ursachen und Wirkungen verstanden werden kann; es ist vielmehr eine notwendige Bedingung, um überhaupt Erfahrungen machen zu können, und etwas, was wir, als wahrnehmende Subjekte, beitragen und nicht einfach in der Welt vorfinden. Die Kategorien zusammen mit den Formen der Anschauung (Raum und Zeit) sind jene rosafarbene Brille, die wir alle tragen müssen, wenn wir überhaupt Erfahrungen machen wollen; aber sie existieren nicht als eine Eigenschaft der Welt unabhängig von allen Subjekten der Erfahrung. Sie werden von bewussten Subjekten beigetragen und stellen keine wirklichen Eigenschaften des Dings-an-sich oder der noumenalen Welt dar.

Die transzendentale Deduktion

Einer der wichtigsten Abschnitte der *Kritik der reinen Vernunft* ist unglücklicherweise auch einer der dunkelsten und am schwersten zu entwirrenden. Das ist die transzendentale Deduktion der Kategorien. Falls erfolgreich, zeigt dieses Argument, dass jede Skepsis hinsichtlich der Außenwelt (der philosophische Zweifel, dass das, was wir wahrnehmen, objektiv existiert) sich selbst widerlegt. Kant versucht zu beweisen, dass jede Erfahrung überhaupt den Kategorien genügen muss und dass die Erfahrung, die auf diese Weise hervorgebracht wird, Erfahrung von einer objektiven Welt ist, nicht eine lediglich private subjektive Schöpfung jedes Individuums. Skeptiker, die an der Außenwelt zweifeln, beginnen mit ihrer eigenen Erfahrung und argumentieren, sie könnten nicht beweisen, dass sie wirklich eine Erfahrung der Außenwelt und nicht eine pure Illusion ist. Kant argumentiert, dass solche Skeptiker damit, dass sie mit der Erfahrung beginnen, ihren eigenen Ansatz untergraben. Die Existenz einer objektiven Außenwelt, die immer auf der Basis der Kategorien wahrgenommen wird, ist eine Bedingung dafür, dass wir überhaupt Erfahrung haben.

Die transzendentale Deduktion der Kategorien ist ein Beispiel für den Argumentationstyp, den Kant durchweg in seinem

Buch verwendet, nämlich ein transzendentales Argument. Es ist wichtig, das Wort «transzendental» nicht mit dem Wort «transzendent» zu verwechseln, das Kant dazu verwendet, um etwas zu bezeichnen, das jenseits der Erscheinungen liegt. Ein transzendentales Argument gelangt von bestimmten Aspekten unserer Erfahrung zu Schlussfolgerungen über das, was notwendig vorausgesetzt ist, wenn wir diese Art von Erfahrung machen wollen. Mit anderen Worten, es arbeitet die Bedingungen der Möglichkeit unserer Erfahrung heraus.

Kritik der *Kritik der reinen Vernunft*

Die transzendentale Deduktion scheitert durch ihre Unverständlichkeit

Trotz der Bemühungen und Rekonstruktionsversuche zahlreicher Interpreten bleiben Kants transzendentale Deduktion und ihre Schlussfolgerungen hoffnungslos dunkel. Das ist sehr bedauerlich. Wenn es Kant gelungen wäre, die Skepsis hinsichtlich unserer Erfahrung und ihrer Quellen zu widerlegen, und zwar in einer Weise, die auch gewöhnlichen Sterblichen verständlich ist, wäre dies von immenser Wichtigkeit gewesen.

Inkonsistent hinsichtlich der Metaphysik

Ein großer Teil von Kants *Kritik der reinen Vernunft* wendet sich gegen die rationalistische Metaphysik, das heißt gegen Spekulationen über die Realität, die auf der Annahme beruhen, dass man durch reines Denken allein Erkenntnis einer transzendenten Realität gewinnen kann. Trotzdem begeht Kant stellenweise genau den Fehler, den er anderen Metaphysikern vorwirft. Er fordert die Existenz von Noumena; das aber geht, wie Berkeley gezeigt hatte, über das hinaus, was vernünftigerweise aus unserer Erfahrung geschlossen werden kann. Mit anderen Worten, durch die Annahme, dass hinter dem Schleier der Erscheinungen Noumena existieren, fällt Kant, ohne es zu merken, in dieselbe Art von spekulativer Metaphysik zurück, die er an anderer Stelle deutlich ablehnt.

Obgleich diese Inkonsistenz eine vernichtende Kritik an Kants dicht gewebtem Gedankensystem zu sein scheint, haben mehrere neue Kommentatoren die Ansicht geäußert, dass ein großer Teil der philosophischen Einsichten Kants gerettet und in konsistenter und erhellender Form rekonstruiert werden kann.

Daten

1724 geboren in Königsberg, Preußen
1781 Veröffentlichung der *Kritik der reinen Vernunft*
1784 Veröffentlichung der *Grundlegung zur Metaphysik der Sitten*
1804 stirbt in Königsberg

Weitere Lektüre

J. Grondin, *Kant zur Einführung*, Hamburg 1994
O. Höffe, *Kant*, München 1988 (BsR 506)
R. Ludwig, *Kant für Anfänger: Kant, Kritik der reinen Vernunft*, München 1998
Roger Scruton, *Kant*, Freiburg 1999 und S. Körner, *Kant*, Göttingen 1967, sind beide gute Einführungen in Kants Philosophie insgesamt.

11. Immanuel Kant: *Grundlegung zur Metaphysik der Sitten*

Allein der gute Wille zählt. Die Moralität einer Handlung wird nicht durch das, was sie bewirkt, sondern allein durch das Wollen, das dahinter steht, bestimmt. Moralität ist objektiv: Sie ist keine Sache des Geschmacks oder der Kultur, sondern gilt gleichermaßen für alle vernünftigen Wesen. Kant will in seiner *Grundlegung zur Metaphysik der Sitten* diese Behauptungen dadurch plausibel machen, dass er das aufsucht und festsetzt, was er das «oberste Prinzip der Moralität» nennt, nämlich den kategorischen Imperativ. Das Buch wurde als kurzes Präludium zu seinem komplexeren und detaillierteren Werk über die Moralphilosophie geschrieben. Es hat als knappe Darstellung einer Pflichtethik oder deontologischen Moraltheorie die Probe der Zeit bestanden.

Der gute Wille

Das einzige Ding auf der Welt, das ohne jede Einschränkung für gut gehalten werden kann, ist ein guter Wille. Kant meint damit, dass gute Absichten unbedingt gut sind. Alles, was sonst noch gut ist, ist gut nur unter gewissen Umständen. So kann zum Beispiel Mut als eine gute Eigenschaft angesehen werden, aber an sich selbst ist er nicht notwendig gut: Es bedarf guter Absichten, das heißt, eines guten Willens, um seinen Wert zu garantieren. Macht, Reichtum und Ehre können gut sein; aber ohne guten Willen können auch sie böse und schädlich werden.

Ein guter Wille ist an sich selbst gut, nicht durch das, was er bewirkt oder ausrichtet. Deshalb sagt Kant, vorausgesetzt, dass wir gute Absichten haben, spielt es unter moralischen Gesichtspunkten keine Rolle, wenn eine «kärgliche Ausstattung einer stiefmütterlichen Natur» uns daran hindert, das zu erreichen was wir uns vorgenommen haben. Selbst wenn alle unsere guten Absichten durch Ereignisse, die sich unserer Macht entziehen vereitelt werden, glänzt der gute Wille doch für sich selbst wie ein Juwel.

Diese Ansicht steht in scharfem Gegensatz zu den konsequenzialistischen Moraltheorien wie dem Utilitarismus von John Stuart Mill (der in einem späteren Kapitel diskutiert wird). Diese beurteilen den moralischen Wert einer Handlung nach ihren wirklichen oder wahrscheinlichen Folgen. In den Augen Kants ist dies freilich ein Fehler. Wirkungen sind für die Beurteilung des moralischen Werts irrelevant, obgleich sie natürlich für die meisten anderen Aspekte des Lebens von Bedeutung sind.

Pflicht und Neigung

Die einzig angemessene Form für moralisches Handeln ist das Pflichtgefühl. Die Handlungen mancher Menschen entsprechen zwar äußerlich ihren Pflichten, sie sind pflichtmäßig, aber innerlich handeln sie nur aus Eigennutz. So wird zum Beispiel ein kluger Kaufmann einen unerfahrenen Käufer nicht betrügen weil er weiß, dass dies letztlich schlecht fürs Geschäft ist. Das ist kein Handeln aus Pflicht, sondern aus Vorsicht: ein aufgeklärtes Eigeninteresse. Aus Pflicht zu handeln bedeutet einfach handeln, weil man weiß, dass dies richtig ist, aus keinem anderen Motiv.

Pflicht steht im Gegensatz zu bloßer Neigung. Einige Menschen haben eine mitleidige Natur; wenn sie andere in Not sehen, sind sie so gerührt, dass sie ihnen helfen wollen. Kant sagt dass Handlungen, die einzig aus Mitleid geschehen, keinerle *moralischen* Wert haben. Das Motiv der Pflicht ist allentscheidend. Jemand, der von Natur aus nicht zu Sympathie oder Mitgefühl neigt, aber trotzdem anderen aus einem Pflichtgefühl heraus hilft, ist moralisch lobenswert; wer einzig aus Neigungen handelt, gleichgültig, wie bewunderungswürdig diese Neigungen sein mögen, handelt überhaupt nicht moralisch.

Kant begründet diese überraschenden Feststellungen damit, dass Moralität jedem vernünftigen Wesen möglich ist; aber unsere Neigungen stehen außerhalb unserer bewussten Kontrolle. Letztlich ist es eine Sache des Glücks, ob man eine mitfühlende Natur hat oder nicht. In diesem Sinn interpretiert er auch das christliche Gebot der Nächstenliebe neu, indem er argumentiert, dass die hier gemeinte Art von Liebe das ist, was er *praktische* Liebe nennt, das heißt, ein Wohltun aus Pflicht selbst, und nicht *pathologische* Liebe, die emotionale Einstellung, die sonst eher unter diesem Namen läuft. Mit anderen Worten, als Jesus sagte: «Liebe deinen Nächsten», hat er uns nicht gesagt, welche Gefühle wir gegenüber unserem Nächsten haben sollen, sondern uns vielmehr die Anweisung erteilt, aus Pflichtgefühl zu handeln.

Maximen

Der moralische Wert einer Handlung hängt von den zugrunde liegenden Prinzipien, nach denen sie geschieht, und nicht von ihrer Wirkung ab. Kant nennt solche Prinzipien Maximen. Ein und dasselbe Verhalten kann das Ergebnis sehr verschiedener Maximen sein. So sagt man vielleicht bei einer bestimmten Gelegenheit die Wahrheit, während man nach der Maxime handelt: «Immer die Wahrheit sagen»; aber das Verhalten wäre bei dieser Gelegenheit nicht anders, wenn man nach der Maxime handelte: «Immer die Wahrheit sagen, außer wenn man sicher sein kann, dass man mit einer Lüge davonkommt.» Nur die erste Maxime ist moralisch. Mit seinem kategorischen Imperativ liefert Kant ein Kriterium, um moralische Maximen von anderen zu unterscheiden.

Der kategorische Imperativ

Unsere moralische Pflicht ergibt sich aus unserer Achtung vor dem moralischen Gesetz. Das moralische Gesetz wird durch das bestimmt, was Kant den kategorischen Imperativ nennt. Ein hypothetischer Imperativ ist eine Aussage wie: «Wenn du die Achtung anderer Leute erringen willst, dann solltest du deine Versprechen halten»: Es ist eine bedingte Aussage. Ein kategorischer Imperativ dagegen ist ein Befehl wie: «Halte deine Versprechen»: Er gilt unbedingt, ungeachtet der jeweiligen Ziele. Kant denkt, dass es einen einzigen grundlegenden kategorischen Imperativ gibt, der alle unsere moralischen Handlungen bestimmt. Er gibt uns verschiedene Formulierungen dieses Imperativs.

Das allgemeine moralische Gesetz
Die erste Formulierung des kategorischen Imperativs lautet: «Handle nur nach derjenigen Maxime, durch die du zugleich wollen kannst, daß sie ein allgemeines Gesetz werde.» Zwischen «wollen» und «wünschen» besteht ein großer Unterschied: Wollen bedeutet «*auf vernünftige Weise* beabsichtigen». Unter «Gesetz» versteht Kant ein moralisches und nicht ein legales Gesetz (viele Handlungen, die moralische Gesetze übertreten, sind vollkommen legal). Dahinter steht die Vorstellung, dass eine Maxime, die sittlichen Gehalt hat, unter in relevanter Hinsicht ähnlichen Umständen für jeden gelten sollte: Sie sollte universalisierbar sein. Sie sollte auch insofern unpersönlich sein, als sie keine spezielle Ausnahme für einen selbst macht. Wenn eine Handlung moralisch falsch ist, ist sie für jeden moralisch falsch, einschließlich für einen selbst. Wenn eine Handlung moralisch richtig ist, ist sie für jeden unter relevant ähnlichen Umständen richtig.

Um die Implikationen dieser Formulierung des kategorischen Imperativs zu erklären, verwendet Kant das Beispiel, dass man ein Versprechen gibt, ohne die Absicht zu haben, es zu halten. Vielleicht findet man es bequem, manchmal solche Versprechen zu geben, aber man kann, wie Kant sagt, die Maxime, «mich durch ein unwahres Versprechen aus der Verlegenheit zu ziehen», nicht rational für jedermann wollen. Wenn die Maxime allgemein angewendet würde, dann wäre die ganze Institution des Versprechens untergraben. Sie würde sich selbst aufheben. Man könnte keinem mehr trauen, dass er seine Versprechen hält. Folglich kann die Maxime nicht moralisch sein; man könnte sie nicht als allgemeines Gesetz wollen. Auf diese Weise bietet der kategorische Imperativ eine Möglichkeit, zwischen moralischen und nichtmoralischen Maximen zu unterscheiden. Wenn man eine Maxime rational nicht verallgemeinern kann, ist sie nicht moralisch.

Menschen als Zwecke an sich selbst zu behandeln
Die zweite Formulierung des kategorischen Imperativs lautet: «Handle so, daß du die Menschheit sowohl in deiner Person als in der Person eines jeden anderen jederzeit zugleich als Zweck, niemals bloß als Mittel brauchst.» Vernünftige Wesen sind Personen, das heißt, sie sind Selbstzwecke; sie müssen ihr eigenes Leben führen, und wir sollten sie nicht benutzen, wie es uns gerade passt. Wir sollten sie als Individuen anerkennen, die imstande sind, ihr eigenes Leben zu führen. Wer andere einfach als Mittel für seine eigenen Zwecke behandelt, spricht ihnen damit ihr Menschsein ab. Man kann das auch so ausdrücken, dass wir die Autonomie anderer Menschen respektieren sollten. Es hieße, jemand als Mittel zu einem Zweck behandeln, wenn ich verspräche, ihm das Geld, das er mir geliehen hat, zurückzuzahlen, obgleich ich das niemals wirklich beabsichtigt habe. Wenn ich ihn als Zweck an sich selbst anerkenne, dann heißt das, mein Versprechen halten zu wollen und wirklich zu halten.

Das Reich der Zwecke
Eine weitere Formulierung des kategorischen Imperativs wird in Begriffen eines Reichs der Zwecke ausgedrückt: Handle so als wenn du durch alle Maximen deines Willens «jederzeit ein gesetzgebendes Glied im allgemeinen Reiche der Zwecke» wärest. Ein Reich der Zwecke ist ein imaginärer Staat, dessen Gesetze die individuelle Autonomie schützen, insofern jedermann als Zweck und nicht als Mittel zu einem Zweck behandelt wird. Kant macht hier klar, dass Moralität sich nicht einfach nur auf das individuelle Verhalten bezieht, sondern auch die Grundlage von Gesellschaften bildet. Kants Ansatz soll dazu dienen, zwischen Prinzipien, die rationale Handelnde für ihren Idealstaat akzeptieren würden, und denen, die sie verwerfen würden, zu unterscheiden. Ein Prinzip, das man in diesem Staat nicht als Gesetz wollen könnte, besteht diese Probe nicht und ist folglich kein Moralprinzip.

Kant, Aristoteles und Mill

Kants Einstellung zur moralischen Handlung steht in scharfem Gegensatz sowohl zu der des Aristoteles wie der Mills. Für Kant sind Gefühle entweder irrational oder für moralisches Handeln irrelevant; nur die praktischen Gefühle, die im gewöhnlichen Wortsinn gar keine Gefühle sind, spielen in der Moralität eine direkte Rolle. Aristoteles argumentiert dagegen, dass die Ausbildung angemessener emotionaler Reaktionen ein zentrales Ziel moralischer Erziehung ist. Aristoteles' Philosophie ist flexibel, sie beruht auf der Fähigkeit, sensibel auf spezifische Umstände zu reagieren; Kant ist in seinem Festhalten an allgemeinen Prinzipien, die keine Ausnahmen zulassen, starr.

Kants Auffassung von Moral steht auch im Gegensatz zu einer Denkweise wie der Mills. Kant verwirft die Konsequenzen von Handlungen als irrelevant für ihre moralische Bewertung; wogegen für Mill die Konsequenzen einer Handlung ihren moralischen Wert bestimmen. Mills Vorgehen gibt Richtlinien für die Unterscheidung zwischen rivalisierenden moralischen Ansprüchen: Bewerte die Folgen und wähle die Option, die die Gesamtsumme an Glück maximiert. Kants Moralphilosophie gibt kein Mittel an die Hand, zwischen zwei Handlungen zu wählen, die beide moralisch sind; oder auch zwischen zwei Handlungen, die beide unmoralisch sind.

Aristoteles, Kant und Mill liefern drei charakteristisch verschiedene Ansätze der Moral. Wie die Theorien von Aristoteles und Mill, so ist auch Kants Theorie einer Reihe von Einwänden ausgesetzt.

Kritik der *Grundlegung zur Metaphysik der Sitten*

Sie ist leer

Gegen Kants Moraltheorie wird gewöhnlich eingewendet, dass sie der Ethik keinen Inhalt liefere. Sie konzentriere sich auf die Struktur moralischer Urteile, ihre Universalisierbarkeit und Unpersönlichkeit, statt uns zu helfen, herauszufinden, was wir tun sollen. Noch schlimmer: Wenn man Kants Kriterien für moralische Urteile anwendet, scheint es, dass wir leicht einige ganz offensichtlich unmoralische Prinzipien universalisieren können, etwa: «Verwende immer die wirksamsten Mittel der Landwirtschaft ohne Rücksicht auf das Wohlergehen von Tieren.» Es ist nichts Widersprüchliches daran, dieses Prinzip zu wollen. Weil für Kant die meisten Tiere unterhalb der angemessenen Schwelle der Rationalität bleiben, würde die Version des kategorischen Imperativs, die uns verpflichtet, andere als Zwecke an sich selbst und nicht als Mittel zu behandeln, sie hier nicht retten. Folglich müsste Kant sagen, dass diese Maxime moralisch ist.

Selbst das Beispiel des gebrochenen Versprechens, das Kant verwendet, scheint der Kritik ausgesetzt. Wenn man die Maxime hat, sich durch ein unwahres Versprechen aus einer Verlegenheit zu ziehen, dann könnte es so scheinen, dass, vorausgesetzt, kein anderer weiß von dieser Strategie, nichts Selbstwidersprüchliches dabei ist, sie zu wollen. Wenn jeder nach derselben Maxime handelte, könnte die Institution des Versprechens immer noch überleben. Freilich würde Kant antworten, ein Versprechen zu brechen sei absolut unrecht und die fragliche Maxime könne man rational nicht wollen. Das ist deshalb so, weil eine solche Maxime zu wollen zur Folge haben würde, nicht nur zu wollen, dass man selbst sein Versprechen bricht, wenn man damit durchkommt, sondern auch, dass andere Leute ihre Versprechen einem selbst gegenüber genauso handhaben. Wenn man diese Maxime wollte, würde man praktisch wollen, dass einem selbst gegebene Versprechen gebrochen werden.

Die Rolle des Gefühls

Kants Moralphilosophie behandelt Gefühle und individuelle Charaktereigenschaften als irrelevant für unsere moralischen Bewertungen von Individuen. Für Kant spielt es keine Rolle, ob jemand hartherzig ist, vorausgesetzt, er handelt aus Achtung vor dem moralischen Gesetz. Trotzdem ist für viele von uns echtes Mitgefühl der Kern der Moral, keine potentiell irritierende Schrulle der individuellen Psyche. Wir bewundern Menschen, die eine besondere Fähigkeit für Sympathie und Mitgefühl haben, und diese Bewunderung scheint eine Bewunderung von Eigenschaften zu sein, die für sie als moralische Wesen relevant sind. Kants Ansatz, der sich auf das konzentriert, was jedes vernünftige Wesen tun sollte, ignoriert die zentrale Rolle von Gefühlen für menschliche Interaktionen. Die *praktischen* Gefühle, die er an die Stelle der pathologischen setzen möchte, scheinen das Etikett «Gefühl» kaum zu verdienen.

Eine Karikatur von Kants Einstellung gegenüber Gefühlen unterstellt, dass er sie als Hindernisse für echtes moralisches Handeln ansieht. Aber in Wirklichkeit argumentiert er, dass Gefühle und Neigungen die Frage verdunkeln können, ob man moralisch handelt oder nicht. Das ist besonders dann relevant, wenn man sich in einer Situation befindet, in der man eine starke emotionale Neigung verspürt, in der Weise zu handeln, die der kategorische Imperativ ohnehin vorschreibt.

Zum Beispiel könnte man, wenn man in London herumspaziert, von einem Bettler um Geld angebettelt werden. Der Anblick dieses Menschen rührt Emotionen des Mitgefühls auf, die einen dazu veranlassen, nach der Börse zu greifen; aber man erkennt auch eine moralische Pflicht, die aus dem kategorischen Imperativ folgt, die es einem auferlegt, dieser Person Geld zu geben. In einer solchen Situation mag es schwierig oder sogar unmöglich sein zu sagen, welches die wirkliche Motivation dafür ist, Geld zu geben: Ist es eine Neigung oder ist es Achtung vor dem moralischen Gesetz? Aber wenn die unmittelbare Reaktion auf die Bitte um Geld Widerwille und Gereiztheit war, man aber trotzdem nach dem kategorischen Imperativ gehandelt hat, dann hätte man kein Problem zu wissen, dass man moralisch gehandelt hat. Kant schließt die Möglichkeit nicht aus, dass diejenigen, die Mitgefühl empfinden, auch aus Achtung vor dem moralischen Gesetz handeln; er sagt nur, dass Handeln aus Mitgefühl allein eine Handlung nicht moralisch macht.

Nichtsdestoweniger dehumanisiert Kants Verwerfung von Emotionen moralische Beziehungen. Die kalt vernünftigen Reaktionen, die er als Beispiele für moralisches Verhalten hinstellt, scheinen weniger human und weniger wünschenswert als die angemessen emotionalen zu sein.

Daten

Siehe vorheriges Kapitel

Weitere Lektüre

R. Ludwig, *Kant für Anfänger: Kant, der kategorische Imperativ*, München 1995

H. J. Paton, *Der kategorische Imperativ*, Berlin 1962

Roger Scruton, *Kant*, Freiburg 1999 und Stephan Körner, *Kant*, Göttingen 1967, sind beide gute Einführungen zu Kants Philosophie als Ganzer. Beide enthalten Diskussionen seiner Moralphilosophie.

12. Arthur Schopenhauer: *Die Welt als Wille und Vorstellung*

Die Welt als Wille und Vorstellung ist oft mit einer Sinfonie in vier Sätzen verglichen worden. Jedes der vier Bücher hat eine charakteristische Stimmung und ein charakteristisches Tempo, und Schopenhauer nimmt Themen, die in früheren Abschnitten berührt worden waren, wieder auf und entwickelt sie weiter. Das erste Buch beginnt mit einer abstrakten Diskussion unserer Beziehung zur Welt unserer Erfahrung, der Welt als Vorstellung. Im zweiten Buch erweitert sich diese Diskussion, es wird der Gedanke entwickelt, dass es eine tiefere Realität gibt als die Welt, welche die Wissenschaft beschreibt; diese Welt, das Ding-ansich (die Welt als Wille) kann erkannt werden, wenn wir unsere eigenen gewollten körperlichen Bewegungen beobachten. Das dritte Buch ist eine optimistische und detaillierte Diskussion der Kunst. Hier entwickelt Schopenhauer seine Behauptung, dass die Kunst ein Entkommen aus der Zuchthausarbeit des Wollens bieten kann, die das normale menschliche Dasein ausmacht, während sie gleichzeitig Aspekte der tieferen Realität enthüllt, der Welt als Wille. Im vierten Teil schließlich, in dem er erklärt, warum wir durch unsere Natur dazu verurteilt sind zu leiden, herrscht ein dunklerer Pessimismus vor. Gleichwohl gibt es hier einen Hoffnungsschimmer, wenn wir bereit sind, ein Leben der Askese zu führen und unseren Begierden zu entsagen.

Die Welt als Vorstellung

Wenn Schopenhauer *Die Welt als Wille und Vorstellung* mit den Worten beginnt: «Die Welt ist meine Vorstellung», dann meint er damit, dass Erfahrung immer Erfahrung aus der Perspektive eines wahrnehmenden Bewusstseins ist. Wir stellen uns die Welt vor, statt einen unmittelbaren Zugang zur zugrunde liegenden Natur der Realität zu haben. Aber die Welt als Vorstellung verschafft uns keine Erkenntnis der wahren Natur der Dinge. Wenn wir uns mit den Erscheinungen begnügen, sind wir wie jemand, der um ein Schloss herumgeht und versucht, einen Eingang zu finden, während er ab und zu innehält, um die Wände zu skizzieren. Nach Schopenhauer haben das alle Philosophen bisher getan. Seine Philosophie unternimmt es dagegen, uns Wissen über das zu verschaffen, was jenseits der Mauern liegt.

Die Frage nach der letzten Natur der Realität ist die zentrale Frage der Metaphysik. Schopenhauer akzeptiert Immanuel Kants Trennung zwischen der Welt, wie wir sie erfahren, was Schopenhauer die Welt als Vorstellung nennt, und der darunter liegenden Realität des Dings-an-sich. Kant nennt die Realität hinter der Erfahrung die noumenale Welt; Schopenhauer nennt sie die Welt als Wille. Wir sind nicht einfach passive Rezipienten sensorischer Information; vielmehr legen wir unserer gesamten Erfahrung die Kategorien von Zeit, Raum und Kausalität zugrunde. Aber auf der Ebene des Dings-an-sich, der Welt als Wille, haben diese Kategorien keine Anwendung. Die Welt als Wille ist ein unteilbares Ganzes. Was Schopenhauer das *principium individuationis* nennt, die Trennung in Einzeldinge, findet sich nur in der phänomenalen Welt. Die Welt als Wille ist die Ganzheit all dessen, was existiert.

Die Welt als Wille

Es könnte so scheinen, als sei die Welt als Wille den Menschen definitionsgemäß unzugänglich, da sie nicht durch Erfahrung zugänglich zu sein scheint. Aber Schopenhauer erklärt, dass sich in unserer Erfahrung des Wollens, der Kraft, mit der wir unseren Körper bewegen, die Welt als Wille zeigt. Der Wille ist von der körperlichen Bewegung nicht getrennt: Er ist ein Aspekt dieser Bewegung. Wenn wir uns unseres eigenen Wollens bewusst sind, gehen wir über die Welt als Vorstellung hinaus und können einen Blick auf das Ding-an-sich werfen. Wir erfahren unseren eigenen Körper als Vorstellung, als eins der Objekte, die man in der Welt antrifft, und als Wille.

Für Schopenhauer sind nicht nur einfach Menschen Manifestationen des Willens: Letztlich ist alles Ausdruck des Willens. Mit anderen Worten, er verwendet das Wort «Wille» in einem erweiterten Sinn. Auch ein Felsstück ist Ausdruck des Willens. Der Wille, den Schopenhauer beschreibt, ist keine Intelligenz; er ist ein blindes, richtungsloses Streben, das die meisten Menschen zu einem Leben des Leidens verurteilt.

Kunst

Die Kunst nimmt in Schopenhauers Philosophie eine herausragende Stellung ein. Die Betrachtung von Kunstwerken erlaubt uns, für Augenblicke dem Sklavendienst des Willens zu entfliehen, der sonst unausweichlich ist. Die Kunst erlaubt uns eine selbstlose («interesselose») ästhetische Erfahrung. Wenn wir ein Kunstwerk betrachten, können und sollen wir alle praktischen Probleme und Sorgen hinter uns lassen, jede Vorstellung, dass das Kunstwerk uns einen Dienst leistet. Wir verlieren uns selbst in Kontemplation. Dasselbe gilt von unserer Erfahrung der Schönheit in der Natur: Wir können diesen Zustand friedlicher Kontemplation ebenso erreichen, wenn wir auf einen Wasserfall oder auf ein Gebirge blicken, wie wenn wir ein großes Gemälde anschauen.

Künstlerische Genies können diesen Zustand der interesselosen Kontemplation von Objekten und Ereignissen erreichen und haben die intellektuelle Fähigkeit, ihre Emotion dem Publikum ihres Werks mitzuteilen. Solche Genies haben die Fähigkeit zu reiner Erkenntnis: Sie können die platonischen Formen dessen, was sie wahrnehmen, erfahren. Platon glaubte bekanntlich, dass der Stuhl, auf dem ich sitze, ein unvollkommenes Abbild eines idealen Stuhls sei, der Form des Stuhls. Für Platon schafft ein Künstler, der den Stuhl malt, ein Abbild, das mehrere Stufen von dem wahren Stuhl, der platonischen Form, entfernt ist. Das ist einer der Gründe, warum er die Künstler aus seinem Idealstaat verbannt: Sie schaffen entfernte Abbilder der wahren Wirklichkeit und entfernen uns von den Formen. Schopenhauer glaubt dagegen, dass künstlerische Genies durch ihre Arbeit die Formen oder platonischen Ideen der besonderen Einzeldinge, die sie abbilden oder beschreiben, enthüllen können. Auf diese Weise ermöglichen sie es uns, der Macht des Willens zu entfliehen und ein unpersönliches Wissen der platonischen Formen zu erlangen.

Schöne Objekte und Szenen sind gut geeignet, uns aus dem endlosen Strom des Wollens herauszuheben. Einige gemalte Objekte sind freilich besser dazu geeignet als andere. Wir können zum Beispiel die Schönheit gemalter Früchte betrachten, aber unser praktisches Interesse kann es vielleicht sehr schwierig machen, interesselos zu bleiben, besonders dann, wenn wir hungrig sind. Ähnlich sind einige Nacktbilder leichter interesselos zu betrachten als andere; einige neigen dazu, den Betrachter sexuell zu erregen, wobei sich wieder ein praktisches Interesse behauptet.

Im Unterschied zu Gegenständen und Szenen, die einfach schön sind, sind erhabene Objekte und Szenen solche, die auf irgendeine Weise dem menschlichen Willen feindlich sind. Sie wirken mit ihrer Unermesslichkeit oder Gewalt bedrohlich.

Schwarze Gewitterwolken, ungeheure nackte Felsen, rauschende, schäumende Gewässer: All das kann erhaben sein. Die ästhetische Erfahrung des Erhabenen wird dadurch erreicht, dass man sich bewusst vom Willen löst, lustvoll bei dem verweilt, was sonst Schrecken erregen würde. Dies enthüllt wiederum die platonischen Formen der betrachteten Gegenstände.

Die platonischen Formen, die in der ästhetischen Betrachtung der Kunst und Natur enthüllt werden, sind für Schopenhauer deshalb wichtig, weil sie uns eine Art Erkenntnis des Dings-an-sich gestatten, der Welt als Wille. Wir können durch dieses Mittel kein direktes Wissen des Dings-an-sich erlangen; aber die platonischen Formen geben uns «die möglichst *adäquate Objektivität* des Willens». Das bedeutet einfach, dass die Welt, die sie enthüllen, nicht subjektiv verzerrt ist, sondern dem Ding-an-sich so nah wie möglich kommt.

Musik

Musik unterscheidet sich von anderen Künsten darin, dass sie kein Abbild der Welt als Vorstellung ist. Gewöhnlich bildet sie überhaupt nichts ab. Trotzdem ist sie unstreitig eine große Kunst. Schopenhauer gibt ihr in seinem System eine Sonderstellung. Musik, sagt er, ist Abbild des Willens selbst. Das erklärt ihre Tiefe: Sie kann uns die Natur der Realität enthüllen.

Traurige Musik drückt nicht die Traurigkeit einer bestimmten Person oder Traurigkeit in einem bestimmten Kontext aus: Sie drückt das Wesentliche der Traurigkeit ohne alles Beiwerk aus. Letztlich aber ist sie Abbild des Willens selbst. Daraus folgt, dass Musik eine Art unbewusster Metaphysik ist. Sie gibt uns ein Bild des Dings-an-sich, genau wie der Metaphysiker versucht, uns zu erklären, was hinter dem Schleier der Erscheinungen liegt. Schopenhauer ist sich darüber klar, dass seine Ansichten von der Musik und ihrer Beziehung zum Ding-an-sich unverifizierbar sind: Es gibt keine Möglichkeit, ein beethovensches Streichquartett mit dem Ding-an-sich zu vergleichen, um zu sehen, ob er Recht hat. Aber er präsentiert diese Erklärung als eine plausible Erklärung der Macht der Musik und fordert den Leser auf, Musik mit dieser Theorie vor Augen zu hören.

Der freie Wille

Alle Erscheinungen unterliegen dem Prinzip des zureichenden Grundes, dem Prinzip, dass nichts ohne Grund ist, warum es sei und nicht vielmehr nicht sei. Dies gilt ebenso sehr für Menschen wie für Steine und Pflanzen. Unser Verhalten ist demnach vollständig durch die Biologie, durch vergangene Ereignisse, durch unseren Charakter determiniert. Wir haben nur die Illusion, frei zu handeln. Aber der Wille, das Ding-an-sich, ist vollständig frei. Menschen sind deshalb sowohl determiniert wie frei. Die Ansicht, wir seien determiniert, sei es auch nur auf der phänomenalen Ebene, ist pessimistisch. Der Strom des Pessimismus, der sich durch das ganze Buch hindurchzieht, wird zu einer reißenden Flut, wenn sich Schopenhauer der Natur des menschlichen Leidens zuwendet.

Leiden und Erlösung

Hier bezieht er sich besonders auf die Tradition der asiatischen Philosophie, einschließlich buddhistischer und hinduistischer Lehren. Anhaltende Perioden des Glücks sind eine Unmöglichkeit für Menschen. Wir sind so beschaffen, dass unser Leben ein ständiges Wollen mit sich führt, ein Suchen nach Befriedigung. Wenn wir erreichen, was wir begehren, genießen wir vielleicht ein momentanes Glücksgefühl, das nicht mehr ist als die Befreiung von der Begierde nach dem, was wir gesucht haben. Aber es ist unvermeidlich kurzlebig. Wir sinken entweder in einen Zustand der Langeweile und Lethargie zurück oder finden, dass wir immer noch unerfüllte Wünsche haben, die uns dazu treiben, ihre Befriedigung zu suchen. Das ganze menschliche Dasein ist deshalb ein Hin und Her zwischen Schmerz und Langeweile.

Aber wenn wir Einsicht in die wahre Natur der Realität gewinnen, wenn wir durch den Schleier der Maja hindurchblicken (das heißt Erkenntnis der Welt als Wille gewinnen), dann besteht die Chance auf Heil und dauerhafte Erlösung von dem Leiden, ein Zustand, der mindestens ebenso selig ist wie die zeitweiligen Zustände ästhetischer Kontemplation, die die Kunst bieten kann.

Ein erster Schritt in diese Richtung ist die Erkenntnis, dass die Verletzungen, die wir anderen zufügen, eine Art Selbstverletzung sind, da auf der Ebene des Willens die Person, die das Leid zufügt, und die Person, die es erleidet, eins sind. Nur auf der Ebene der Phänomene nehmen wir sie als unterschiedlich wahr. Wenn wir dies begreifen, dann erkennen wir, dass alles Leiden in einem gewissen Sinn unser eigenes Leiden ist, und sind motiviert, solches Leiden zu verhindern. Wir erkennen, wenn eine Person einer anderen Leid zufügt, dann ist es so, als ob der Wille ein wahnsinniges Tier ist, das seine Zähne in sein eigenes Fleisch senkt, ohne zu erkennen, dass es sich selbst verletzt.

Der extremere Schritt, den Schopenhauer am Ende von *Die Welt als Wille und Vorstellung* umreißt, ist die Askese, eine bewusste Verneinung des Willens zum Leben. Der Asket lebt ein Leben der Keuschheit und Armut, nicht um anderen zu helfen, sondern eher, um die Begierden auszulöschen und letztlich den Willen zum Absterben zu bringen. Durch dieses extreme Vorgehen entflieht der Asket dem sonst unvermeidlichen Leiden des menschlichen Daseins.

Kritik an *Die Welt als Wille und Vorstellung*

Brüchige metaphysische Grundlagen

Schopenhauers Buch stellt ein Gedankensystem dar, das zerbrechliche metaphysische Grundlagen hat. Der gesamte Rahmen beruht darauf, dass wir mittels unserer Wahrnehmung unserer eigenen gewollten Körperbewegungen Erkenntnis des Dings-an-sich oder zumindest einen gewissen Zugang dazu gewinnen. Aber wenn sich Schopenhauer über die Möglichkeit eines solchen Zugangs zur Welt als Wille täuscht, dann ist das gesamte Werk untergraben. Gelegentlich scheint es so, als wünsche Schopenhauer, auf zwei Hochzeiten zugleich zu tanzen: Er will *sowohl* sagen, dass der Schleier der Maja uns daran hindert, die letzte Natur der Realität zu erkennen, *als auch*, dass wir durch diesen Schleier hindurchsehen können.

Aber selbst wenn wir die metaphysischen Grundlagen von Schopenhauers Werk verwerfen, lassen sich aus dem Buch viele Einsichten über Kunst, Erfahrung und Leiden gewinnen. Die Tatsache, dass das System als Ganzes fehlerhaft sein kann, hindert nicht, dass Schopenhauers Philosophie uns eine reiche Quelle an Ideen und Spekulation bietet. Es ist nicht überraschend, dass vor allem praktizierende Künstler Schopenhauers Werk inspirierend gefunden haben.

Heuchelei

Schopenhauer predigte Askese als Weg zur Erlösung und als Ende des Leidens, das sonst ein unvermeidliches Merkmal der menschlichen Existenz sein würde. Trotzdem praktizierte er nicht, was er predigte: Er praktizierte weder Keuschheit noch verzichtete er auf ein gutes Essen. Warum sollten wir einen solchen Heuchler ernst nehmen?

Dieser Angriff ist allerdings kein ernsthafter Einwand gegen Schopenhauers Philosophie: Es ist durchaus möglich, den Weg zur Erlösung zu erkennen, ohne ihn selber wirklich zu gehen. Heuchelei mag eine abstoßende Charaktereigenschaft sein, berührt aber nicht die Stärke von Argumenten. Wenn Schopenhauer Recht hatte, dass Askese einen Weg darstellt, das Leiden zu beenden, dann hat das nichts damit zu tun, wie er selbst sein Leben verbracht hat.

Daten

1788 geboren in Danzig (heute Gdansk)
1819 veröffentlicht *Die Welt als Wille und Vorstellung*
1860 stirbt in Frankfurt

Weitere Lektüre

U. Pothast, *Die eigentliche metaphysische Tätigkeit*, Frankfurt am Main 1982

R. Safranski, *Schopenhauer und die wilden Jahre der Philosophie*, Reinbek bei Hamburg 1990

V. Spierling, *Materialien zu «Die Welt als Wille und Vorstellung»*, Frankfurt am Main 1984

13. John Stuart Mill: *Über die Freiheit*

Meine Freiheit, die Fäuste zu schwingen, endet da, wo dein Gesicht anfängt. Das ist im Wesentlichen die Botschaft von Mills *Über die Freiheit.* Der einzige Grund, mich daran zu hindern, alles zu tun, was ich will, oder mich zu zwingen, etwas gegen meinen Willen zu tun, besteht darin, dass ein anderer durch meine Handlungen Schaden erleiden würde. Mein Privatleben ist meine Privatangelegenheit, und solange ich keinen anderen durch das, was ich tue, wirklich schädige, hat weder der Staat noch die Gesellschaft einzugreifen. Jeder, der erwachsen und fähig ist, informierte Entscheidungen zu treffen, sollte frei sein, ohne jede Einmischung von außen seine eigene Version eines guten Lebens zu verfolgen. Sogar wenn ich mir durch meine Handlungen selber Schaden zufüge, ist das kein genügender Grund für eine staatliche Intervention. Ich kann mich zum Beispiel dafür entscheiden, meine körperliche Gesundheit zu vernachlässigen und zu einem Stubenhocker zu werden, und ich sollte frei sein, dies zu tun. Paternalismus, das heißt die Kontrolle über das, was andere Menschen tun, allein aus dem Grund, dass man besser weiß als sie, was gut für sie ist, ist nur gegenüber Kindern sowie denjenigen gerechtfertigt, die aufgrund einer Geisteskrankheit außerstande sind, verantwortliche Entscheidungen für sich selbst zu treffen. Mill glaubt außerdem, und dies ist etwas umstrittener, dass Paternalismus gegenüber «unzivilisierten» Völkern gerechtfertigt ist, die unfähig sind zu beurteilen, was am besten für sie ist. Wir Übrigen sollten aber völlige Freiheit haben, weil das die beste Methode ist, um die Gesamtmenge an Glück in der Welt zu vergrößern.

Verfasser

Obgleich *Über die Freiheit* immer als Werk John Stuart Mills bezeichnet wird, betont er selbst in der Einleitung zu dem Buch sowie in seiner Autobiographie, dass es in Wirklichkeit ein Gemeinschaftswerk von ihm und seiner Frau, Harriet Taylor, war, die starb, bevor es vollendet war. Philosophiehistoriker streiten über den Grad des Einflusses, den sie auf den Inhalt des Buchs insgesamt hatte, aber es ist klar, dass Mill sie als Koautorin ansah (obgleich er nicht so weit ging, ihren Namen auf dem Titelblatt aufzuführen).

Das Schädigungsprinzip

In seiner Autobiographie bezeichnet Mill *Über die Freiheit* als eine «Art Philosophielehrbuch mit einer einzigen Wahrheit»: Diese einzige Wahrheit wird gewöhnlich als das Schädigungsprinzip oder Freiheitsprinzip bezeichnet. Das ist die oben umrissene Idee, dass eine potentielle Schädigung anderer Menschen der einzige akzeptable Grund ist, mich daran zu hindern, alles zu tun, was ich will. Das ist etwas ganz anderes, als für unbeschränkte Freiheit zu argumentieren. Mill glaubte, das Leben in der Gesellschaft sei unmöglich, ohne der Freiheit *gewisse* Beschränkungen aufzuerlegen: Die Frage ist nur, wo man die Linie zwischen dem, was toleriert werden sollte und was nicht, ziehen muss.

Das Schädigungsprinzip wird durch Mills utilitaristische Grundüberzeugung untermauert, die Ansicht also, das richtige Handeln könne stets dadurch bestimmt werden, dass man seine Folgen abwägt: Das, was aller Wahrscheinlichkeit nach zum größten Glück führt, ist das moralisch richtige Tun (obgleich in Mills Berechnung nicht allen Arten von Glück gleiches Gewicht beigemessen wird). Mill argumentiert, wenn den Individuen die Möglichkeit gelassen wird, ihren eigenen Interessen zu folgen, profitiere schließlich die ganze Gesellschaft davon. Die Art von Leben, welche für mich am besten ist, kenne ich besser als andere Menschen. Selbst wenn ich mich darin täusche, ist es immer noch besser, wenn ich mich selbst dazu entscheide, als wenn ich gezwungen werde, die Auffassung anderer Menschen von einem guten Leben «von der Stange» zu akzeptieren. Mill glaubt, eine Situation, in der den Individuen erlaubt ist, eine Vielzahl unvereinbarer Lebensstile zu verfolgen, sei bei weitem besser als ein Zustand, in dem sie in eine Form sozialer Konformität hineingezwungen werden. Er ist Empirist und als solcher glaubt er, dass der Weg zur Wahrheit in den meisten Fragen über das Experiment führt. Nur indem man verschiedene Lösungen für die Probleme des menschlichen Daseins ausprobiert, wird eine Gesellschaft blühen und gedeihen; dies ist der Weg zur gesellschaftlichen Vervollkommnung. Er billigte «Experimente», um den Wert verschiedener Lebensformen praktisch auszuprobieren. Im Gegensatz dazu führe gedankenlose Konformität zu Stagnation und einer Verengung der Wahlmöglichkeiten, deren Ergebnis letztendlich Unglück und eine Beeinträchtigung des menschlichen Potentials ist. Wohlgemerkt, Mill argumentiert nicht, dass wir alle ein natürliches Recht auf Freiheit haben: Er glaubt nicht, dass die Idee natürlicher Rechte überhaupt sinnvoll ist. Aus Bequemlichkeit können wir über ein «Recht» auf Freiheit reden, aber für Mill muss dies immer in eine Generalisierung über das Verhalten übersetzbar sein, das mit der größten Wahrscheinlichkeit das Glück fördert. Die Strategien von *Über die Freiheit* beruhen also eher auf dem Utilitarismus als auf einer Theorie natürlicher Rechte.

Über die Freiheit ist zum Teil gegen die Versuche gerichtet, Gesetze zu erlassen, um Handlungen zwischen Homosexuellen einzuschränken (und infolgedessen hat diese Schrift in den letzten Jahren zur Unterstützung für eine Rechtsreform in Fragen wie Filmzensur und Homosexualität gedient). Aber sie richtet sich auch gegen das, was Mill die «Tyrannei der Mehrheit» nannte, die Art, wie gesellschaftliche Zwänge, die von den Ansichten der Mehrheit ausgehen, Menschen daran hindern können, mit verschiedenen Lebensformen zu experimentieren, obgleich es kein Gesetz gibt, das ihnen derartige Experimente verbietet. Wenn meine Nachbarn sich durch meine exzentrische Lebensweise gestört fühlen, selbst wenn nichts von dem, was ich tue, sie schädigt, können sie mir mein Leben sehr wohl unerträglich machen und mich dadurch faktisch hindern, die Freiheit, die ich innerhalb des Gesetzes habe, wahrzunehmen. Der soziale Druck zur Konformität kann, wie Mill glaubte, die Freiheit unterminieren und jeden auf die Ebene gedankenloser Mittelmäßigkeit herabdrücken, die letztendlich schlimmer für alle ist.

Dies macht einen Punkt sehr deutlich, den einige Leute, die Mills Schädigungsprinzip verwenden wollen, gerne ignorieren möchten, nämlich dass es noch keine Schädigung darstellt, bei anderen Menschen lediglich Anstoß zu erregen. Wenn sich jemand dadurch beleidigt fühlt, dass ich auf unkonventionelle Weise lebe, mit verschiedenen homosexuellen Partnern oder vielleicht als Nudist oder als Transvestit, dann stellt das noch keinen hinreichenden Grund dar, mich durch das Gesetz oder sozialen Druck zu zwingen, mich anders zu verhalten. Mills Prinzip wäre gänzlich unplausibel gewesen, wenn er zugelassen hätte, dass Anstoßnehmen als Schädigung zählt, da beinahe jeder Lebensstil bei dem einen oder anderen Anstoß erregt. Was Mill genau unter «Schädigung» versteht, ist nicht immer klar und war Gegenstand ausführlicher Diskussion; aber er verwirft ganz explizit die Idee, dass die Erregung von Ärgernis bei anderen als Schädigung zählen soll. Die Art von Toleranz, die Mill befürwortet, bedeutet nicht, dass man die exzentrischen Lebensentscheidungen anderer Leute billigen muss. Man hat das Recht, davon abgestoßen zu sein, wie andere leben. Man kann versuchen, sie dazu zu erziehen, bessere Entscheidungen zu treffen; und der Staat hat das Recht, Kindern ein Erziehungssystem aufzuerlegen, das die Wahrscheinlichkeit mindert, dass sie als Erwachsene ein selbstzerstörerisches Leben führen. Aber der Widerwille gegen die Art und Weise, wie andere Erwachsene sich entschieden haben zu leben, ist als solcher niemals genug, um eine Intervention zu rechtfertigen, die sie zwingt, sich anders zu verhalten. Es ist ein Zeichen einer zivilisierten Gesellschaft, dass sie Unterschiedlichkeit ertragen kann.

Mills Prinzip ist nicht als ein abstraktes philosophisches Ideal ohne Relevanz für das Leben gemeint. Er möchte die Welt verbessern. Zu diesem Zweck konzentriert er sich auf Anwendungen des Prinzips. Die wichtigste darunter ist seine Diskussion der Gedanken- und Diskussionsfreiheit, gewöhnlich als Redefreiheit bezeichnet.

Die Redefreiheit

Mill ist ein leidenschaftlicher Verteidiger der freien Rede. Er argumentiert, dass Denken, Sprechen und Schreiben überhaupt nur dann zensiert werden sollten, wenn sie eine klare Aufforderung zur Gewalt enthalten. Der Kontext, in dem Worte geäußert oder geschrieben werden, kann ihre Gefährlichkeit beeinflussen. Wie Mill darlegt, wäre es akzeptabel, in einer Zeitung die Ansicht abzudrucken, dass Getreidehändler die Armen aushungern. Aber wenn dieselben Worte vor einer erregten Menge ausgesprochen werden, die sich vor dem Haus eines Getreidehändlers versammelt hat, dann haben wir gute Gründe, den Redner zum Schweigen zu bringen. Das hohe Risiko, einen Aufruhr anzustacheln, würde die Intervention rechtfertigen. Heutige Debatten über Redefreiheit konzentrieren sich oft auf Pornographie oder Rassismus; für Mill, der im 19. Jahrhundert schrieb, war das Hauptproblem die schriftlich oder mündlich vorgetragene Kritik an orthodoxen Ansichten in Religion, Moral oder Politik. Er glaubt, dass ein größerer Schaden entsteht, wenn eine Ansicht unterdrückt wird, selbst wenn diese Ansicht falsch ist, als wenn man gestattet, sie frei zum Ausdruck zu bringen. In *Über die Freiheit* gibt er eine detaillierte Rechtfertigung dieser Haltung.

Wenn jemand eine kontroverse Meinung zum Ausdruck bringt, gibt es zwei grundlegende Möglichkeiten: dass die Ansicht wahr ist oder dass sie falsch ist. Außerdem gibt es eine weniger offensichtliche Möglichkeit: dass sie, obgleich falsch, ein Element der Wahrheit enthält. Mill erwog jede dieser Möglichkeiten. Wenn die Ansicht wahr ist, dann würde, falls sie unterdrückt wird, uns die Gelegenheit genommen, uns selbst vom Irrtum zu befreien. Mill nimmt an, dass Wahrheit besser ist als Falschheit. Wenn die Ansicht falsch ist, dann würde, falls man sie zum Schweigen bringt, ohne sie anzuhören, die Möglichkeit untergraben, eine öffentliche Widerlegung der Ansicht zu bieten, worin die Wahrheit in ihrer Kollision mit dem Irrtum als Siegerin erscheinen würde. So würde Mill zum Beispiel tolerieren, rassistische Meinungen zum Ausdruck zu bringen, vorausgesetzt, sie rufen nicht zu Gewalt auf, weil sie dann eine öffentliche Widerlegung erfahren und als falsch nachgewiesen werden können (mal angenommen, dass diese Ansichten tatsächlich falsch sind).

Wenn die zum Ausdruck gebrachte Ansicht ein Element der Wahrheit enthält, dann kann dadurch, dass man sie zum Schweigen bringt, verhindert werden, dass der wahre Bestandteil bekannt wird. So könnte etwa ein Rassist auf die Tatsache verweisen, dass Angehörige einer bestimmten ethnischen Gruppe die Schule im Durchschnitt mit schlechteren Zeugnissen verlassen als die Norm. Der Rassist könnte dies als Beweis dafür nehmen, dass die Angehörigen dieser ethnischen Gruppe minderwertig sind. Aber selbst wenn diese Ansicht sehr wahrscheinlich falsch ist, könnte das Beweismaterial eine gewisse Wahrheit enthalten: Die Wahrheit könnte hier sein, dass Angehörige dieser ethnischen Gruppe die Schule tatsächlich mit schlechteren Zeugnissen verlassen. Die wahre Erklärung des Beweismaterials könnte sein, dass sie durch das Erziehungssystem benachteiligt werden, nicht aber, dass sie von Natur aus minderwertiger sind. Mill glaubt, falls man die Meinungen zum Schweigen bringe, von deren Falschheit man überzeugt ist, laufe man Gefahr, die Tatsache zu übersehen, dass selbst falsche Meinungen Elemente von Wahrheit enthalten können.

Um eine Meinung zum Schweigen zu bringen, muss man von seiner eigenen Unfehlbarkeit überzeugt sein. Aber keiner von uns kann in dieser Hinsicht ein vollständiges Vertrauen haben. Kein Mensch ist gegen Fehler hinsichtlich dessen, was wahr ist, gefeit. Die Geschichte ist voll von Beispielen, dass die Wahrheit von Leuten unterdrückt wurde, die aufrichtig davon überzeugt waren, dass die unterdrückte Ansicht ein törichter Unsinn sei. Man denke nur an die Unterdrückung der Ansicht, dass sich die Erde um die Sonne bewegt und nicht umgekehrt, durch die Kirche. Galilei und seine Anhänger wurden für ihre Ansichten verfolgt; ihre Verfolger waren überzeugt, dass ihre eigenen Ansichten richtig waren.

Aber sind nicht vielleicht doch Zensoren gerechtfertigt, wenn sie ihre Urteile auf die Wahrscheinlichkeit gründen? Vielleicht sind sie nicht unfehlbar, aber in einigen Fällen können sie doch gewiss beinahe sicher sein, dass sie Recht haben? Es gibt sehr wenige Fragen, über die wir absolute Gewissheit erlangen können: Würde eine Forderung nach Gewissheit uns nicht lähmen? Mills Antwort darauf ist, dass einer der Hauptwege, auf dem wir Vertrauen in unsere eigenen Urteile gewinnen können, darin besteht, anderen die Freiheit einzuräumen, uns zu widersprechen. Wir können einer Ansicht, die eine scharfe Untersuchung und Kritik überlebt hat, mehr vertrauen als einer, die niemals in Frage gestellt worden ist. Außerdem, selbst wenn eine Ansicht offensichtlich wahr ist, so hält doch der Akt, sie gegen falsche Ansichten zu verteidigen, die wahre Ansicht lebendig, und verhindert, dass sie zu einem toten Dogma wird, das außerstande ist, irgendjemand zu einer Handlung zu bewegen.

Wenn eine Ansicht weder gänzlich wahr noch gänzlich falsch ist, werden wir, wenn wir sie zum Schweigen bringen, Gefahr laufen, zusammen mit dem falschen Teil auch das Element über

Bord zu werfen, das wahr ist. Vielleicht geht das wahre Element niemals in die öffentliche Diskussion ein, wodurch dann die Sache der Wahrheit im Namen der Unterdrückung von Falschheiten einen Rückschritt erleidet.

Kritik an Mills *Über die Freiheit*

Religiöse Einwände

Trotz der Tatsache, dass Mill bestrebt war, religiöse Toleranz zu fördern, werden seine Ansichten über die Freiheit manchmal aus religiösen Gründen angegriffen.

Einige Religionen lehren, es sei Teil der Rolle des Staats, den gottgegebenen Moralkodex durchzusetzen. Für Angehörige solcher Religionen ist es unter Umständen unvorstellbar, sie könnten über ihre religiösen Pflichten im Irrtum sein. Wenn jemand zum Beispiel einer Religion angehört, welche jede homosexuelle Betätigung zur Sünde erklärt, und diese Religion die offizielle Staatsreligion ist, dann glaubt man vielleicht, dass der Staat alle homosexuelle Aktivität verbieten sollte, trotz der Tatsache, dass sie keinem einen direkten Schaden zufügt. Vielleicht hält man es für irrelevant, ob ein solches Verbot zum Glück beitragen würde oder nicht. Im Gegensatz dazu würde Mill argumentieren, dass, *gerade weil* dieses Verbot dazu tendieren würde, das Glück zu mindern und das menschliche Potential einzuschränken, es nicht durchgesetzt werden sollte. Die beiden Ansichten stehen in einem derartigen direkten Widerspruch zueinander, dass es zwischen ihnen keinen erkennbaren Kompromiss geben kann.

Unbestimmter Begriff von Schädigung

Das Schädigungsprinzip stellt den Kern von *Über die Freiheit*, aber Mill ist in der Frage, was er unter Schädigung versteht, nicht sehr bestimmt. Er schließt das Gefühl der Beleidigung aus, es zählt nicht als Schädigung. Aber an einem Punkt in seinem

Buch räumt er ein, dass einige Handlungen, die im Privaten zulässig und harmlos sind (vermutlich denkt er an sexuelle Akte), in der Öffentlichkeit verhindert werden sollten. Das scheint zu dem in Widerspruch zu stehen, was er an anderer Stelle in dem Buch sagt, denn er argumentiert ja, dass nur dann, wenn eine Handlung Schaden verursacht, eine Intervention gerechtfertigt ist. Und in dem erwähnten Beispiel wäre der einzig mögliche Schaden, der hier eintreten kann, dass Teile der Öffentlichkeit sie anstößig finden. Darüber hinaus ist es nicht klar, selbst bei physischem Schaden, welche Schwelle die Schädigung erreicht haben muss, bevor eine Intervention gerechtfertigt ist.

Zu Mills Verteidigung: *Über die Freiheit* sollte nicht als das letzte Wort zu diesem Thema dienen.

Private Immoralität schädigt die Gesellschaft

Eine angebliche Rechtfertigung staatlicher Intervention, um einige Aktivitäten zu verhindern, die im Privaten vor sich gehen und keinem schaden oder allenfalls nur erwachsenen Teilnehmern, die ihre Zustimmung gegeben haben, lautet, dass eine Gesellschaft nur dank gemeinsamer Moralprinzipien bestehen kann. Wenn diese Prinzipien untergraben werden, sei es öffentlich oder privat, dann kann der Fortbestand der Gesellschaft bedroht sein. Deshalb kann für den Erhalt der Gesellschaft, die die Basis der Möglichkeit individuellen Glücks ist, eine Intervention nötig sein.

Die Annahme, auf der diese letzte Art von Kritik beruht, ist umstritten. Es gibt hinreichend viele Belege dafür, dass Gesellschaften moralische Vielfalt ertragen können, ohne zu zerfallen.

Nicht utilitaristisch

Mill ist hinsichtlich der theoretischen Rechtfertigung der Lehren von *Über die Freiheit* explizit: Die letzte Rechtfertigung für das Schädigungsprinzip bietet der Utilitarismus. Aber eine Anzahl von Kritikern haben darauf hingewiesen, dass Mill zeitweilig zu argumentieren scheint, die Freiheit habe einen Wert *an sich*, ob sie nun zum Gesamtglück beiträgt oder nicht. Ein Wert an sich wird gewöhnlich mit einem *instrumentellen* Wert kontrastiert. Ein Wert an sich ist der Wert, den etwas an sich selbst und nicht für anderes hat; ein instrumenteller Wert ist der Wert, den etwas hat, weil es verwendet werden kann, um etwas anderes zu erlangen (zum Beispiel hat Geld einen instrumentellen Wert, weil sein Wert für uns in seinem Nutzen liegt, nicht in den Münzen oder Scheinen selbst). Ein Utilitarist glaubt, das einzige Ding, das einen Wert an sich hat, sei das menschliche Glück: Alles andere, das von Wert ist, habe instrumentellen Wert für die Erzeugung von menschlichem Glück. Folglich würden wir von einem Utilitaristen erwarten, dass für ihn der einzige Wert, der in der Freiheit liegt, darin besteht, dass sie zum Glück beiträgt. Aber eine solche Ansicht führt nicht offensichtlich zu Mills Schlussfolgerung, wir sollten die individuelle Freiheit immer erhalten außer in den Fällen, wo zu erwarten steht, dass andere geschädigt werden. Tatsächlich könnte ein strikter Utilitarist behaupten, dass es zum Beispiel hinsichtlich der Redefreiheit in bestimmten spezifischen Fällen gute Gründe geben kann, einige wahre Ansichten zum Schweigen zu bringen, weil auf diese Weise das Glück vergrößert werden würde. Wenn ich zuverlässige Information darüber habe, dass die gesamte Menschheit von einem Kometen vernichtet wird, der in den nächsten Wochen mit unserem Planeten zusammenstoßen wird, dann gibt es gute utilitaristische Gründe, meine Redefreiheit zu unterdrücken. Wenn allgemein bekannt würde, dass unsere Spezies kurz davor steht, ausgelöscht zu werden, dann ist es ziemlich offensichtlich, dass die Gesamtmenge des menschlichen Unglücks, verglichen mit einem Zustand seliger Unwissenheit, signifikant steigen würde.

Mill äußert die Ansicht, dass die Redefreiheit immer zum Besten ausschlägt, außer in einer Situation, wo die ernsthafte Gefahr besteht, dass eine direkte Schädigung das Ergebnis ist. Es ist nicht offensichtlich, dass der Utilitarismus eine theoretische Rechtfertigung für eine derartig starke Position bietet.

Diese Art von Einwand unterminiert nicht notwendig Mills Schlussfolgerungen, sondern weist nur einfach auf die Tatsache hin, dass er keine überzeugende *utilitaristische* Rechtfertigung für sie geliefert hat.

Überoptimistisch

Viele der Ansichten Mills über die Freiheit und ihre Konsequenzen sind optimistisch, einige vielleicht sogar überoptimistisch. Zum Beispiel nimmt er an, dass Erwachsene im Allgemeinen selbst am besten wissen, was aller Wahrscheinlichkeit nach ihr Glück fördert. Aber ist das so offensichtlich der Fall? Viele von uns sind Experten im Selbstbetrug, und wir lassen uns nur allzu leicht zu einer kurzfristigen Befriedigung auf Kosten der Chance zu einem langfristigen Glück verführen. Wir erzählen uns selbst Geschichten über Dinge, die unser Leben zum Guten wenden, die sich aber bei nüchterner Überlegung oft nur als bequeme Fiktionen herausstellen. Wenn dies so ist, ist es möglich, dass jemand anders, der nicht so in die Materie verwickelt ist, vielleicht viel besser geeignet ist einzuschätzen, wie ich leben sollte. Aber alle Vorteile, die sich daraus ergeben könnten, dass andere Leute bestimmen, wie ich lebe, müssen mit dem begleitenden Verlust meiner eigenen Selbstbestimmung konfrontiert werden.

Ein weiteres Gebiet, wo Mill vielleicht überoptimistisch ist, ist das der Redefreiheit. Er nimmt an, dass in der Kollision zwischen Wahrheit und Irrtum die Wahrheit triumphiert. Aber das muss nicht der Fall sein. Er unterschätzt die Kraft der Irrationalität im menschlichen Leben. Viele von uns sind stark motiviert, Dinge zu glauben, die nicht wahr sind. Wenn man zulässt, dass falsche Ansichten frei zirkulieren, erlaubt man vielleicht, dass sie unter Leichtgläubigen stärker Wurzel fassen als wenn sie zum Schweigen gebracht worden wären. Auch haben Veränderungen der Technologie zu einer immer weiteren Verbreitung von Ansichten geführt. Es gibt keinerlei Beweis, dass es unter den vielfältigen und weit verbreiteten Meinungen eine starke

Tendenz gegeben hat, dass die Wahrheit über den Irrtum triumphiert. Unter diesen Umständen könnten einige Leute glauben, dass es gute Gründe für eine Zensur gibt. Aber jeder potentielle Zensor muss sich Mills Einwand stellen, dass die Unterdrückung anderer Meinungen voraussetzt, dass man sich selbst für unfehlbar hält und die wohltätigen Wirkungen der Unterdrückung der fremden Ansicht die schädlichen überwiegen.

Positive Freiheit

Gelegentlich wird gegen Mills Theorie der Freiheit eingewendet, er habe dadurch, dass er sich auf die Freiheit von Einmischung konzentriert hat und sich für Toleranz ausspricht, einen viel wichtigeren Sinn des Ausdrucks «Freiheit» verfehlt. Mill gebe eine Darstellung der so genannten *negativen* Freiheit oder der Freiheit *von*; was man brauche, ist nach Ansicht einiger seiner Kritiker eine Darstellung der *positiven* Freiheit oder der Freiheit *zu*. Die Verteidiger der positiven Freiheit argumentieren, da die Gesellschaft unvollkommen sei, reiche es nicht aus, den Leuten einfach die Möglichkeit einzuräumen, ihr eigenes Leben zu leben, um ihnen auch die Freiheit zu garantieren. Es gebe zahlreiche Hindernisse für die Erlangung von Freiheit, vom Mangel an materiellen und Bildungsmitteln bis zu psychologischen Hindernissen für einen Erfolg. Diejenigen, die für den positiven Sinn von Freiheit argumentieren, glauben, dass Menschen, um ihr Potential als Mensch zu erfüllen und dadurch wirklich frei zu sein, unter Umständen aller Arten von staatlicher Intervention bedürfen, und dass dies zuzeiten dazu führen könne, dass der Tätigkeitsbereich der Individuen eingeschränkt wird, obgleich ihre Handlungen andere nicht direkt schädigen. Einige der extremeren Verteidiger der positiven Freiheit glauben sogar, es sei akzeptabel, Menschen dazu zu zwingen, frei zu sein, und in dieser Vorstellung sei kein Widerspruch enthalten. Im Gegensatz dazu kann man in Mills Terminologie etwas definitionsgemäß nicht frei getan haben, wenn man dazu gezwungen wird.

Daten

1806 geboren in London
1859 veröffentlicht *Über die Freiheit*
1863 veröffentlicht *Der Utilitarismus*
1873 stirbt in Avignon, Frankreich

Weitere Lektüre

F. Fellmann, *John Stuart Mill*, in: Geschichte der Philosophie im 19. Jahrhundert, Reinbek bei Hamburg 1996, S. 38 ff.

B. Gräfrath, *John Stuart Mill «Über die Freiheit». Ein einführender Kommentar*, Paderborn / München / Zürich / Wien 1992

Herbert Jacobs, *Rechtsphilosophie und politische Philosophie bei J. St. Mill*, Bonn 1965

Lutz Rössner, *J. Stuart Mill*, in: Speck (Hg.), Grundprobleme der großen Philosophen, Philosophie der Neuzeit V, S. 31 bis 67, Göttingen 1991

Zu Details von Mills Leben siehe J. Gaulke, *John Stuart Mill*, Reinbek bei Hamburg 1996 und Mills lesenswerte Autobiographie (zuerst veröffentlicht 1873, dt. Übersetzung v. Carl Kolb, Stuttgart [o. J.]).

14. John Stuart Mill: *Der Utilitarismus*

Das Glück maximieren. Das ist zwar eine Karikatur des Utilitarismus, aber sie erfasst doch etwas Wahres und Zentrales dieser Theorie. John Stuart Mill ist der bekannteste utilitaristische Philosoph; in seinem Buch *Der Utilitarismus* entwickelt und verfeinert er die gröbere Version dieser Theorie, die von seinem Lehrer Jeremy Bentham stammte. Um Mills Ansatz zu verstehen, ist es wichtig zu sehen, wie er sich von dem Benthams unterscheidet.

Benthams Utilitarismus

Für Bentham ist die moralisch richtige Handlung stets diejenige, die dazu tendiert, das Gesamtglück zu maximieren. Er begreift Glück als einen seligen Geisteszustand: als Lust und Abwesenheit von Schmerz. Je mehr es davon in der Welt gibt, umso besser. Es spielt keine Rolle, wie die Lust erzeugt wird: Bentham hat bekanntlich erklärt, wenn Kegeln und Poesie gleich lustvoll sind, sind sie auch gleich gut. Jedes Individuum zählt bei der Berechnung, wie viel Lust durch eine Handlung erzeugt wird, gleich viel, und die Gesamtheit lustvoller Zustände wird summiert, um zu bestimmen, wie wir handeln sollten. Das ist Utilitarismus in seiner direktesten Form.

Wenn also zum Beispiel ein Utilitarist entscheiden wollte, ob er sein Geld einem armen Verwandten hinterlassen oder es zwischen zwanzig einigermaßen begüterten Freunden aufteilen soll, würde er berechnen, wie viel Gesamtglück in den beiden Fällen produziert werden würde. Obgleich die Erbschaft den armen Verwandten sehr glücklich machen könnte, könnte die Gesamtsumme an Glück trotzdem geringer sein, als wenn zwanzig mäßig begüterte Freunde mäßig glücklich gemacht würden. Wenn das wahr wäre, sollte er das Geld eher den Freunden als dem Verwandten hinterlassen.

Mill teilte viele der Überzeugungen Benthams. Mills Prinzip des größten Glücks der größten Zahl ist zum Beispiel einfach dies: «Handlungen sind insoweit und in dem Maße moralisch richtig, als sie die Tendenz haben, Glück zu befördern, und insoweit moralisch falsch, als sie die Tendenz haben, das Gegenteil von Glück zu bewirken.» Bentham wie Mill waren Hedonisten in dem Sinn, dass ihr Ansatz in der Ethik auf dem Streben nach Lust beruhte (freilich nicht nur auf dem Streben nach der eigenen Lust der Individuen, sondern auf dem Streben nach der größten Gesamtlust). Nach Auffassung beider Philosophen müssen Handlungen nach ihren wahrscheinlichen Konsequenzen beurteilt werden, nicht nach irgendeinem religiösen Kodex bindender Prinzipien, die ohne Rücksicht auf die sich ergebenden Konsequenzen befolgt werden müssen.

Die Wendung «das größte Glück der größten Zahl» wird manchmal verwendet, um den utilitaristischen Ansatz in der Ethik zu beschreiben, aber das kann irreführend sein. Bentham wie Mill waren vor allem an der Erzielung des größten Gesamtglücks interessiert (das heißt, der größten Gesamtsumme an Lust), gleichgültig, wie dieses Glück verteilt ist. Es wäre mit diesem Ansatz vereinbar gewesen zu glauben, es wäre besser, einige Leute extrem glücklich zu machen als eine größere Anzahl ein bisschen glücklicher, vorausgesetzt, dass die Summe an Glück im ersten Fall größer wäre als die Summe im zweiten.

Mills Utilitarismus unterscheidet sich von dem Benthams insofern, als er eine sorgfältiger durchdachte Theorie des Glücks gibt. Für Mill gibt es qualitativ verschiedene Arten von Lust: höhere und niedrigere. Bentham dagegen behandelt alle Lust als gleich.

Mill über höhere und niedrigere Lust

Eine weit verbreitete Kritik an den einfachen Versionen des Utilitarismus, wie der Benthams, lautet, dass sie die Subtilitäten des menschlichen Lebens auf eine öde Kalkulation animalischer Lust reduziere, ohne jede Rücksicht darauf, wie diese Lust produziert werde. Utilitarismus dieser Art wurde als Lehre, die nur für Schweine taugt, verspottet.

Mill begegnet solchen Einwänden mit seiner Unterscheidung zwischen höherer und niedrigerer Lust. Wie er es ausdrückt, ist es besser, ein unzufriedener Mensch als ein zufriedenes Schwein, und besser, ein unzufriedener Sokrates als ein zufriedener Dummkopf zu sein. Menschen sind ebenso zu intellektuellen wie zu rohen physischen Vergnügungen fähig; Schweine kennen keine intellektuellen Vergnügungen. Mill argumentiert, die intellektuellen Freuden, die er die höheren Vergnügen nennt, seien an sich wertvoller als die niedrigeren physischer Art. Er begründet das mit dem Argument, diejenigen, die beide Arten von Lust kennen, würden gewiss die intellektuelle vorziehen. Es bleibt die unangenehme Tatsache, dass einige Leute, die imstande sind, sublime intellektuelle Vergnügungen zu erfahren, sich selbst einem Leben der Ausschweifung und sinnlichen Befriedigung hingeben. Seine Antwort auf diese Art von Fall ist, dass sie durch die Versuchungen der unmittelbaren sinnlichen Befriedigung irregeführt worden sind; sie wissen sehr wohl, dass die höheren Vergnügungen lohnender sind.

Der «Beweis» des Utilitarismus

Hier stellt sich offensichtlich die Frage: «Warum das Glück maximieren?» Mills Antwort ist kontrovers, obgleich er selbst niemals behauptet hat, sie liefere eine schlüssige Rechtfertigung seiner Theorie: Er glaubt nicht, dass die Wahrheit einer Theorie wie des Utilitarismus bewiesen werden kann.

Glück, sagt er, wird als ein Ziel an sich erstrebt. Das letzte Ziel aller menschlichen Tätigkeit ist Glück und Vermeidung von Schmerz. Alles, was sonst noch wünschenswert ist, ist wünschenswert, weil es zu einem solchen Leben beiträgt. Wenn man sein Leben damit zubringt, schöne Kunstwerke zu sammeln, dann ist diese Tätigkeit eine bestimmte Art, sich Lust zu verschaffen. Würde jemand zum Beispiel gegen Mill einwenden, er verfolge Tugend als ein Ziel an sich selbst, unabhängig von jedem Glück, das daraus entstehen könnte, würde Mill ihm antworten, dass die Tugend ein Bestandteil seines glücklichen Lebens sei; sie werde zu einem Teil seines Glücks.

Das Prinzip des größten Glücks der größten Zahl beinhaltet, dass das Ziel oder der Zweck allen menschlichen Lebens das Glück und die Vermeidung von Schmerz ist. Dies sind die einzigen Dinge, die als Ziele wünschenswert sind; alles sonstige Erstrebenswerte ist nur als Mittel zu diesen Zielen erstrebenswert. Deshalb ist die Frage «Warum das Glück maximieren?» einfach nur eine Frage danach, was das Glück erstrebenswert macht. Mill beruft sich auf eine Analogie, um diese Frage zu beantworten. Die einzige Art und Weise, wie wir beweisen können, dass ein Objekt sichtbar ist, besteht darin nachzuweisen, dass die Leute es wirklich sehen können. Analog, behauptet er, bestehe der einzige Beweis, den wir dafür geben können, dass Glück wünschenswert ist, darin, dass die Leute es tatsächlich wünschen. Jede Person findet ihr eigenes Glück wünschenswert, infolgedessen ist allgemeines Glück die Summe des individuellen Glücks und selbst erstrebenswert.

Kritik des Utilitarismus

Der «Beweis» beruht auf schlechten Argumenten

Mills Versuch, die Überzeugung zu rechtfertigen, wir sollten das Glück maximieren, beruht auf unzulänglichen Argumenten. Auf die meisten von ihnen hat Henry Sidgwick aufmerksam gemacht. Erstens, der Schritt von dem, was sichtbar ist, zu dem, was wünschenswert ist, ist irreführend. Mill unterstellt folgende Parallele: Wir können sagen, was sichtbar ist, indem wir identifizieren, was gesehen wird; also können wir sagen, was erstrebenswert ist, indem wir identifizieren, was die Leute wirklich erstreben. Aber bei genauerem Zusehen ist die Analogie zwischen «sichtbar» und «erstrebenswert» ungültig. «Sichtbar» bedeutet: kann gesehen werden, aber «erstrebenswert» bedeutet gewöhnlich nicht «kann erstrebt werden»; gewöhnlich bedeutet es «sollte erstrebt werden» oder «ist es wert, erstrebt zu werden», und das ist ganz gewiss der Sinn, in dem Mill es in seinem Argument gebraucht. Sobald die Schwäche der Analogie zwischen den beiden Wörtern einmal aufgedeckt ist, ist nur noch schwer zu sehen, wie die Beschreibung dessen, was die Leute wirklich erstreben, uns irgendetwas darüber enthüllen sollte, was sie erstreben *sollen*.

Aber selbst wenn Mill bewiesen hätte, dass Glück im angemessenen Sinn erstrebenswert ist, würde dies logisch zu einer Form von Egoismus führen, insofern jede Person ihr eigenes Glück verfolgt, statt zum wohlwollenderen Ansatz des Utilitarismus, der das größtmögliche Glück zu seinem Ziel macht. Mill glaubt, weil jeder Einzelne sein Glück wünsche, könne die Gesamtsumme der individuellen Glückseligkeiten einfach addiert werden, um ein Aggregat zu ergeben, das dann selber wünschenswert wäre. Aber das folgt überhaupt nicht. Er braucht ein weit stärkeres Argument, um zu beweisen, dass wir das allgemeine Glück und nicht nur einfach unser eigenes individuelles Glück erstreben sollten.

Schwierigkeiten der Berechnung

Selbst wenn Mill bewiesen hätte, dass es gute Gründe dafür gibt, einem utilitaristischen Ansatz in der Ethik zu folgen, so bestehen immer noch einige Einwände gegen die Theorie und ihre Anwendung, die er entkräften müsste. Eine der praktischen Schwierigkeiten besteht darin zu berechnen, bei welcher der vielen möglichen Handlungen die größte Wahrscheinlichkeit besteht, dass sie das größte Gesamtglück produziert. Dies könnte ein besonders quälendes Problem sein, wenn man eine moralische Entscheidung sehr schnell treffen muss – zum Beispiel, wenn man vor einem Dilemma steht, wen man aus einem brennenden Gebäude retten soll, vorausgesetzt, man kann nur eine Person retten und es sind drei Leute innen gefangen. In einer solchen Situation hätte man gar nicht die Zeit, sich hinzusetzen und die wahrscheinlichen Konsequenzen zu berechnen.

Auf diese Art von Einwand war Mills Antwort, dass die Menschheit während ihrer gesamten Geschichte aus ihrer Erfahrung gelernt hat, wie verschiedene Arten von Handlung wahrscheinlich verlaufen. Die Lösung besteht darin, einige allgemeine Prinzipien zu liefern, welche Arten von Handlungen die Tendenz zeigen, das Glück zu maximieren, statt jedes Mal, wenn man mit einer moralischen Entscheidung konfrontiert ist, auf das Prinzip des größten Glücks der größten Zahl zurückzugreifen. Mill ist deshalb der Ansicht, eine rationale Lebensauffassung führe dazu, solche allgemeinen Prinzipien zu übernehmen statt ständig mögliche Konsequenzen zu berechnen. Folglich kennt sein Utilitarismus zwei Stufen: Die Ableitung der allgemeinen Prinzipien aus utilitaristischen Gründen und dann die Anwendung dieser Prinzipien auf besondere Fälle.

Höhere / niedrigere Lust

Mills Einteilung der Lüste in zwei Kategorien schafft Probleme verschiedener Art. Die Tatsache, dass diese Vergnügungen eher von verschiedener Art als einfach nur von verschiedenem Grad sind, macht die Berechnung und den Vergleich der Folgen von Handlungen weit komplexer. Höhere und niedrigere Vergnügen sind inkommensurabel: Das heißt, es gibt kein gemeinsames Maß, mit dem beide gemessen und verglichen werden können. So ist es völlig unklar, wie wir Mills Version des Utilitarismus unter Umständen anwenden sollen, wo sowohl höhere wie niedere Lüste in die Berechnung eingehen.

Darüber hinaus sieht die Unterscheidung von höherer und niederer Lust wie ein Selbstbedienungsladen aus. Es ist nicht überraschend, dass ein Intellektueller die Idee verteidigt, intellektuelle Aktivität führe zu einer befriedigenderen Art von Lust als die lediglich physische. Das an sich beweist freilich nicht, dass die Theorie falsch ist; es verweist nur einfach auf die Tatsache, dass Mill ein Sonderinteresse daran gehabt haben kann, dass die intellektuellen Lüste an sich wertvoller sind als andere.

Unannehmbare Konsequenzen

Die strikte Anwendung utilitaristischer Prinzipien hat in einigen Fällen Konsequenzen, die unannehmbar erscheinen. Wenn zum Beispiel ein grauenhafter Mord stattgefunden und die Polizei einen Verdächtigen hätte, von dem sie aber weiß, dass er den Mord nicht begangen hat, könnte es trotzdem utilitaristische Gründe geben, ihm den Mord anzuhängen und ihn entsprechend zu bestrafen. Vermutlich wäre der größte Teil der Öffentlichkeit sehr glücklich, dass der Schuldige ausfindig gemacht und bestraft worden ist; sie würden so lange glücklich bleiben, wie keiner herausfindet, dass er in Wirklichkeit unschuldig ist. Das Leid des Unschuldigen wäre für diesen selbst zwar groß, aber in der Berechnung der Konsequenzen würde es bei weitem von der Summe der Lust überwogen, die viele Millionen Menschen empfänden, wenn sie sehen, was sie für das Walten der Gerechtigkeit halten. Trotzdem wäre diese Konsequenz der utilitaristischen Moral für die meisten von uns unannehmbar: Wir sind intuitiv überzeugt, dass die Bestrafung von Unschuldigen ungerecht ist und nicht erlaubt sein sollte, welche segensreichen Konsequenzen diese Praxis auch immer haben mag.

Eine Reaktion auf diese Art von Kritik besteht darin, den Utilitarismus zum so genannten Regel-Utilitarismus abzuwandeln. Hier sind generelle Prinzipien des Verhaltens aus utilitaristischen Gründen ausgearbeitet, etwa, dass im Allgemeinen die Bestrafung Unschuldiger mehr Unglück als Glück erzeugt.

Diese allgemeinen Prinzipien werden dann selbst in den weni
gen Sonderfällen beibehalten, in denen zum Beispiel die Bestra
fung eines Unschuldigen tatsächlich die größte Summe von
Glück hervorbringen würde, die unter den verfügbaren Optio
nen möglich ist. Einige Autoren haben behauptet, Mill sei selbs
Regelutilitarist gewesen. Aber die Äußerungen Mills zur Aus
arbeitung allgemeiner Verhaltensrichtlinien vor dem Eintreten
von Situationen, in denen schnelles Handeln (statt einer Kalku
lation) gefordert ist, sollten wohl nur dazu dienen, Faustregeln
bzw. Verallgemeinerungen zu formulieren, die in besonderen
Fällen auch einmal ignoriert werden können und die keine bin
denden Verhaltensprinzipien sind.

Daten

Siehe voriges Kapitel

Weitere Lektüre

O. Höffe (Hg.), *Einführung in die utilitaristische Ethik*, Mün chen 1975

O. Höffe, *Ethik und Politik*, Frankfurt am Main 1979, Kap. 4 S. 120ff.

N. Hoerster, *Utilitaristische Ethik und Verallgemeinerung* Freiburg 1977

J.-C. Wolf, *John Stuart Mills «Utilitarismus». Ein kritische Kommentar*, Freiburg/München 1992

15. Søren Kierkegaard: *Entweder/Oder*

Entweder/Oder gleicht eher einem Roman als einer philosophischen Abhandlung. Und wie die meisten Romane widersetzt es sich einer Paraphrase. Nichtsdestoweniger ist das zentrale Anliegen des Buchs klar: Es ist die von Aristoteles gestellte Frage «Wie sollen wir leben?» Kierkegaards Antwort auf diese Frage ist indirekt genug, um einen breiten Schweif widersprüchlicher und gelegentlich verwirrender Interpretationen hinter sich herzuziehen. Zumindest auf der Oberfläche untersucht sie zwei fundamental verschiedene Lebensanschauungen, die ästhetische und die ethische. Aber dies geschieht von innen: Die Ansichten werden nicht referiert, sondern eher durch zwei Charaktere zum Ausdruck gebracht, die die fiktiven Autoren des Werks sind.

Pseudonymer Autor

Kierkegaards Schriftstellerei hat eine spielerische Qualität. Ein Aspekt dieses Spielerischen ist seine Verwendung von Pseudonymen für den Autor: Es ist nicht einfach so, dass Kierkegaard unter einer Reihe von Pseudonymen schreibt; er schafft vielmehr fiktive, von seinem eigenen unterschiedene Charaktere, mit deren Stimme er spricht.

Der Ton von *Entweder/Oder* wird im Vorwort angegeben. Der Erzähler, der Victor Eremita genannt wird, berichtet, wie er in den Besitz der Manuskripte gelangte, die in *Entweder/Oder* veröffentlicht werden. Er hatte einen Schreibtisch aus zweiter Hand gekauft, einen Sekretär, den er schon lange in einem Schaufenster bewundert hatte. Eines Tages, gerade als er einen Ausflug aufs Land unternehmen wollte, klemmte eine Schublade des Schreibtischs. Verzweifelt versetzte er dem Sekretär einen Schlag mit einem Handbeil und ein Geheimfach sprang auf, das eine Menge Papiere enthüllte. Diese Papiere, die von zwei Leuten geschrieben waren, die er «A» und «B» nennt, ordnete er, so gut es eben ging, und veröffentlichte sie. Es zeigt sich, dass B ein Gerichtsrat mit dem Namen Wilhelm ist; die Identität von A lernen wir niemals kennen. Diese Geschichte ist natürlich eine Fiktion und A und B sind fiktive Charaktere. Die Geschichte des Sekretärs bietet eine Metapher für ein zentrales Thema des Buchs: die Diskrepanz zwischen Erscheinung und Realität oder, wie Kierkegaard es gewöhnlich ausdrückt, «das Innere ist nicht das Äußere».

Die Technik, pseudonyme Autoren zu verwenden, erlaubt Kierkegaard, sich selbst von den Ansichten, die in dem Buch erkundet und ausgedrückt werden, zu distanzieren und seine eigene Position hinter der seiner Charaktere zu verbergen. Aber sie erlaubt ihm auch, ins Innere der verschiedenen Positionen, die er heraufbeschwört, einzudringen; sie vom Gesichtspunkt des Innenlebens der imaginierten Individuen aus zu untersuchen statt mittels der kühlen Abstraktionen, welche Philosophen normalerweise verwenden. Dies ist ein Aspekt von Kierkegaards Methode der indirekten Kommunikation: ein reflektierter Versuch, Wahrheiten über lebendige Menschen zu vermitteln, indem Aspekte ihres Lebens gezeigt werden, statt sie mit abstrakten und unpersönlichen Begriffen zu beschreiben.

Entweder

Der erste Teil des Buchs, *Entweder*, ist der Teil, der am häufigsten gelesen wird. Die meisten Leser finden As Schrift interessanter und abwechslungsreicher als den soliden, etwas schwerfälligen Abschnitt, der von B stammt. Nur sehr wenige von denen, die

Entweder genießen, machen sich die Mühe, sich durch jede Seite von *Oder* hindurchzukämpfen, selbst in den Kurzfassungen, in denen es gewöhnlich erscheint. Nichtsdestoweniger bieten einige Teile von *Oder* einen detaillierten, wenn auch tendenziösen Kommentar zu As Einstellung zum Leben, der ästhetischen Einstellung, während sie Bs eigene Einstellung, die ethische, verteidigen. As Schrift bietet keine direkte Beschreibung seiner Lebenseinstellung; sie exemplifiziert diese eher durch sein Anliegen und seinen Stil.

Die ästhetische Lebensanschauung

Einfach ausgedrückt liegt der ästhetischen Lebensanschauung die hedonistische Suche nach sinnlicher Lust zugrunde. Aber das charakterisiert Kierkegaards Verwendung dieses Ausdrucks nicht angemessen, da es ein rohes Verlangen nach physischer Befriedigung nahe legt; während die ästhetische Einstellung für Kierkegaard die raffiniertere Lustsuche des intellektuellen Ästhetikers einschließt. Die Freuden des Ästhetikers können aus der Betrachtung der Schönheit und der raffinierten Würdigung von Kunstwerken stammen; oder sie können Freude an der sadistischen Ausübung von Macht einschließen, eine Haltung, die sich in dem Abschnitt von *Entweder*, der den Titel «Das Tagebuch des Verführers» trägt, zeigt. Alle diese Freuden werden von A gesucht.

Für Kierkegaard beinhaltet die ästhetische Einstellung zum Leben eine ruhelose Suche nach immer neuen Freuden, da Langeweile das Schlimmste ist, was jemandem geschehen kann, der diese Lebensform wählt. Langeweile ist für den Ästhetiker die Wurzel allen Übels. Deshalb schlägt A eine nur halb ernst gemeinte Strategie für die Vermeidung von Langeweile vor, die er scherzhaft «Wechselwirtschaft» nennt.

Wechselwirtschaft

Wechselwirtschaft beinhaltet eine willkürliche Veränderung der Einstellung zum Leben oder zu all dem, worin man gerade verwickelt ist. Wie die Methode, mittels derer Bauern die Nährstoffe des Bodens wieder auffüllen, soll die willkürliche Veränderung des Gesichtspunkts das Individuum wieder auffüllen und helfen, die Langeweile fern zu halten. As Beispiel ist der Fall, dass man einem Langweiler zuhören muss: Sobald A angefangen hat, sich auf die Schweißtropfen zu konzentrieren, die an der Nase des Langweilers herabrinnen, hört der Langweiler auf, langweilig zu sein. An diesem Punkt scheint Kierkegaard in seiner Feier der willkürlichen und perversen Einstellungen zum Leben die Saat des Surrealismus zu legen: Er schlägt vor, einfach gleich in die Mitte eines Dramas zu gehen oder nur den dritten Teil eines Buchs zu lesen und auf diese Weise einen neuen und potentiell anregenden Blickwinkel auf das zu erhalten, was sonst langweilig sein könnte.

Die ruhelose Veränderung von Themen und Stilen in den Essays, die *Entweder* ausmachen, reflektiert die konstante Suche nach neuer Anregung, die charakteristisch für die ästhetische Lebensanschauung ist. Dies ist am offensichtlichsten in dem Abschnitt am Anfang, der *Diapsalmata* überschrieben ist (griechisch für Zwischenspiel oder Kehrreim), der aus einer Reihe von fragmentarischen Kommentaren und Aphorismen besteht. Andere Teile von *Entweder* werden als quasi-akademische Papiere oder auch, am bemerkenswertesten, in einem Fall als Tagebuch präsentiert.

«Das Tagebuch des Verführers»

«Das Tagebuch des Verführers» ist eine Novelle innerhalb von *Entweder*. Es ist eine brillante Darstellung der zynischen Verführung einer jungen Frau, Cordelia, und besteht, wie der Titel anzeigt, aus einem Tagebuch, aber auch aus Briefen der jungen Frau an ihren Verführer. Als literarisches Werk ist es eigenständig; aber innerhalb von *Entweder/Oder* bietet es die Fallstudie einer Lebensart innerhalb der ästhetischen Einstellung, einen Versuch, das Leben poetisch statt ethisch zu leben.

Im Vorwort zu *Entweder/Oder* stellt Victor Eremita, der fiktive Herausgeber des gesamten Werks, das Tagebuch vor, das er im Sekretär gefunden zu haben behauptet; aber es gibt eine weitere Ebene der Verhüllung des Autors, insofern das Tagebuch selbst ein Vorwort hat, das angeblich von jemandem geschrieben ist, der die Protagonisten kannte. Eremita lenkt die Aufmerksamkeit auf dieses, wie er es nennt, chinesische Schachtelspiel, und deutet an, dass der Herausgeber des Tagebuchs sehr wohl eine Fiktion sein könnte, die der Verführer verwendet hat, um sich selbst von dem, was er schreibt, zu distanzieren. Wir als Leser von *Entweder/Oder* sind natürlich noch eine Stufe weiter von den Ereignissen entfernt als Eremita und sehen, dass Eremita einfach eine weitere Maske ist, die Kierkegaard trägt, und dass die Ereignisse, die das Tagebuch beschreibt, beinahe mit Sicherheit Schöpfungen der Phantasie des Philosophen sind und nicht eine Beschreibung von tatsächlichen Geschehnissen. Wir können seine Darstellung dieser Distanzierungstechnik auch so auffassen, dass sie gleichermaßen für Kierkegaards eigene Verwendung von Pseudonymen und Verwirrspielen über die Urheberschaft in *Entweder/Oder* gilt: Eremita vergleicht As Haltung zum «Tagebuch des Verführers» mit der eines Menschen, der Angst bekommt, während er einen unruhigen Traum erzählt, und deutet damit an, dass dies der Grund sein könnte, warum er sich hinter der Maske eines imaginierten Herausgebers zu verbergen sucht.

Der Verführer verfolgt das Ziel, eine bestimmte junge Frau dazu zu bringen, sich in ihn zu verlieben. Das gelingt ihm, und in diesem Augenblick entzieht er ihr alle seine Zuneigung. Seine Lust besteht nicht in einer einfachen physischen Befriedigung, sondern in einer Art psychologischen Sadismus.

Verführung ist der wesentliche Zeitvertreib der Menschen, die die ästhetische Lebensanschauung übernehmen, und es ist bezeichnend, dass ein früherer Essay in *Entweder*, «Die unmittelbaren erotischen Stadien oder Das Musikalisch-Erotische» einer Untersuchung von Mozarts *Don Giovanni* gewidmet ist, einer Oper, die das Schicksal eines Verführers zum Gegenstand hat. Für A ist *Don Giovanni* die höchste Errungenschaft eines großen Komponisten. Damit ist angedeutet, dass A sich zu dieser Oper hingezogen fühlt, weil der Lebensstil des Hauptcharakters in wichtigen Hinsichten seinen eigenen widerspiegelt.

Die ethische Lebensanschauung

Während der Leser in *Entweder* schwer darum zu kämpfen hat, ein Bild von der Lebensanschauung zu gewinnen, die die Schrift illustriert und exemplifiziert, werden die Ansichten in *Oder* explizit formuliert und richten sich meistens gegen bestimmte Aspekte von As Lebensstil. Der pseudonyme Autor von *Oder*, B oder Gerichtsrat Wilhelm, stellt nicht nur seine eigene Einstellung zum Leben vor, sondern kritisiert auch die von A: Auf diese Weise entsteht durch die Lektüre von *Oder* ein viel klareres Bild von der Bedeutung von *Entweder*.

Im Gegensatz zu As Leben, das auf der Suche nach Lust verbracht wird, befürwortet B ein Leben, in dem das Individuum seine Handlungen wählt. Wie B es beschreibt, liefert das Leben des Ästhetikers den Einzelnen der Laune äußerer Ereignisse und Umstände aus, da wir die Quellen unserer Lust nicht einfach wählen können, sondern uns auf bestimmte Aspekte der Welt verlassen müssen, um uns zu stimulieren. Die ethische Einstellung ist dagegen immer von innen motiviert: Sie hängt nicht davon ab, dass man eine Menge von Regeln lernt und ihnen gehorcht, sondern vielmehr davon, dass man sich in jemanden verwandelt, dessen Wahlen mit der Pflicht zusammenfallen. Von diesem Standpunkt aus verbirgt sich der Ästhetiker lediglich hinter einer Reihe von Masken, weil er der Verantwortung für seine Freiheit ausweicht. B glaubt, dass eine solche Einstellung eine Art von Selbstbetrug erfordert. Die ethische Einstellung erfordert Selbsterkenntnis. Ihr Sinn besteht darin, sich in das zu verwandeln, was B «den allgemeinen Menschen» nennt, das heißt in der Entscheidung, ein Modell der Menschheit zu werden. Dies, behauptet B, enthülle die wahre Schönheit der Menschheit auf eine Weise, wie es die angebliche Suche nach Schönheit des Ästhetikers niemals kann.

Lesarten von *Entweder/Oder*

Eine existentialistische Interpretation

Nach der existentialistischen Interpretation von *Entweder/Oder* wird der Leser mit einer radikalen Wahl zwischen den beiden Lebensanschauungen konfrontiert. Es gibt keine Leitlinien, die uns anzeigen, wie zu wählen ist: Wir müssen die eine oder die andere Anschauung wählen und uns auf diese Weise durch diese Wahl selbst schaffen. Aber im Gegensatz zu den Ansichten, die die Aufklärungsepoche beherrschten, gibt es nicht so etwas wie eine «richtige» Antwort auf die Frage «Wie soll ich leben?» Die Gründe für die Wahl des Ethischen anstelle des Ästhetischen sind nur sinnvoll, wenn man sich schon für die ethische Lebensanschauung entschieden hat; wer zu der Ansicht neigt, die ästhetische Einstellung sei böse, impliziert damit schon die Unterscheidung von Gut und Böse.

Ebenso sprechen die Rechtfertigungen für die ästhetische Einstellung nur den Ästhetiker an und würden von jemandem, der sich für die ethische Lebenseinstellung entschieden hat, als belanglos verworfen werden: Die Freuden der Verführung zum Beispiel zählen in den Augen von Gerichtsrat Wilhelm nicht. In dieser Lesart spiegelt *Entweder/Oder* die qualvolle Position der gesamten Menschheit wider. Wir finden uns gezwungen zu wählen und durch unsere Wahlen schaffen wir, was wir sind. Das macht das menschliche Dasein aus. Existentialisten haben deshalb *Entweder/Oder* als einen Schlüsseltext in der Geschichte der existentialistischen Bewegung angesehen. Nach dieser Ansicht war Kierkegaard einer der ersten Philosophen, der die Wichtigkeit der radikalen Wahl angesichts einer Welt erkannt hat, in der kein vorgegebener Wert entdeckt werden kann, wodurch er viele der Themen vorweggenommen hat, die ein Jahrhundert später Jean-Paul Sartre beschäftigen sollten. Zweifellos sind die meisten Existentialisten des 20. Jahrhunderts durch die Schriften Kierkegaards beeinflusst worden.

Plädoyer für das Ethische

Während es vieles in Kierkegaards Text gibt, das die existentialistische Lesart unterstützt, haben einige Interpreten das Buch als eine kaum verhüllte Fürsprache für das Ethische anstelle des Ästhetischen gesehen. B durchschaut den Ästhetizismus von A und stellt ihm eine solide, wenn auch etwas biedere Alternative gegenüber. Man kann seine Natur nur erfüllen, wenn man die Kontrolle über sein Leben gewinnt und der Macht kontingenter Ereignisse entzieht. Der Ästhetiker ist mehr oder weniger den Zufällen der Ereignisse ausgesetzt; die ethische Einstellung stellt sicher, dass das Selbst intakt bleibt, selbst wenn zufällige Ereignisse die Ziele und Wünsche vereiteln.

Gegen diese Interpretation von *Entweder/Oder* spricht, dass sie Kierkegaards Behauptung widerspricht, das Buch verfolge keinerlei didaktische Absicht. Ein weiterer Einwand ist, dass ein so fähiger Schriftsteller wie Kierkegaard die von ihm bevorzugte Lebensanschauung wohl kaum in einer so trockenen und ungenießbaren Form dargestellt haben würde. Es ist alles andere als offensichtlich, warum er dem Ästhetiker immer die besten Zeilen gegeben und den biederen und predigenden Gerichtsrat Wilhelm als den Verteidiger seiner Lieblingsansicht erfunden haben sollte.

Kaum verhüllte Autobiographie

Kierkegaard lernte Regine Olsen kennen, als sie erst 14 Jahre alt war; er selbst war 21. Nicht unähnlich dem Verführer in dem «Tagebuch des Verführers» schloss er mit ihrer Familie und selbst mit ihrem Freier Freundschaft. Als Regine 17 wurde, bat Kierkegaard sie, ihn zu heiraten, und sie akzeptierte. Aber Kierkegaard fühlte sich zur Eheschließung außerstande und brach die Verlobung im Jahr 1841 ab, eben zwei Jahre, bevor er *Entweder / Oder* veröffentlichte, was Regine tief demütigte und sie todunglücklich machte. Einige Kommentatoren haben Teile von *Entweder / Oder* als eine Reaktion auf seine Situation gesehen; nach ihnen ist es eher von psychologischem als von philosophischem Interesse.

Nach dieser Lesart präsentiert *Entweder* das Leben der sinnlichen Freuden, das Kierkegaard in seiner Jugend geführt hatte und das er würde aufgeben müssen, wenn er heiratete; *Oder* andererseits präsentiert die Gründe für eine Heirat und die Übernahme sozialer Verantwortung, die eine Ehe mit sich führt. Das Buch *Entweder / Oder* kann also als ein literarischer Ausdruck der Qual angesehen werden, die zu der abgebrochenen Verlobung führte; die philosophische Oberfläche ist einfach nur eine weitere Leinwand, die nur notdürftig seine gequälte Seele in ihrem Aufruhr bei der bedeutsamsten Wahl, die er in seinem Leben zu treffen hatte, verhüllt.

Diese Interpretation von *Entweder / Oder* kann sehr wohl richtig sein, ist aber durchaus vereinbar mit jeder der beiden anderen oben skizzierten Interpretationen. Es ist interessant und informativ, diese biographischen Tatsachen über den Menschen Kierkegaard zu erfahren. Aber letztlich steht oder fällt seine Schrift unabhängig von ihrer Beziehung zu seinem Leben und den psychologischen Motivationen, die ihm die Energie gaben, zu schreiben.

Kritik an Kierkegaard

Falsche Dichotomie?

Es ist nicht offensichtlich, dass die beiden Lebensanschauungen, die A und B exemplifizieren, alle Optionen abdecken. Es könnte sein, dass C, D, E, F und G in Betracht gezogen werden müssen. Mit anderen Worten, Kierkegaard scheint anzudeuten, dass dann, wenn man die ästhetische Einstellung verwirft, die einzige andere Option die ethische ist und umgekehrt. Aber dies ist eine zu vereinfachte Lesart von Kierkegaards Position. Kierkegaard, oder zumindest die Gestalt Victor Eremita, erwägt die Möglichkeit, dass eine einzige Person die Texte von *Entweder* und *Oder* geschrieben hat, und deutet an, dass die beiden Positionen vielleicht nicht so unvereinbar sein müssen wie sie anfänglich scheinen. Und Kierkegaard muss nicht so gelesen werden, als deute er an, dass nur diese beiden Optionen verfügbar seien: Tatsächlich umreißt er in späteren Schriften explizit eine dritte Einstellung, die religiöse Lebensanschauung.

Unbestimmtheit

Es sollte mittlerweile deutlich geworden sein, dass *Entweder/Oder* einem weiten Bereich von Interpretationen offen steht und dass seine ursprünglichen Intentionen keineswegs leicht zu entdecken sind. Es ist ein Buch, das eine tiefe Botschaft zu haben scheint; gleichwohl sind sich die Kritiker nicht einig, worin diese Botschaft besteht. Einige führen das darauf zurück, dass Kierkegaard selber im Unklaren gelassen habe, was er eigentlich meint. Das ist eine Folge des Schreibstils, den er gewählt hat, mit fiktiven Charakteren, die gelebte philosophische Positionen erkunden. Da Charaktere ihre Positionen eher exemplifizieren als formulieren, gibt es eine bestimmte Breite an Interpretationen. Wer Wert darauf legt, dass ihm klar formulierte einfache Ansichten in unzweideutiger Prosa präsentiert werden, wird von Kierkegaards eher poetischem Ansatz in der Philosophie enttäuscht sein.

Daten

1813 geboren in Kopenhagen, Dänemark
1843 veröffentlicht *Entweder/Oder*
1855 stirbt in Kopenhagen

Weitere Lektüre

H. Fahrenbach, *Kierkegaards existenzdialektische Ethik*, Frankfurt am Main 1968

H. Gerdes, *Sören Kierkegaard*, Berlin/New York 1993

K. P. Liessman, *Kierkegaard zur Einführung*, Hamburg 1993

W. H. Pleger, *Kierkegaard*, in: F. Fellmann (Hg.), Geschichte der Philosophie im 19. Jahrhundert, Reinbek bei Hamburg 1996, S. 143 ff.

W. Schulz, *Existenz und System Sören Kierkegaards*, Pfullingen 1966

M. Theunissen, *Der Begriff der Verzweiflung*, Frankfurt am Main 1993

16. Karl Marx und Friedrich Engels: *Die Deutsche Ideologie, Teil Eins*

Was wir sind, sind wir infolge unserer Stellung in der ökonomischen Situation unserer Zeit; namentlich unser Verhältnis zu den Mitteln der materiellen Produktion formt unser Leben und Denken. Es gibt keine zeitlose, unwandelbare Natur des Menschen. Wir sind die Produkte der historischen Epoche, in der wir leben. Das ist die Botschaft, die im Mittelpunkt des ersten Teils von Karl Marx' und Friedrich Engels' *Die deutsche Ideologie* steht, eines Buchs, das die Theorie des historischen Materialismus darlegt. Der größte Teil des Buchs ist negativ, insofern es beinahe Zeile für Zeile das Werk einiger deutscher Neuinterpreten von Hegels Philosophie angreift, der so genannten Junghegelianer. Ein großer Teil ist der Diskussion Ludwig Feuerbachs gewidmet, eines Schriftstellers, der zusammen mit Georg Wilhelm Friedrich Hegel starken Einfluss auf Marx' intellektuelle Entwicklung ausgeübt hat.

Die meisten heutigen Leser der *Deutschen Ideologie* konzentrieren sich auf die positiven Theorien, die im ersten Teil des Buchs dargelegt werden, bevor sich die Autoren in die Einzelheiten des Werks ihrer Gegner vertiefen. Trotz dieser eher langweiligen Aspekte hat Isaiah Berlin dem Buch den Status eines Klassikers zugesprochen: «Dieses weitschweifige, schlecht gegliederte und umständliche Werk, das sich mit Autoren und Ansichten befasst, die längst tot und zu Recht vergessen sind, enthält in seiner langen Einleitung die ausführlichste, einfallsreichste und eindrucksvollste Exposition von Marx' Geschichtstheorie.»

Bei der Lektüre der *Deutschen Ideologie* ist es wichtig, sich den revolutionären Ansatz, den Marx und Engels befürworteten, vor Augen zu halten, einen Ansatz, der in Marx' letzter These über Feuerbach enthalten ist, die er etwa zu der Zeit verfasste, als er an der *Deutschen Ideologie* arbeitete: «Die Philosophen haben die Welt nur verschieden *interpretiert*, es kömmt darauf an, sie zu *verändern.*» Es genügt eben nicht, einfach nur zu erkennen, dass der Kapitalismus viele Menschen zu einem Leben sinnloser Arbeit und einem verarmten Privatleben verurteilt. Es bedarf einer Revolution: einer vollständigen Umkehrung des *status quo*. Niemand kann bestreiten, dass Marx und Engels ihr Ziel, die Welt zu verändern, erreicht haben. Anders als viele der bislang diskutierten Autoren haben diese beiden es tatsächlich geschafft, eine gründliche Wirkung nicht einfach nur auf Akademiker, sondern auf die gesamte Welt auszuüben. Wie durch ein Wunder haben ihre Schriften erfolgreiche Revolutionen inspiriert, deren Nachwirkungen noch heute zu spüren sind.

Historischer Materialismus

Marx' und Engels' Theorie des historischen Materialismus oder die «materialistische Geschichtsauffassung», wie sie selbst sie lieber nennen, ist die Theorie, dass die Menschen durch ihre materiellen Umstände geformt werden. Der Ausdruck «Materialismus» hat verschiedene Verwendungen in der Philosophie. In der Philosophie des Geistes bedeutet er zum Beispiel die Ansicht, dass der Geist in rein physikalischen Ausdrücken erklärt werden kann. So verwenden Marx und Engels diesen Ausdruck aber nicht. Vielmehr bezieht sich bei ihnen der Ausdruck «Materialismus» auf unser Verhältnis zu den Produktionsmitteln: Auf der untersten Stufe läuft das auf die Arbeit hinaus, die wir zu verrichten haben, um uns und die, die von uns abhängen, zu ernähren und zu kleiden. In komplexeren Gesellschaften bezieht er das Eigentum ein, das wir besitzen oder nicht, und unser Verhältnis zu den Mitteln der Produktion von Reichtum.

Materialismus in diesem Sinn steht in direktem Gegensatz zu der Art von Philosophie, die die Natur des wirklichen menschlichen Lebens ignoriert und in einer Welt abstrakter Verallgemeinerungen schwebt. Er konzentriert sich auf die rauen Realitäten des Lebens der meisten Menschen, was vielleicht seine große Anziehungskraft erklärt. Dieser Materialismus ist *historisch* in dem Sinn, dass er erkennt, dass sich die materiellen Umstände mit der Zeit verändern und dass zum Beispiel die Auswirkung einer neuen Technologie eine Gesellschaft und damit auch die Individuen, die sie bilden, vollkommen ändern kann. So wurde etwa die Abschaffung der Sklaverei durch die Erfindung der Dampfmaschine ermöglicht, eine Maschine, die schwerer und länger arbeiten konnte als Hunderte von Sklaven.

Arbeitsteilung

Sobald Menschen anfangen, ihre Lebensmittel zu produzieren, fangen sie an, sich von den Tieren zu unterscheiden. Die besonderen Anforderungen, die ihre Produkte und ihre Produktionsweise an sie stellen, formen ihr Leben. In dem Maße, wie Gesellschaften wachsen, werden die gesellschaftlichen Verhältnisse, die für eine erfolgreiche Produktion nötig sind, immer komplexer; je entwickelter eine Gesellschaft ist, umso größer ist das Ausmaß der Arbeitsteilung.

Arbeitsteilung ist einfach die Zuweisung verschiedener Berufe an verschiedene Menschen. In einer sehr einfachen Gesellschaft kann zum Beispiel jeder Einzelne Landwirtschaft betreiben, jagen und für sich selbst bauen. In einer weiter entwickelten Gesellschaft würde jede dieser Tätigkeiten wahrscheinlich von verschiedenen Menschen ausgeführt werden.

Marx und Engels waren überzeugt, dass die extreme Arbeitsteilung, die für die kapitalistische Wirtschaft charakteristisch ist, einen starken negativen Einfluss auf die Form des menschlichen Lebens ausübt. Sie führt zur Entfremdung, der Trennung von

Arbeit und Leben. Die Arbeitsteilung macht die Einzelnen zu ohnmächtigen Opfern eines Systems, das sie versklavt und entmenschlicht. Besonders schädlich ist die Teilung von körperlicher und geistiger Arbeit, da sie die Chancen auf ein erfülltes Leben bei denen, die nur die harte und langweilige körperliche Arbeit kennen, drastisch reduziert. Wichtiger ist, dass sie für Marx und Engels im Widerspruch zum Allgemeininteresse steht. An ihre Stelle setzten Marx und Engels die Vision einer Welt, in der das Privateigentum abgeschafft und jedes Individuum frei ist, im Verlauf eines Arbeitstags verschiedene Rollen zu übernehmen. Wie sie es ausdrückten, wäre es in einer solchen Gesellschaft möglich, «heute dies, morgen jenes zu tun, morgens zu jagen, nachmittags zu fischen, abends Viehzucht zu treiben, nach dem Essen zu kritisieren, wie ich gerade Lust habe, ohne je Jäger, Fischer, Hirt oder Kritiker zu werden». Das ist die Vision von der Arbeit als einer frei gewählten und erfüllenden Aktivität und nicht einer erzwungenen Tretmühle, deren einzige Alternative der Hungertod ist. Marx' und Engels' Sympathien liegen immer bei dem Arbeiter, der in einer unbefriedigenden Tätigkeit gefangen ist – dem Opfer eines gesichtslosen ökonomischen Systems.

Ideologie

Unsere religiösen, moralischen und metaphysischen Überzeugungen sind ebenso sehr ein Produkt unserer materiellen Verhältnisse wie jeder andere Aspekt unseres Lebens. Die herrschenden Ideen eines Zeitalters, die traditionellerweise als unabhängig von Klasseninteressen angesehen wurden, sind in Wirklichkeit nichts anderes als die Interessen der herrschenden Klassen, großgeschrieben und rationalisiert. Marx und Engels verwenden das Wort «Ideologie», um sich auf die Ideen zu beziehen, die das Nebenprodukt eines bestimmten ökonomischen und gesellschaftlichen Systems sind. Wer einer Ideologie anhängt, sieht seine Schlussfolgerungen gewöhnlich als das Ergebnis reinen Nachdenkens an. In diesem Punkt täuscht er sich: Seine Ideen sind das Ergebnis der historischen und gesellschaftlichen Umstände.

Revolution

Wenn sich das Proletariat, das heißt die Klasse der Arbeiter, die über keinerlei Eigentum außer über ihre Arbeitskraft verfügen, gegen seine Lage und die Ideologien, die seiner Unterdrückung dienen, empört, wird eine Revolution möglich. Marx und Engels waren glühende Fürsprecher der Revolution: Sie sahen sie als unvermeidlich und als erstrebenswert an. Wenn das Proletariat verelendet und seine Lage bedrohlich wird, ist die Zeit gekommen, sich zu erheben und gegen das System zu rebellieren, das es versklavt. Nach der Revolution würde das Privateigentum abgeschafft werden, wodurch der Weg zum Gemeineigentum frei wird. Diese Vision von der Zukunft war, nach Marx und Engels, eine Voraussage, die auf hartem empirischem Beweismaterial über die Strukturen der Geschichte und die Wirkungen der Entfremdung beruhte. Sie folgt direkt aus ihrem historischen Materialismus: Die Ideen der Menschen ändern sich in dem Maß, wie sich das System der materiellen Produktion ändert, das diese Ideen erzeugt.

Kritik der *Deutschen Ideologie*

Deterministisch

Gegen den historischen Materialismus von Marx und Engels wird oft eingewendet, dass er deterministisch sei. Er lasse keinen Raum für den freien Willen, da das, was wir tun, vollständig von unserer Rolle in einem komplexen Gewebe von Ursachen und Wirkungen bestimmt wird. Die Ursachen haben mit der sozioökonomischen Position des Individuums zu tun. Wer und was man ist, liege außerhalb der eigenen Kontrolle. Man sei ein Produkt der Situation, in der man sich befindet.

Diese Art von Kritik ist nur dann sinnvoll, wenn man glaubt, dass Menschen wirklich einen freien Willen irgendeiner Art haben und nicht nur einfach die Illusion, dass sie einen haben. Marx und Engels wären vielleicht glücklich gewesen, wenn ihre Theorie «deterministisch» genannt worden wäre, vorausgesetzt, man erkennt an, dass Determinismus eine Sache des Grades und nicht des «Alles oder nichts» ist. Marx und Engels waren offensichtlich überzeugt, dass man wählen konnte, gegen ein unterdrückendes System zu revoltieren, und dass menschliche Entscheidungen das Drehen des Rads der Geschichte beschleunigen konnten. Insofern waren sie im Hinblick auf menschliches Verhalten nicht vollständige Deterministen.

Unrealistische Vision der Arbeit

Ein weiterer Einwand gegen *Die Deutsche Ideologie* ist, dass sie ein zu rosiges Bild von der Arbeit in der Zukunft malt und es ihr nicht gelingt, die Wichtigkeit der Arbeitsteilung für einen Staat zu erkennen. Die Idee, man könnte sich in einer wahren kommunistischen Gesellschaft seine Berufe nach Lust und Laune auswählen, ist absurd. Arbeitsteilung beruht oft auf einer Teilung der Fähigkeiten: Einige Leute sind einfach geschickter bei der Arbeit mit Holz als andere, und deshalb ist es sinnvoll, die Geschickten Tischler werden zu lassen und den Ungeschickten andere Aufgaben zuzuteilen.

Wenn ich einen Esstisch herstellen müsste, dann würde ich dazu fünf- oder sechsmal länger brauchen als ein Tischler; und jeder, der mich anstellt oder sich darauf verlässt, dass ich ihm einen Tisch produziere, würde Gefahr laufen, ein schlecht gearbeitetes Möbelstück zu erhalten. Der Tischler arbeitet jeden Tag mit Holz und hat die Fertigkeiten erworben, die nötig sind, um Tische herzustellen. Ich arbeite nur gelegentlich mit Holz und stelle niemals etwas von Wert her. Also ist es sinnvoll, die Arbeit denen zuzuteilen, die am besten dafür geeignet sind. Es wäre absurd anzunehmen, man könne am Morgen Chirurg, am Nachmittag Zugfahrer und am Abend professioneller Fußballspieler sein.

Sie ist selbst ideologisch

Marx' und Engels' Theorie ist unvermeidlich selbst ideologisch. Wenn die Theorie richtig ist, dann muss die Theorie selbst ein Produkt des Systems der materiellen Produktion sein, in dem sie entstand. Jede Theorie scheint das Ergebnis rein rationalen Nachdenkens über die Natur der Geschichte und der Arbeit zu sein, aber dies ist eine Illusion. Sie ist die Folge einer industriellen Wirtschaftsform, in der große Teile der Bevölkerung zu niedrigen Löhnen beschäftigt waren und Berufe hatten, die ihnen nur geringe Kontrolle über ihr Leben gaben.

Marx und Engels würden natürlich sofort einräumen, dass ihre eigenen Theorien ideologisch sind, und deshalb unterminiert es nicht notwendig ihren Ansatz, wenn man die Aufmerksamkeit auf ihre ideologische Natur lenkt. Vermutlich unterscheidet sich ihr Werk von den bürgerlichen Ideologien, die sie so eifrig entlarvten, dadurch, dass es Ausdruck einer proletarischen Ideologie ist. Ihre Ansichten dienen den Interessen der Arbeiterklasse und stellen so die Balance wieder her.

Aber wenn wir akzeptieren, dass die Ansichten, die in der *Deutschen Ideologie* zum Ausdruck kommen, selbst ideologisch sind, hat dies nichtsdestoweniger zur Folge, dass es ein Fehler wäre zu erwarten, dass sie für alle Menschen unter allen materiellen Umständen gültig sind. In dem Maße, wie sich Gesellschaften und besonders die Formen der materiellen Produktion ändern, müssen sich auch philosophische Theorien über die menschliche Natur und die Gesellschaft ändern.

Ruft zur Revolution auf
Die deutsche Ideologie, wie viele andere Werke von Marx und Engels, schreckte nicht davor zurück, zur Revolution aufzurufen. Sie sollte die Welt verändern, sie nicht nur einfach beschreiben. Einige Kritiker glauben, dass sie in diesem Punkt einen Schritt zu weit geht. Man kann die Mängel eines gegenwärtigen Systems aufdecken, ohne vorzuschlagen, es mit Gewalt zu stürzen. Jede Revolution verursacht Blutvergießen. Unter menschlichen Aspekten können die Kosten der Revolution alle Wohltaten überwiegen, die sie zur Folge haben könnte. Man füge das sehr hohe Risiko des Scheiterns hinzu, und die revolutionären Aspekte von Marx' und Engels' Denken können unverantwortlich erscheinen.

Dieser Einwand untergräbt nicht so sehr ihre Argumente, sondern bezweifelt eher, ob es moralisch gerechtfertigt ist, eine Revolution zu befürworten. Nur wenn das kommunistische Ideal wirklich erreicht werden könnte, wären die menschlichen Kosten einer Revolution es wert, sie zu zahlen. Die historische Beweislage der jüngsten Dekaden scheint zu zeigen, dass das Ideal nicht so leicht zu erreichen, geschweige denn aufrechtzuerhalten ist, wie viele seiner Bewunderer glauben.

Daten

Marx

1818	geboren in Trier, Preußen
1845–46	veröffentlicht mit Engels zusammen *Die deutsche Ideologie*
1883	stirbt in London

Engels

1820	geboren in Barmen
1895	stirbt in London

Weitere Lektüre

Isaiah Berlin, *Karl Marx. Sein Leben und Werk*, München 1959
Walter Euchner, *Marx*, München 1982
I. Fetscher, *Karl Marx und der Marxismus. Von der Ökonomiekritik zur Weltanschauung*, München 1985
I. Fetscher, *Karl Marx*, Freiburg 1999
Helmut Fleischer, *Marx und Engels. Die philosophischen Grundlinien ihres Denkens*, Freiburg / München 1970

17. Friedrich Nietzsche: *Zur Genealogie der Moral*

Nach dem Urteil von Sigmund Freud besaß Friedrich Nietzsche eine tiefere Selbsterkenntnis als je ein Mensch vor oder nach ihm. Diese tiefe Selbsterkenntnis zeigt sich in einer Reihe von Büchern, die die Zeit sowohl als Literatur wie als Philosophie überdauert haben. Sie sind eigenwillig, fragmentarisch, ärgerlich und manchmal erheiternd. Sie widersetzen sich einer einfachen Analyse, und Zusammenfassungen können dem Reichtum und der Vielfalt ihres Inhalts nicht gerecht werden. Die meisten enthalten Passagen, die, wie man sagen muss, kaum mehr als die Tiraden eines Verrückten sind und die seinen schließlichen Zusammenbruch ahnen lassen. Über allen Schriften liegt ein dunkler Schatten, weil Antisemiten und Faschisten in ihnen durch selektive Zitate Unterstützung für ihre Ansichten gefunden haben; aber die Ideen, die einige Nazis so anziehend gefunden haben, sind zum größten Teil Karikaturen seiner Philosophie.

Zur Genealogie der Moral, eins der wichtigsten Werke Nietzsches, kommt im Stil einer konventionellen philosophischen Abhandlung am nächsten, zumindest auf den ersten Blick. In anderen Büchern, wie *Also sprach Zarathustra*, griff Nietzsche zu Aphorismen: kurzen, prägnanten Bemerkungen, die den Leser zwingen, innezuhalten und nachzudenken, und die eine besondere Art von Lektüre verlangen. *Zur Genealogie der Moral* besteht dagegen aus drei Abhandlungen, die jeweils ein verwandtes Thema behandeln. Das zentrale Thema ist die Herkunft der Moral im Sinne des moralischen Verhaltens, der Moralität. Nietzsche setzt voraus, dass die Moralbegriffe, die wir von der christlichen Tradition geerbt haben, jetzt obsolet geworden und ihren heidnischen Vorgängern unterlegen sind Nietzsche hatte in seinem früheren Buch *Die fröhliche Wissenschaft* erklärt: «Gott ist tot; aber so, wie die Art der Menschen ist, wird es vielleicht noch jahrtausendelang Höhlen geben, in denen man seinen Schatten zeigt» (§ 108). *Zur Genealogie der Moral* stellt zum Teil eine Ausarbeitung der Implikationen der Abwesenheit Gottes und der Folgen für die Moral dar. Wir haben überholte Moralbegriffe übernommen, die auf falschen christlichen Vorstellungen beruhen. Nietzsche scheint zu glauben, wenn man die Herkunft dieser Begriffe im Ressentiment bloßlegt, erlaube uns das, sie als die seelenverkrampfenden Verpflichtungen zu sehen, die sie sind, und uns dafür frei zu machen, sie durch eine Anschauung zu ersetzen, die mehr dem Leben dient. Dies, das muss betont werden, ist im Text eher implizit als explizit enthalten: Der größte Teil des Buchs ist einer Analyse der psychologischen und historischen Ursprünge verschiedener Schlüsselbegriffe der Moral gewidmet.

Aber Nietzsche verfolgt nicht einfach nur das Ziel, eine Moral durch eine andere zu ersetzen; er will den Wert von Moral überhaupt in Frage stellen. Wenn moralische Güte wenig mehr als das Produkt von missgünstigen und ressentimentgeladenen Emotionen und eher die Reaktion bestimmter Gruppen auf ihre Umwelt als ein unwandelbarer Teil der natürlichen Welt ist, welchen Wert hat sie dann letztlich? Es ist nicht klar, dass Nietzsche wirklich eine Antwort auf diese Frage gibt, aber sein Ziel ist es. Seine grundlegende Methodologie ist genealogisch. Aber was bedeutet das?

Genealogie

Genealogie bedeutet wörtlich die Aktivität, seine Vorfahren aufzuspüren, seine Abstammung zu bestimmen. Nietzsche meint damit, die Herkunft bestimmter Begriffe zurückzuverfolgen, weitgehend dadurch, dass man die Geschichte der wechselnden Bedeutung von Wörtern untersucht. Seine Ausbildung in Philologie (dem Studium von Sprachen und den Ursprüngen von Wörtern) gab ihm die Mittel an die Hand, die sich verändernden Bedeutungen der Wörter, die er untersuchte, zurückzuverfolgen. Die Anwendung der genealogischen Methode in *Zur Genealogie der Moral* soll zeigen, dass die herrschende Meinung über die Quelle der Moral irreführend ist und dass, historisch gesehen, Begriffe wie moralische Güte, Schuld, Mitleid und Selbstopferung ihren Ursprung im Gefühl der Verbitterung haben, das gegen andere oder gegen einen selbst gerichtet ist.

Aber die Genealogie soll nicht nur einfach eine Geschichte dieser Begriffe bieten, sondern auch ihre Kritik ermöglichen. Durch die Aufdeckung ihrer wahren Herkunft beabsichtigt Nietzsche, ihren zweifelhaften Stammbaum zu enthüllen und dadurch ihren Rang in der Moral seiner Tage in Frage zu stellen. Die Tatsache, dass moralische Begriffe eine Geschichte haben, untergräbt die Ansicht, sie seien absolut und gälten für alle Menschen zu allen Zeiten. Dieser Ansatz in der Moralphilosophie ist, wie der größte Teil von Nietzsches Denken, hoch kontrovers, sowohl als Methodologie wie auch unter dem Gesichtspunkt seiner angeblichen Entdeckungen.

Erste Abhandlung: «gut und böse», «gut und schlecht»

In der ersten der drei Abhandlungen, die das Buch bilden, wartet Nietzsche mit seiner Theorie über die Herkunft unserer Terminologie der Billigung und Missbilligung auf, die für die Moral grundlegend ist: der Wörter «gut» und «böse», soweit sie in einem moralischen Kontext gebraucht werden. Er entwickelt seine Ideen durch eine Kritik an der Ansicht englischer Psychologen, die behauptet hatten, dass «gut» ursprünglich auf uneigennützige Handlungen angewendet worden sei, nicht so sehr deshalb, weil diese Handlungen an sich selbst gut gewesen wären, sondern weil sie denen nützlich gewesen seien, denen sie erwiesen wurden. Allmählich hätten die Menschen den Ursprung der Ausdrücke vergessen und seien zu der Überzeugung gelangt, uneigennützige Handlungen seien an sich selbst und nicht ihrer Wirkungen wegen gut.

Nietzsche greift diese Erklärung an, die, wie seine eigene, eine Genealogie von Moralbegriffen bietet. Er behauptet, der griechische Adel habe den Ausdruck «gut» zunächst auf sich selbst angewandt, um sich von dem niederen Volk zu unterscheiden. Der Adel hatte ein Gefühl von seinem eigenen Selbstwert; jeder, der ihren edlen Idealen nicht entsprach, war ihnen sichtlich unterlegen und infolgedessen «schlecht». In seiner Verwendung der Unterscheidung von gut und schlecht (im Gegensatz zur Unterscheidung von gut und böse) schließt sich Nietzsche hier dem Gesichtspunkt des Adels an: Die Handlungen der Adligen sind gut; die der gemeinen Leute im Gegensatz dazu schlecht.

Um zu erklären, wie das Wort «gut» allmählich den Sinn von uneigennützig annahm, greift Nietzsche auf den Begriff *Ressentiment* zurück. Nietzsche benutzt das französische Wort Ressentiment, um auf die psychologischen Ursprünge der modernen Verwendungen der Termini «gut» und «böse» zu verweisen. Man beachte, dass Nietzsche, wenn er sich auf den Gegensatz von gut und böse (im Unterschied zu gut und schlecht) bezieht, die Perspektive des niederen Volks und nicht die des Adels einnimmt: Er bezieht sich auf die moderne Verwendung von «gut» als uneigennützige und «schlecht» als eigennützige Handlung.

Ressentiment

Ressentiment ist die Emotion, die die Unterdrückten fühlen. Ressentiment, wie Nietzsche diesen Ausdruck verwendet, bedeutet nicht Empörung; es ist eher eine spezifische Art von Empörung. Es ist die imaginäre Rache der Ohnmächtigen, denen die eigentliche Reaktion, auf die Unterdrückung mit der Tat zu antworten, versagt ist. Nach Nietzsches Auffassung entstanden aus dem Hass und dem Wunsch nach Rache, den die vom Adel in Schach Gehaltenen empfanden, die erhabensten Werte von Mitgefühl und Altruismus. Das ist sowohl als historische Beschreibung der tatsächlichen Geschehnisse wie als Einsicht in die Psychologie derer, die das herbeigeführt haben, gemeint. Das gewöhnliche Volk, das nicht auf den Lebensstil des Adels hoffen konnte, verkehrte in seiner Ohnmacht das Wertesystem von gut und schlecht. An die Stelle der Perspektive des Adels auf die Moral setzte das niedere Volk seine eigene, die den *status quo* in sein Gegenteil verkehrte. Die Moral des gemeinen Volks erklärte die adlige Weltanschauung, die auf Macht und dem Ethos der Krieger beruhte, für böse; die Unglücklichen, die Armen und die Niedrigen waren die Guten.

Nietzsche weist diese «radikale Umwertung der Werte ihrer Feinde» der jüdischen und der späteren christlichen Tradition zu und nennt sie den ersten Sklavenaufstand in der Moral. Wir haben, ohne es zu merken, die Folgen dieses Aufstands geerbt, eines Aufstands, der den Interessen der Unterdrückten diente. Für Nietzsche ist Moral nicht etwas für alle Zeiten Feststehendes, das in der Welt zu entdecken ist; vielmehr ist sie eine menschliche Schöpfung, und infolgedessen haben moralische Ausdrücke eine Geschichte, die ebenso von der menschlichen Psychologie wie von den Interessen bestimmter Gruppen beeinflusst ist. In Nietzsches Metapher haben die Lämmer entschieden, dass die Raubvögel böse sind; also glaubten sie, dass das Gegenteil eines Raubvogels, ein Lamm, gut sein muss. Sein Kommentar dazu ist, dass es absurd ist, den Starken den natürlichen Ausdruck ihrer Stärke zu verweigern. Seine Wahl der Sprache durch das ganze Buch hindurch macht klar, dass seine Sympathien eher bei den Raubvögeln als bei den Lämmern liegen.

Zweite Abhandlung: Gewissen

Das Hauptthema der zweiten Abhandlung ist die Entstehung des Gewissens und spezifisch des schlechten Gewissens. Schlechtes Gewissen ist das Gefühl der Schuld, das die moderne Menschheit so sehr belastet, das aber gleichwohl für das Leben in der Gesellschaft notwendig ist.

Nietzsches Argument läuft im Wesentlichen darauf hinaus, dass die psychologische Quelle des Schuldgefühls der entwertete, der «ausgehängte» Instinkt ist. Menschen ziehen instinktiv Lust aus der Ausübung von Macht und insbesondere aus dem «Leiden-machen». Aber wenn im Rahmen der Vergesellschaftung das Handeln aus Lust an der Grausamkeit blockiert wird, wird der Ausdruck dieses Begehrens unterdrückt und nach innen gewendet. Wir quälen uns selbst innerlich mit Schuldgefühlen, weil die Gesellschaft uns strafen würde, wenn wir versuchen würden, andere Menschen zu quälen. Das ist ein spezielles Beispiel für Nietzsches allgemeines Prinzip, dass alle Instinkte, die nicht nach außen entladen werden, sich nach innen wenden, ein Prinzip, das später Freud ausarbeiten sollte.

Im Lauf seiner Diskussion des Ursprungs des Gewissens legt Nietzsche dar, dass Strafe ursprünglich unabhängig von jedem Begriff der Verantwortung für die eigenen Handlungen war; man wurde einfach dafür bestraft, dass man eine Vereinbarung gebrochen hatte, ob das nun der eigene Fehler war oder nicht. Die ursprüngliche Bedeutung des Wortes Schuld leitet sich von Schulden her. Die Schuldigen waren jene, die es versäumt hatten, ihre Schulden zurückzuzahlen. Gleichwohl ist «Schuld» zu einem Moralbegriff geworden. Die verborgene Geschichte des Begriffs, die Nietzsche entschleiert, soll die Kontingenz der modernen Verwendung enthüllen: Sie hätte anders sein können und ist nichts natürlich «Gegebenes». Die unausgesprochene Implikation dieser und der früheren Diskussion der Herkunft von «gut» scheint zu sein, dass die Bedeutungen der entscheidenden Moralbegriffe nicht für alle Zeiten feststehen, sondern durch einen ungeheuren schöpferischen Willensakt verändert werden können.

Dritte Abhandlung: Asketische Ideale

Die dritte Abhandlung ist weniger konzentriert als die beiden ersten und schweift von Thema zu Thema; nichtsdestoweniger ist das zentrale Thema hinreichend klar. Nietzsche wendet sich der Frage zu, wie Askese, die Philosophie des Lebens, die zu Entsagung und Selbstverleugnung aufruft, entstanden sein kann. Asketen befürworten gewöhnlich Keuschheit, Armut, Selbstgeißelung (buchstäblich oder metaphorisch) und so weiter; sie wenden sich bewusst von den Vergnügungen und Erfüllungen ab, die das Leben bietet. Nietzsche identifiziert asketische Impulse bei Künstlern, Philosophen und Priestern. Er spricht die Vermutung aus, dass die Erde von einem fernen Gestirn aus gesehen als ein Winkel missvergnügter Geschöpfe erscheinen würde, die von einem tiefen Verdruss am Leben sowie von Selbstekel geplagt sind und deren einziges Vergnügen darin besteht, sich selber so viel als möglich wehzutun: nicht einander, sondern sich selbst. Wie konnte sich eine derart weit verbreitete Neigung entwickeln? Wie konnte sich das Leben derart gegen sich selbst wenden?

Nietzsches Antwort erfolgt wieder im Sinne der Genealogie. Selbstverneinung war die letzte Zuflucht der beinahe Machtlosen. Vereitelt in ihren Versuchen, Einfluss auf die Welt auszuüben, richteten sie, statt aufzuhören, überhaupt irgendetwas zu wollen, ihre Macht gegen sich selbst. Es ist eine von Nietzsches charakteristischen psychologischen Einsichten, dass Menschen Freude dabei empfinden, Grausamkeiten zuzufügen. Diese Grausamkeiten sind nicht einfach gegen andere gerichtet: Wir empfinden Freude sogar dann, wenn wir sie uns selbst zufügen. Der asketische Impuls, der für Nietzsche ein offensichtlich absurder Drang ist, sich selbst zu zerstören, ist eine Art von

Selbstquälerei, die letzte Zuflucht derjenigen, die ihren Willen nicht in der Welt ausüben können – trotzdem ist er zu einem anerkannten Ideal geworden.

Kritik an Nietzsche

Der genetische Fehlschluss
Ein grundsätzlicher Einwand gegen Nietzsches Methodologie in *Zur Genealogie der Moral* ist, dass sie auf dem genetischen Fehlschluss beruht. Der genetische Fehlschluss ist die unzuverlässige Methode, von dem, was etwas auf einer bestimmten Stufe war, auf das zu schließen, was es jetzt ist. Zum Beispiel folgt aus der Tatsache, dass das Wort «nett» ursprünglich «glänzend sauber» bedeutete, in keiner Weise, dass dies irgendetwas über die gegenwärtigen Verwendungen dieses Ausdrucks sagt. Oder um ein anderes Beispiel zu nehmen, aus der Tatsache, dass Eichen aus Eicheln entstehen, können wir nicht schließen, dass Eichen kleine grünlich-braune Nüsse sind oder dass sie überhaupt viel mit ihnen gemeinsam haben. Einige von Nietzsches Kritikern haben argumentiert, dass die genealogische Methode diesen Fehlschluss immer begeht und deshalb wenig oder gar kein Licht auf die gegenwärtigen Verwendungen moralischer Ausdrücke wirft.

Nun scheint zwar Nietzsche in *Zur Genealogie der Moral* stellenweise anzunehmen, dass der Wert bestimmter Moralbegriffe letztlich dadurch untergraben wird, dass sie ihren Ursprung im Ressentiment haben (und könnte also hier beschuldigt werden, den genetischen Fehlschluss begangen zu haben); aber in der Regel dient seine Methode dazu klarzumachen, dass Moralbegriffe nicht absolut sind und dass Umwertungen von Werten in der Vergangenheit stattgefunden haben und auch in Zukunft wieder stattfinden können. Die genealogische Methode eignet sich besonders gut dazu, deutlich zu machen, dass Begriffe, die wir als für alle Zeiten feststehend angenommen haben, verändert werden können. Diese Verwendung der Methode beinhaltet keinen genetischen Fehlschluss. Um Zweifel an der absoluten Natur von moralischen Verwendungen zum Beispiel des Wortes «gut» zu wecken, genügt es, einfach zu zeigen, dass es in der Vergangenheit ganz anders verwendet worden ist. Es besteht keine Notwendigkeit zu unterstellen, dass nur deshalb, weil es früher anders gebraucht worden ist, diese frühere Verwendung des Wortes irgendeinen Einfluss auf die gegenwärtigen Verwendungen haben muss.

Mangel an Beweisen

Eine schwerwiegendere Kritik an Nietzsches Vorgehen in *Zur Genealogie der Moral* richtet sich darauf, dass er in jeder der drei Abhandlungen nur spärliches Beweismaterial für seine Hypothesen beibringt. Selbst wenn wir akzeptieren, dass «gut» in der Vergangenheit anders verwendet worden ist oder dass sich Gewissen und Askese aus unterdrückten Instinkten entwickelt haben, ist Nietzsches Beweismaterial für die spezifischen Erklärungen dieser Genealogien sehr spärlich. Obgleich psychologisch scharfsinnig, sind seine Diskussionen als historische Darstellungen praktisch ohne Beleg. Aber ohne historisches Beweismaterial, das seine Behauptungen über die Herkunft von Moralbegriffen stützt, haben wir keinen Grund zu glauben, dass seine Theorien die tatsächlichen Entwicklungen widerspiegeln. Im besten Falle lässt sich zu Nietzsches Verteidigung sagen, dass es ihm gelungen ist, Zweifel an den angeblich feststehenden und unveränderlichen traditionellen Moralbegriffen zu wecken, wenn er hinreichend plausible Erklärungen dessen geliefert hat, was vielleicht geschehen ist. Es geht darum zu verstehen, dass Moralbegriffe ihre Bedeutung verändern können, dass sie menschliche Schöpfungen sind und nicht ein Teil der natürlichen Welt, der darauf wartet, entdeckt zu werden.

Falsche Freunde

Die vielleicht häufigste Kritik an Nietzsches Philosophie insgesamt ist, dass sie den Beifall von Antisemiten und Faschisten gefunden hat. Zum Beispiel glaubten einige Nazis, dass seine Ideen mit ihren eigenen durchaus übereinstimmten. Einige Kommentare in *Zur Genealogie der Moral* könnten, aus dem Zusammenhang gerissen, als antisemitisch aufgefasst werden: Obgleich Nietzsche eine widerwillige Anerkennung für die jüdische Umwertung der Werte zeigt, betont er, dass sie die letzte Zuflucht der Schwachen war. Er kann seine Sympathie für die adlige Moral der Mächtigen nicht verhehlen. In allen seinen philosophischen Schriften rühmt er immer wieder die Macht selbst auf Kosten der Schwachen.

Aber es gibt zwei wichtige Punkte, die man sich bei dieser Kritik, dass seine Ideen für schlechte Ziele gebraucht worden sind, vor Augen halten sollte. Erstens mussten viele derjenigen, die Nietzsches Philosophie auf diese Weise verwendet haben, sie verzerren, um dieses Ziel zu erreichen. Obgleich zum Beispiel isolierte Sätze Nietzsches als antisemitisch aufgefasst werden können, stehen ihnen andere Passagen gegenüber, die den Antisemitismus explizit verurteilen. Zweitens ist die Tatsache als solche, dass seine Ideen die Macht zu verherrlichen scheinen, noch kein Beweis dafür, dass sie falsch sind. Einer der Gründe, weshalb die Lektüre von Nietzsches Werk eine solche Herausforderung darstellt, ist, dass er ständig an unseren liebsten Überzeugungen kratzt. Selbst wenn es ihm nicht gelungen ist, diese Überzeugungen zu untergraben, zwingen uns seine Schriften, über die Grundlagen und Annahmen nachzudenken, auf denen unser aller Leben beruht.

Daten

1844 geboren in Röcken
1887 veröffentlicht *Zur Genealogie der Moral*
1900 stirbt in Weimar

Weitere Lektüre

A. C. Danto, *Nietzsche als Philosoph*, München 1998

W. Kaufmann, *Nietzsche. Philosoph – Psychologe – Antichrist*, Darmstadt 1988

K. Löwith, *Nietzsches Philosophie der ewigen Wiederkehr des Gleichen*, Stuttgart 1956

18. A. J. Ayer: *Sprache, Wahrheit und Logik*

Die meisten Menschen reden und schreiben gelegentlich Unsinn; manche ständig. Aber es ist nicht immer leicht, genau zu sagen, wer wann Unsinn redet und schreibt. In seinem Buch *Sprache, Wahrheit und Logik* stellt Ayer einen seiner Ansicht nach untrüglichen Unsinnsdetektor vor, den er das Verifikationsprinzip nennt: eine Sinnprüfung, die mit zwei Möglichkeiten arbeitet. Mit Hilfe dieser Prüfung versucht er zu beweisen, dass ein großer Teil des philosophischen Schrifttums es nicht verdient, überhaupt Philosophie genannt zu werden, da er einfach nur unsinnig ist. Er schlägt vor, ihn einfach beiseite zu räumen und mit der wirklichen Aufgabe der Philosophie fortzufahren, die darin besteht, die Bedeutung von Begriffen zu klären. Der Gegenstand, der nach Anwendung des Verifikationsprinzips übrig bleibt, ist sehr viel enger als die Philosophie im traditionellen Sinn: Zum Beispiel gibt es keinen Platz mehr für Metaphysik.

Sprache, Wahrheit und Logik, das Ayer noch vor seinem sechsundzwanzigsten Geburtstag veröffentlichte, ist also ein ikonoklastisches Buch, das versucht, die Natur der Philosophie und des Philosophierens zu ändern. Das Buch selbst ist nicht eigentlich originell, da sich die meisten seiner Ideen entweder im Werk David Humes oder bei Autoren des so genannten Wiener Kreises finden lassen, einer Gruppe von Intellektuellen, die sich in den späten zwanziger Jahren dieses Jahrhunderts regelmäßig trafen und die Schule gründeten, die als logischer Positivismus bekannt ist. Aber Ayers Buch war die erste und bekannteste Synthese dieser Ideen in englischer Sprache.

Das Verifikationsprinzip

Es ist sehr verlockend zu glauben, alle Aussagen seien entweder wahr oder falsch. Aber es gibt eine dritte wichtige Klasse von Aussagen, nämlich diejenigen, die weder wahr noch falsch sind, sondern buchstäblich sinnlos. Ayers Verifikationsprinzip dient dazu, diese dritte Klasse von Aussagen auszusondern. So ist es zum Beispiel wahr, dass ich dies auf einem Computer tippe; falsch, dass ich es mit der Hand schreibe; und sinnlos zu behaupten, dass «farblos grüne Ideen wütend schlafen». Diese letzte Aussage gleicht einer Äußerung wie «bla»: Obgleich sie Wörter benutzt, kann sie weder wahr noch falsch sein, da sich kein Kriterium angeben lässt, um zu bestimmen, ob sie wahr oder falsch ist.

Das Verifikationsprinzip richtet an jede Aussage zwei Fragen. Erstens: «Ist sie *per definitionem* wahr?», und zweitens, wenn nicht, «Ist sie prinzipiell verifizierbar?» Jede Aussage, die diese Prüfung besteht, das heißt, entweder wahr *per definitionem* oder im Prinzip verifizierbar ist, ist sinnvoll. Jede Aussage, die diesen Test nicht besteht, ist sinnlos und sollte nicht ernst genommen werden.

Genau gesagt spricht Ayer nicht von Aussagen, sondern von Propositionen. Propositionen sind die zugrunde liegenden logischen Strukturen von Aussagen. Worum es geht, ist, dass «Die Katze saß auf der Matratze» eine Proposition ausdrückt, die ebensogut auch in einer anderen Sprache ausgedrückt werden könnte. Es berührt die Wahrheit der Aussage nicht, ob sie auf Französisch oder auf Suaheli ist. Folglich können Aussagen in verschiedenen Sprachen dieselbe Proposition ausdrücken. Außerdem spricht Ayer gewöhnlich von «vermeintlichen» Propositionen; hier wird das Wort «vermeintlich» so gebraucht, dass die Möglichkeit offen bleibt, dass sie überhaupt gar keine Propositionen sind (das heißt, dass sie vielleicht unsinnig sind).

Wir wollen die erste Alternative des Verifikationsprinzips betrachten, die Frage «Ist die Proposition wahr *per definitionem*?»

Ein Beispiel für eine Proposition, die *per definitionem* wahr ist, ist: «Alle Junggesellen sind unverheiratete Männer.» Man braucht keine Untersuchung anzustellen, um zu beweisen, dass diese Aussage wahr ist: Jeder, der behauptet, Junggeselle zu sein, und trotzdem verheiratet ist, hat einfach die Bedeutung von «Junggeselle» missverstanden. Die Aussage ist tautologisch, das heißt logisch wahr. Ein anderes Beispiel für eine Aussage, die wahr *per definitionem* ist, ist die Aussage: «Alle Katzen sind Lebewesen.» Wiederum besteht keinerlei Notwendigkeit, irgendeine Untersuchung durchzuführen, um zu bestimmen, ob diese Aussage wahr ist oder nicht: Sie ist wahr einfach dank der Bedeutungen der Wörter. Diese Art von Aussage wird manchmal auch eine analytische Wahrheit genannt («analytisch» wird hier in einem technischen Sinn verstanden).

Im Gegensatz dazu sind Aussagen wie «Die meisten Junggesellen sind unordentlich» oder «Keine Katze ist jemals älter als dreißig Jahre geworden» empirische Aussagen. Eine gewisse Art von Beobachtung ist nötig, um herauszufinden, ob sie wahr oder falsch sind. Man kann nicht endgültig sagen, ob sie wahr sind oder nicht, wenn man die Frage nicht untersucht. Diese Aussagen sollen Tatsachenaussagen sein. Sie haben es nicht einfach nur mit der Bedeutung von Wörtern zu tun, sondern berichten über Eigenschaften der Welt, auf die durch diese Wörter Bezug genommen wird. Sie bilden die Art von Aussage, die durch die zweite Alternative des Verifikationsprinzips abgedeckt wird.

Ayer erörtert die Frage, ob empirische Aussagen wie die im vorigen Absatz genannten «im Prinzip verifizierbar» sind. Hier bedeutet «verifizierbar» einfach nur, ob man zeigen kann, dass sie wahr oder falsch sind. Das Wort «verifizierbar» ist etwas verwirrend, da in der Umgangssprache etwas zu verifizieren bedeutet, zu zeigen, dass es wahr ist; für Ayer dagegen fällt unter den Begriff der Verifikation auch, dass etwas als falsch erwiesen wird. Er schließt die Wörter «im Prinzip» in die Frage ein, weil es sehr viele sinnvolle Aussagen gibt, die nicht praktisch überprüft werden können. Zum Beispiel hätte ein Wissenschaftler vor Beginn der Raumfahrt behaupten können, dass der Mond aus Kalkstein besteht. Es wäre vielleicht schwer gewesen, diese Behauptung praktisch zu widerlegen; nichtsdestoweniger ist im Prinzip leicht zu sehen, wie sie widerlegt werden könnte: Man besorgt sich ein Stück Mondgestein und überprüft, ob es aus Kalkstein besteht. Deshalb ist sie eine sinnvolle Aussage, trotz der Tatsache, dass sie zur Zeit ihrer Äußerung nicht hätte überprüft werden können. Ähnlich ist selbst eine so absurde Aussage wie «Der Mond besteht aus Sahnekäse» sinnvoll, da offensichtlich ist, wie gezeigt werden kann, dass sie falsch ist. Wiederum ist es wichtig zu erkennen, dass Ayer das Wort «sinnvoll» in einem ganz speziellen Sinn gebraucht, da wir in der Umgangssprache Aussagen, deren Falschheit wir kennen, nur selten «sinnvoll» nennen. Aussagen über das, was in der Vergangenheit geschehen ist, können in der Praxis besonders schwer zu verifizieren sein; wenn man festhält, dass sie nur im Prinzip verifizierbar sein müssen, vermeidet man die Probleme, die sich andernfalls bei der Einschätzung des Status solcher Aussagen ergeben würden.

Hieraus wird deutlich, dass es für Ayer bei der Untersuchung einer beliebigen vermeintlichen Proposition genau drei Möglichkeiten gibt: dass sie sinnvoll und wahr ist, dass sie sinnvoll und trotzdem falsch ist; und dass sie völlig sinnlos ist. Die letzte Gruppe, die der völlig sinnlosen Äußerungen, ist sein Hauptangriffsziel in *Sprache, Wahrheit und Logik*.

Laut Ayer haben sich viele Philosophen zu dem Irrglauben verführen lassen, sie äußerten sinnvolle Sätze, während sie in Wirklichkeit, wie die Anwendung seines Verifikationsprinzips zeigt, nur Unsinn geschrieben haben. Sein Lieblingswort für solchen Unsinn im Bereich der Philosophie ist «Metaphysik». Ein metaphysischer Satz gibt vor, etwas Sinnvolles zu sagen, ist aber in Wirklichkeit völlig sinnlos, weil er weder wahr *per definitionem* noch empirisch verifizierbar ist.

Starker und schwacher Sinn von Verifizierbarkeit

Wenn Ayer verlangen würde, dass sinnvolle Aussagen, die nicht *per definitionem* wahr sind, schlüssig verifiziert werden müssten, ergäbe sich für ihn das Problem, dass ein schlüssiger Beweis allgemeiner empirischer Behauptungen gar nicht möglich ist. Man nehme zum Beispiel die allgemeine Aussage «Alle Frauen sind sterblich». Wie viele Beispiele von sterblichen Frauen auch immer man untersucht, man wird niemals ein für alle Mal beweisen, dass diese Aussage wahr ist, sondern nur, dass sie sehr wahrscheinlich wahr ist. Das ist für praktische Zwecke gut genug. Aber wenn Ayer das, was er den starken Sinn von Verifizierbarkeit nennt, übernommen hätte, das heißt, wenn er für jede empirische Verallgemeinerung, um sinnvoll zu sein, einen schlüssigen empirischen Beweis verlangt hätte, hätte er einen zu hohen Maßstab angelegt.

Stattdessen übernimmt er einen schwachen Sinn von «Verifizierbarkeit». Damit eine empirische Aussage sinnvoll ist, muss es nur einige Beobachtungen geben, die bei der Bestimmung, ob sie wahr oder falsch ist, relevant wären. Diese Beobachtungen müssen nicht endgültig entscheiden, ob sie wahr oder falsch ist.

Einige Kritiker von Ayers Werk haben die Unterscheidung zwischen einem starken und einem schwachem Sinn von Verifikation selbst für sinnlos erklärt, da keine empirische Aussage jemals in der Praxis oder im Prinzip den rigorosen Anforderungen des starken Sinns genügen könnte. Aber Ayer äußert in der Einleitung zur zweiten Auflage des Buchs die Ansicht, dass die von ihm so genannten «Basispropositionen» schlüssig verifiziert werden können. Das ist die Art von Propositionen, die durch Aussagen ausgedrückt werden wie «Ich habe jetzt Schmerzen» oder «Diese Limone schmeckt mir bitter». Diese Aussagen sind unkorrigierbar, das heißt, man kann sich in Bezug auf sie nicht irren.

Metaphysik und Dichtung

Gelegentlich wird Metaphysik mit der Behauptung verteidigt, sie habe, obgleich sie buchstäblich vielleicht sinnlos sei, trotzdem dieselbe Art von Wirkung wie Dichtung und stelle folglich eine ganz eigenständige und lohnende Aktivität dar. Ayer hat für diesen Versuch einer Rechtfertigung der Metaphysik nur Spott übrig. Erstens, sagt er, beruht diese Rechtfertigung auf einem Missverständnis von Dichtung. Dichtung ist nur selten sinnlos, obgleich sie manchmal falsche Propositionen ausdrückt, und selbst wenn sie sinnlos ist, sind die Wörter wegen ihres Rhythmus oder Klangs ausgewählt worden. Metaphysik dagegen soll sinnvoll und wahr sein. Metaphysiker haben nicht die Absicht, Unsinn zu schreiben. Es ist einfach nur eine unselige Tatsache, dass sie es tun. Keine Verteidigung unter dem Aspekt ihrer poetischen Qualitäten kann diese Tatsache bemänteln.

Ayers Hauptziel in *Sprache, Wahrheit und Logik* besteht in der Eliminierung der Metaphysik. Er konzentriert sich auf die Sprache, weil er glaubt, dass uns die Sprache häufig dazu verführt zu glauben, wir sprächen sinnvoll, während es nicht der Fall ist. Diese Konzentration auf die Sprache ist ein charakteristisches Merkmal eines großen Teils der Philosophie, die in England und den USA in der ersten Hälfte des zwanzigsten Jahrhunderts geschrieben wurde, und wird manchmal als *linguistische Wende* in der Philosophie bezeichnet.

Hier werden wir die Folgen des radikalen Ansatzes von Ayer in Bezug auf Bedeutung prüfen. Aber zunächst, was versteht Ayer unter «Philosophie»?

Philosophie

Für Ayer hat Philosophie eine sehr eng begrenzte Aufgabe. Philosophie ist kein empirischer Gegenstand: Das unterscheidet sie von den Wissenschaften. Während die Wissenschaften Aussagen über die Natur der Welt machen und auf diese Weise zu unserem Tatsachenwissen beitragen, besteht die Rolle der Philosophie in der Klärung der Implikationen von Definitionen von Begriffen, und besonders der Begriffe, die von den Wissenschaftlern verwendet werden. Philosophie richtet sich auf die Sprache und nicht auf die von der Sprache beschriebene Welt. Sie ist im Wesentlichen ein Zweig der Logik. Tatsächlich sind die Aktivitäten, mit denen Ayer in *Sprache, Wahrheit und Logik* befasst ist, nämlich unseren Begriff von «Sinn» zu klären und seinen Implikationen nachzugehen, paradigmatische Beispiele philosophischer Aktivität.

Das Problem der Induktion

Ayers Behandlung des Induktionsproblems stellt ein gutes Beispiel dafür dar, wie er traditionelle philosophische Dispute aufgreift. Das Induktionsproblem, wie es gewöhnlich verstanden wird, ist die Schwierigkeit, mit einer zufrieden stellenden Rechtfertigung für unseren Glauben aufzuwarten, dass empirische Verallgemeinerungen, die auf früheren Beobachtungen beruhen, auch für die Zukunft Gültigkeit haben. Wie können wir sicher sein, dass die Zukunft der Vergangenheit gleichen wird? Die Sonne ist gestern aufgegangen und an jedem Tag, den jemals jemand früher beobachtet hat, aber das beweist nicht schlüssig, dass sie auch morgen aufgehen wird. Trotzdem verlassen wir uns alle vertrauensvoll auf induktive Verallgemeinerungen dieser Art, und sie bilden die Grundlage aller Wissenschaft.

Immer wieder, seit David Hume im 18. Jahrhundert das Problem zum ersten Mal formulierte, haben Philosophen versucht, die Verwendung induktiver Schlüsse zu rechtfertigen. Ayers Ansatz ist ganz anders. Er versucht einfach, das Problem aufzulösen. Er verwirft es als ein Scheinproblem, als unechtes Problem. Er tut das aus dem Grund, weil es keine sinnvolle Antwort auf die Frage geben könne. Da jede echte Frage im Prinzip sinnvoll beantwortet werden kann, diese aber nicht, sollten wir sie übergehen.

Seine Überlegung ist folgende. Es gibt nur zwei mögliche Arten sinnvoller Rechtfertigung der Induktion, und beide kommen erst gar nicht aus den Startlöchern. Die erste würde darin bestehen, eine Rechtfertigung zu geben, die auf einer Wahrheit *per definitionem* beruht, vielleicht auf der Definition von «Induktion» oder von «wahr». Aber diese Rechtfertigung ist ein Blindgänger, weil sie auf der irrtümlichen Annahme beruht, faktische Schlussfolgerungen könnten aus Aussagen über eine Definition abgeleitet werden. Aussagen über eine Definition informieren uns einfach nur über den Gebrauch von Wörtern oder anderen Symbolen.

Die zweite Art von Rechtfertigung wäre eine empirisch verifizierbare. Zum Beispiel könnte jemand argumentieren, dass die Induktion eine zuverlässige Methode der Folgerung sei, da sie sich in der Vergangenheit bewährt hat. Aber dies hieße, wie Hume sah, die Induktion zu benutzen, um die Induktion zu rechtfertigen. Offensichtlich kann also auch sie nicht annehmbar sein, da sie die Beantwortung der Frage schon voraussetzt; sie nimmt an, dass Induktion zuverlässig ist, während doch genau dies der Punkt ist, um den sich der Streit dreht. Folglich, schließt Ayer, ist keine sinnvolle Lösung möglich. Das so genannte Induktionsproblem ist also gar kein echtes Problem.

Mathematik

Es ist klar, dass die Propositionen, die in der Mathematik ausgedrückt werden, im Ganzen gesehen sinnvoll sein müssen. Wenn sie nach Ayers Analyse nicht als sinnvoll erschienen, hätten wir gute Gründe, seine Theorie zu verwerfen. Wie kann er also zeigen, dass sie sinnvoll sind? Er hat nur zwei Möglichkeiten: Entweder müssen sie wahr *per definitionem* oder empirisch verifizierbar sein (oder vielleicht eine Mischung aus beidem).

Sehr wenige Philosophen haben behauptet, dass «7+5 = 12» einfach eine Verallgemeinerung ist, die darauf beruht, dass man sieben Dinge zu fünf Dingen addiert und jedes Mal 12 Dinge erhalten hat. Das ist eine höchst unplausible Ansicht. So bleibt Ayer nur die Konsequenz, dass «7+5 = 12» wahr *per definitionem* ist, das heißt, einfach davon abhängt, wie wir die Symbole «7», «5» «=» und «12» gebrauchen. Aber wenn «7+5 = 12» auf genau dieselbe Weise wie «Alle Junggesellen sind unverheiratete Männer» wahr *per definitionem* ist, dann muss Ayer erklären, wie wir durch mathematische «Entdeckungen» überrascht werden können, da nach seiner Theorie in der Formulierung des Problems die Lösung schon implizit enthalten sein muss. Letztlich müssen dann alle Gleichungen dem offensichtlich tautologischen A = A äquivalent sein. Wie können wir dann also das Gefühl haben, eine Entdeckung in der Mathematik zu machen?

Ayer antwortet darauf, dass zwar alle mathematischen Aussagen wahr *per definitionem* sind, dass aber die Wahrheit einiger mathematischer Aussagen nicht auf den ersten Blick erkennbar ist. Man nehme zum Beispiel die Gleichung 91×79=7189. Diese ist weit weniger offensichtlich als 7+5 = 12. Trotzdem ist sie immer noch wahr *per definitionem*. Wir müssen eine Berechnung anstellen, um zu überprüfen, dass sie wahr ist; diese Berechnung ist letztlich nichts anderes als eine tautologische Transformation. Aber weil wir nicht unmittelbar sehen können, dass die Antwort richtig ist, finden wir sie interessant, obgleich sie uns letztlich keine neue faktische Information vermittelt.

Ethik

Ayers Behandlung der Ethik ist einer der umstrittensten Aspekte von *Sprache, Wahrheit und Logik*. Er ist überzeugt, dass Urteile über Recht und Unrecht zum größten Teil einfach ein Ausdruck von Emotionen und buchstäblich so sinnlos wie die Ausrufe «Buh» und «Hurra» sind. Zu dieser extremen Schlussfolgerung gelangt er durch die Anwendung seines Verifikationsprinzips. Bei der Überprüfung der ethischen Philosophie findet er vier Arten von Aussagen. Erstens finden wir Definitionen ethischer Termini; zum Beispiel können wir in einem Buch über Ethik eine detaillierte Definition von «Verantwortung» finden. Zweitens finden wir Beschreibungen von moralischen Phänomenen und ihren Ursachen; zum Beispiel eine Beschreibung von Gewissensbissen und wie sie in einer frühkindlichen moralischen oder religiösen Erziehung wurzeln können. Drittens gibt es das, was Ayer «Ermahnungen zu moralischer Tugend» nennt. Ein einfaches Beispiel dafür wäre ein Plädoyer an den Leser, seine Versprechen zu halten. Und letztens finden wir «wirkliche ethische Urteile». Das sind Urteile wie «Folterung ist ein moralisches Übel».

Ayer prüft jede dieser vier Klassen von Aussagen. Die erste Klasse, die der Definitionen, ist die einzige, die er als ethische Philosophie für annehmbar hält. Diese Klasse (die Definitionen ethischer Termini) besteht aus Aussagen, die *per definitionem* wahr sind und so seine Sinnprüfung bestehen. Die zweite Klasse von Aussagen, Beschreibungen moralischer Phänomene, bestehen zwar die zweite Alternative der Prüfung und sind folglich sinnvoll, gehören aber nicht in das Gebiet der Philosophie. Sie sind empirisch verifizierbar und ihre Behandlung gehört deshalb zu einem Zweig der Wissenschaft, in diesem Fall Psychologie oder Soziologie. Die dritte Aussageklasse, Ermahnungen zu moralischer Tugend, kann weder wahr noch falsch sein und ist deshalb buchstäblich sinnlos. Sie kann weder zur Wissenschaft noch zur Philosophie gehören.

Die letzte Klasse, die ethischen Urteile, behandelt Ayer mit etwas größerer Ausführlichkeit. Das sind die Aussagen, die normalerweise als die Bestandteile der Ethik gelten und traditionellerweise als sinnvoll angesehen werden. Ayer argumentiert, dass sie weder wahr *per definitionem* noch empirisch verifizierbar und deshalb buchstäblich sinnlos seien. Wenn man sagt: «Du hast falsch gehandelt, als du in mein Haus eingebrochen bist», dann sagt man einfach nur dasselbe wie «Du bist in mein Haus eingebrochen», aber in einem bestimmten Ton. Die Behauptung, dass du unrecht gehandelt hast, fügt der Aussage nichts Sinnvolles hinzu. Wenn ich die Verallgemeinerung mache «In Häuser einzubrechen ist unrecht», vorausgesetzt, dass «unrecht» in einem ethischen und nicht in einem juristischen Sinn gebraucht wird, dann mache ich eine vollständig sinnlose Aussage, die weder wahr noch falsch ist. Sie ist einfach Ausdruck einer emotionalen Haltung gegenüber dem Einbrechen, ein Ausdruck, der auch dazu dienen kann, eine ähnliche emotionale Einstellung im Hörer zu erregen. Wenn du dich gegen mich wendest und mit den Worten widersprichst: «Es ist nichts Unrechtes dabei, in ein Haus einzubrechen», dann gibt es in dieser Frage keine Tatsache, die zwischen uns entscheidet. Du würdest einfach nur eine alternative emotionale Einstellung zum Einbrechen ausdrücken.

Diese Theorie ethischer Urteile, die als Emotivismus bekannt ist, hat die Konsequenz, dass es unmöglich ist, einen echten Streit über die Frage zu haben, ob eine Handlung unrecht ist oder nicht. Was wie ein Disput aussieht, stellt sich immer nur als eine Reihe von Gefühlsausbrüchen heraus; und es gibt keinen Gesichtspunkt, von dem aus wir die Wahrheit oder Falschheit der ethischen Positionen beurteilen können, da die Positionen nicht wahr oder falsch sein können. Sie drücken gar keine echten Propositionen aus.

Ayers Behandlung der Aussage «Gott existiert» ist zumindest ebenso herausfordernd wie seine Verwerfung des größten Teils der ethischen Philosophie. Er behauptet, dass diese Aussage weder wahr *per definitionem* noch auch nur im Prinzip empirisch verifizierbar ist. Sie kann nicht wahr *per definitionem* sein, da Definitionen nur die Verwendung von Wörtern anzeigen und folglich nicht die Existenz von irgendetwas beweisen können. Ayer verwirft ohne Umschweife die Idee, dass es einen empirischen Beweis für die Existenz Gottes geben könne. Infolgedessen, erklärt er, ist «Gott existiert» buchstäblich sinnlos und kann weder wahr noch falsch sein.

Diese Ansicht hat keinen Namen, sie unterscheidet sich aber signifikant von den traditionellen Ansätzen in der Frage nach der Existenz Gottes. Traditionellerweise glauben Menschen entweder an die Existenz Gottes oder sind Atheisten (das heißt glauben, dass Gott nicht existiert) oder sind Agnostiker (das heißt, sie behaupten, es gebe nur ungenügendes Beweismaterial, um die Frage zu entscheiden). Aber Ayers Position unterscheidet sich von allen dreien, da sie ja die Aussage «Gott existiert» alle für sinnvoll halten und jeweils für wahr, falsch oder unbewiesen. Für Ayer dagegen ist «Gott existiert» eine metaphysische Aussage, die völlig sinnlos ist und so von der Philosophie nicht behandelt werden sollte. Auf diese Weise ist das Problem, ob Gott existiert oder nicht, eine Frage, die die größten Philosophen seit Tausenden von Jahren beschäftigt hat, mit einem Schlag beseitigt: Sie ist unbeantwortbar und es lohnt deshalb nicht, irgendwelche philosophische Energie auf sie zu verschwenden.

Kritik von *Sprache, Wahrheit und Logik*

Praktische Schwierigkeiten

Selbst wenn wir Ayers Verifikationsprinzip als eine Methode akzeptieren wollten, um zwischen sinnvollen und sinnlosen Aussagen zu unterscheiden, so gibt es doch einige ganz ernsthafte praktische Schwierigkeiten, denen man begegnen müsste. Wie sollen wir zum Beispiel bestimmen, ob eine Aussage *im Prinzip* verifizierbar ist oder nicht? Mit anderen Worten, was bedeutet «im Prinzip» in diesem Kontext? Mit ein bisschen Phantasie könnte jemand behaupten, dass die Aussage «Die Realität ist eins», ein Beispiel für eine metaphysische Aussage, das Ayer verwendet, *im Prinzip* verifizierbar ist. Man stelle sich vor, dass der Schleier der Erscheinungen für den Bruchteil einer Sekunde fiele und wir einen kurzen Blick auf die wahre Natur der Realität tun könnten; dann wären wir imstande, eine Beobachtung zu machen, die für die Einschätzung der Frage, ob «Die Realität ist eins» wahr oder falsch ist, relevant wäre. Bedeutet das, dass «Die Realität ist eins» *im Prinzip* verifizierbar ist? Ayer gibt uns nicht genügend Information darüber, was «im Prinzip verifizierbar» in der Praxis bedeutet, um in Einzelfällen zu bestimmen, ob eine Aussage metaphysisch ist oder nicht.

Eine weitere praktische Schwierigkeit stellt die Anwendung des Verifikationsprinzips im Fall der Identifizierung von nicht offensichtlichen Tautologien dar. In seiner Diskussion der Mathematik lässt Ayer zu, dass einige Aussagen wahr *per definitionem* sein können, selbst wenn wir nicht unmittelbar abschätzen können, ob dies so ist. Daraus ergibt sich, dass wir leicht die tautologische Natur vieler eigentlich metaphysischer Aussagen übersehen können.

Behandelt Propositionen voneinander getrennt

Gegen Ayers allgemeinen Ansatz lässt sich weiterhin einwenden, dass er Propositionen behandelt, als könnten sie aus dem komplexen Bedeutungsgefüge, in das sie in Wirklichkeit eingebettet sind, herausgelöst werden. Das ist besonders von dem Philosophen W. v. O. Quine (geb. 1908) betont worden.

Zum Beispiel scheint Ayer die Ansicht zu vertreten, dass man die Wahrheit oder Falschheit der Aussage «Die Erdanziehungskraft war die Ursache dafür, dass das Raumschiff auf die Erde zurückgefallen ist» isoliert von anderen Aussagen bestimmen kann. Aber um zu bestimmen, ob dies eine metaphysische Aussage ist oder nicht, müsste man von wissenschaftlichen Theorien und einer Reihe anderer Annahmen Gebrauch machen, von denen viele in die Art und Weise unseres Sprachgebrauchs eingebettet sind.

Widerlegt sich selbst

Der gewichtigste Einwand gegen Ayers Buch ist der, dass das Verifikationsprinzip seinen eigenen Test für Sinn nicht zu bestehen scheint. Ist das Prinzip selbst wahr *per definitionem*? Nicht offensichtlich. Ist es empirisch verifizierbar? Es ist schwer zu sehen, wie es das sein könnte. Deshalb ist es, nach seinem eigenen Diktat, sinnlos. Wenn dieses Kriterium gilt, dann bricht das gesamte Projekt Ayers zusammen, da es gänzlich auf der Wahrheit der Behauptung beruht, dass jede sinnvolle Proposition den Test besteht.

Ayer antwortet auf diese Kritik, dass das Verifikationsprinzip wahr *per definitionem* ist. Wie die mathematische Gleichung $91 \times 79 = 7189$ ist es nicht offensichtlich wahr *per definitionem*: Das ist der Grund, weshalb es interessant ist und als eine Entdeckung erscheint. Aber Ayer zeigt nicht, woher er dieses Verifikationsprinzip abgeleitet hat, noch bietet er irgendetwas einer mathematischen Kalkulation Ähnliches, mittels dessen wir überprüfen können, ob seine Antwort richtig ist.

Vielleicht ist das Verifikationsprinzip einfach nur ein Vorschlag, eine Empfehlung, «sinnvoll» so zu benutzen, wie es das Prinzip besagt. Aber wenn dies so wäre, wäre es nach seinem eigenen Maßstab eine metaphysische Aussage, das heißt, es wäre gleichbedeutend mit dem Ausdruck einer Emotion: Genau die Art von Aussage, die Ayer so gern aus der Philosophie eliminieren möchte.

Welche der Alternativen man auch vorzieht, der Einwand dass sein Verifikationsprinzip sich selbst widerlegt, ist vernichtend.

Daten

1910 geboren in London
1936 veröffentlicht *Sprache, Wahrheit und Logik*
1989 stirbt in London

Weitere Lektüre

J. R. Flor, *A. J. Ayer, Moral ist Gefühl – keine Erkenntnis*, in Hügli / Lübcke (Hg.), Philosophie im 20. Jahrhundert, Bd. 2 S. 184ff.

Leszek Kolakowski, *Die Philosophie des Positivismus*, München 1971

19. Jean-Paul Sartre: *Das Sein und das Nichts*

Das Sein und das Nichts ist die Bibel des Existentialismus. Aber trotz seiner zentralen Bedeutung für diese Bewegung, die in den Nachkriegsjahren durch Europa und Nordamerika fegte, ist es überraschend obskur. Nur wenige der Kaffeehausexistentialisten können dieses Buch wirklich gelesen und verstanden haben. Namentlich die Einleitung ist höllisch schwer zu deuten, besonders, wenn man nicht über einen guten Hintergrund an Kenntnissen der europäischen Philosophie verfügt. Aber trotz des anfänglichen Gefühls von Hoffnungslosigkeit, das die meisten empfinden, die versuchen, das Buch von Anfang bis Ende durchzulesen, lohnt es sich, durchzuhalten. *Das Sein und das Nichts* ist eins der sehr wenigen philosophischen Bücher, die in diesem Jahrhundert geschrieben worden sind, die sich wirklich mit den fundamentalen Fragen der menschlichen Existenz auseinandersetzen. In seinen luzideren Passagen kann es sowohl erhellend wie amüsant sein. Sartres Erfahrung als Romancier und Dramatiker zeigen sich in den denkwürdigen Beschreibungen bestimmter Situationen, die einen substantiellen Teil des Buchs bilden.

Das zentrale Thema von *Das Sein und das Nichts* ist in der rätselhaften Zeile enthalten: «Das Sein des Bewußtseins ist es, zu sein, was es nicht ist, und nicht zu sein, was es ist.» Obgleich sich dies bei der ersten Lektüre nach einer falschen Tiefe anhört, ist es in Wirklichkeit eine Zusammenfassung von Sartres Auffassung, was es heißt, ein Mensch zu sein. Die volle Bedeutung dieser Zeile sollte im Lauf dieses Kapitels deutlich werden.

Was ist Existentialismus?

Existentialismus ist eine philosophische Bewegung, die ebenso auf viele Künste wie auf Philosophie und Psychologie starken Einfluss ausübte. Zwar unterscheiden sich die existentialistischen Denker in ihren Überzeugungen ganz erheblich voneinander. Aber in *Ist der Existentialismus ein Humanismus?* (als Vorlesung im Jahr 1945 gehalten) äußert Sartre die Ansicht, ihnen allen sei die Überzeugung gemeinsam, dass für Menschen «die Existenz der Essenz vorangeht». Damit meint er die Überzeugung der Existentialisten, dass es kein vorweg bestehendes Modell des Menschseins gibt, dem wir uns anpassen müssen: Menschen wählen, was sie werden. In Sartres Version des Existentialismus gibt es keinen Gott, in dessen Geist unser Wesen vorgebildet ist. Zuerst existieren wir und danach machen wir uns zu dem, was wir sein wollen. Ein Taschenmesser ist durch seine Funktion bestimmt: Wenn es nicht schneidet und seine Klinge sich nicht umklappen lässt, dann ist es kein Taschenmesser. Das Wesen des Taschenmessers, das, was es zu einem Taschenmesser und nichts anderem macht, war im Geist seines Herstellers, bevor es gemacht wurde. Ein Mensch unterscheidet sich von einem Taschenmesser, insofern es keine vorherbestimmte Funktion gibt, nichts Gegebenes, keinen Hersteller, in dessen Geist unser Wesen hätte bestimmt werden können.

Dies ist die Ansicht, die in *Ist der Existentialismus ein Humanismus?* zum Ausdruck gebracht wird, aber zu der Zeit, als er *Das Sein und das Nichts* schrieb, betrachtete Sartre sich selbst noch nicht als Existentialisten: Sein Interesse richtete sich in der Hauptsache darauf, Licht auf das menschliche Dasein zu werfen. Sein Vorgehen war stark von einer Schule der Philosophie beeinflusst, die als Phänomenologie bezeichnet wird.

Phänomenologische Methode

Ein charakteristisches Merkmal von Sartres Methode in *Das Sein und das Nichts* ist seine Konzentration auf wirkliche oder imaginäre Situationen, die in einer gewissen Ausführlichkeit beschrieben werden. Dies ist nicht einfach nur ein stilistischer Tick, sondern eher eine Eigenschaft von Sartres phänomenologischem Ansatz. Sartre ist von dem Philosophen Edmund Husserl (1859–1938) beeinflusst. Husserl glaubt, man erlange dadurch, dass man den Inhalt des Bewusstseins beschreibt und dabei die Frage beiseite lässt, ob das, was dem Bewusstsein erscheint, wirklich existiert oder nicht, Einsicht in das Wesen der Dinge. Für Husserl ist ein wichtiger Teil der Philosophie deskriptiv: Wir sollten unsere Erfahrungen beschreiben, nicht einfach auf einer abstrakten Ebene reflektieren.

Sartre akzeptiert diesen letzten Aspekt von Husserls Denken, verwirft aber die Annahme, dass die gründliche Untersuchung des Bewusstseinsinhalts die wesentliche Natur dessen enthüllt, worüber man nachdenkt. Für Sartre bedeutet die phänomenologische Methode in der Praxis, dass er sich auf das Leben konzentriert, wie es gelebt und gefühlt wird, und nicht auf die Menschen, wie sie von der Wissenschaft oder der empirischen Psychologie beschrieben werden. Das Resultat ist eine seltsame Mischung aus hoch abstrakten Diskussionen und lebendigen und denkwürdigen romanhaften Szenarien und Beschreibungen.

Sein

Das Sein und das Nichts beruht durchweg auf einer fundamentalen Unterscheidung zwischen verschiedenen Arten des Seins. Sartre richtet seine Aufmerksamkeit auf den Unterschied zwischen bewusstem und nichtbewusstem Sein. Das Erstere nennt er Für-sich-sein, das letztere An-sich-sein. Das Für-sich-sein ist die Art von Existenz, die charakteristisch für den Menschen ist und der größte Teil von *Das Sein und das Nichts* ist der Erklärung seiner Haupteigenschaften gewidmet. Unglücklicherweise gibt Sartre keine Antwort auf die Frage, ob auch nichtmenschliche Lebewesen als Beispiele von Für-sich-sein kategorisiert werden können oder nicht. Das An-sich-sein dagegen ist das Sein von nichtbewussten Dingen wie Steinen auf einem Strand.

Nichts

Das Nichts spielt, wie schon der Titel des Buchs andeutet, in Sartres Werk eine Schlüsselrolle. Er charakterisiert das menschliche Bewusstsein als eine Lücke, ein Loch, inmitten unseres Seins, als ein Nichts. Das Bewusstsein ist immer Bewusstsein von etwas. Es ist niemals einfach nur es selbst. Es ist das, was es uns erlaubt, uns selbst in die Zukunft zu entwerfen und unsere Vergangenheit neu zu bewerten.

Das konkrete Nichts wird dann erfahren, wenn wir erkennen, dass etwas abwesend ist. Du hast dich mit deinem Freund Pierre um vier in einem Café verabredet. Du kommst eine Viertelstunde zu spät, und er ist nicht da. Du nimmst ihn als abwesend wahr, eine Abwesenheit, weil du erwartest hast, ihn zu sehen. Das ist ganz anders als die Abwesenheit etwa von Muhammad Ali in dem Café, da du nicht mit ihm dort verabredet bist: Man könnte ein intellektuelles Spiel daraus machen, all die Leute aufzuführen, die nicht in dem Café sind, aber nur Pierres Abwesenheit würde in diesem Fall als echte Abwesenheit empfunden werden, da nur Pierre erwartet worden war. Dieses Phänomen, die Fähigkeit des menschlichen Bewusstseins, Dinge als fehlend zu sehen, ist Teil dessen, was Sartre die Transzendenz des Bewusstseins nennt. Diese Transzendenz des Bewusstseins ist mit seiner Idee von Freiheit verknüpft, da unsere Fähigkeit, Dinge als unrealisiert oder als noch zu tun zu sehen, uns eine Welt enthüllt, die mit Möglichkeiten angefüllt ist. Oder vielmehr, in einigen Fällen enthüllt sie uns eine solche Welt; in anderen ergreift uns die eigentümliche Art von Selbsttäuschung, die Sartre «Unaufrichtigkeit» [*mauvaise foi*] nennt, und wir verbergen vor uns selbst das wahre Ausmaß unserer Freiheit.

Freiheit

Sartre glaubt, dass Menschen einen freien Willen haben. Das Bewusstsein ist leer; es bestimmt nicht, was wir wählen. Wir sind durch die Wahlen, die wir in der Vergangenheit getroffen haben, nicht eingeschränkt, obgleich wir es vielleicht meinen. Wir sind frei, alles zu wählen, was wir wünschen. Es ist wahr, dass die Welt uns nicht immer gestattet, unsere Wünsche zu erfüllen. Aber dies, ebenso wie die Tatsachen, wann wir geboren wurden und wer unsere Eltern waren, ist ein Aspekt dessen, was Sartre unsere «Faktizität» nennt, jene Aspekte unseres Lebens, die gegeben sind. Aber obgleich wir diese Dinge nicht ändern können, können wir wählen, unsere Einstellung zu ihnen zu ändern.

Sartre nimmt in der Frage der individuellen Freiheit eine extreme Position ein, da er jede Theorie ignoriert, die das menschliche Wesen als vollständig von seiner genetischen Ausstattung und seiner Erziehung bestimmt ansieht. Für Sartre sind Menschen durch ihre Fähigkeit charakterisiert, zu wählen, was sie werden. Freilich weist Sartre darauf hin, dass die Dinge nicht ganz so einfach sind: Das menschliche Bewusstsein liebäugelt ständig mit dem, was er die Unaufrichtigkeit nennt, die im Grunde die Leugnung unserer Freiheit ist.

Unaufrichtigkeit [*mauvaise foi*]

Sartres Diskussion der Unaufrichtigkeit ist zu Recht als eine der klassischen Passagen in der Philosophie des 20. Jahrhunderts berühmt. Hier vereinigen sich höchst erfolgreich seine Fähigkeiten als Philosoph, Psychologe und Romancier; hier trägt seine phänomenologische Methode auf eine Weise Frucht, wie es so mancher trockenen und abstrakten philosophischen Diskussion des Selbstbetrugs nicht gelungen ist.

Es ist wichtig zu erkennen, dass Sartre sich nicht für den Selbstbetrug als allgemeines philosophisches Thema interessiert: Unaufrichtigkeit ist eine besondere Art der Selbsttäuschung, die nur innerhalb einer Theorie sinnvoll ist, die einen freien Willen postuliert. Unaufrichtigkeit ist eine Lüge sich selbst gegenüber, die als Flucht aus der Freiheit gewählt wird. Sie ist ein Zustand, zu dem das menschliche Bewusstsein besonders neigt.

Schauen wir uns Sartres Beschreibung einer Frau bei ihrem ersten Treffen mit einem Mann an, der ihr gegenüber sexuelle Absichten hat. Sie ist sich der Natur seines Interesses bewusst, verleugnet sie aber sich selbst gegenüber, sie belügt sich selbst über die Bedeutung solcher Bemerkungen wie «Ich bewundere Sie sehr», indem sie sie in unschuldige nichtsexuelle Komplimente verdreht. Sie bringt es während des ganzen Gesprächs fertig, ihre Selbsttäuschung aufrechtzuerhalten. Aber dann ergreift er ihre Hand. Würde sie ihre Hand in der seinen lassen, würde das heißen, mit ihm zu flirten; sie wegzuziehen würde heißen, «diese unklare und unstabile Harmonie zerstören, die den Reiz der Stunde ausmacht». Was tut sie also? Sie lässt ihre Hand in der seinen, aber «inert», als ein Ding, weder zustimmend noch widerstrebend, während sie in den höchsten Regionen schwebt, von ihrem Leben spricht, sich als Persönlichkeit und nicht als Körper zeigt. Sie ist unaufrichtig, weil sie sich selbst über die Natur der Absichten des Mannes betrügt. Sie redet sich selbst ein, er sei wirklich an ihrem Geist interessiert, um der Möglichkeit auszuweichen, sie könnte seine Begierde erwidern. Aber sie ist auch deshalb unaufrichtig, weil sie verneint, dass sie ihr Körper ist, und dadurch ihre Freiheit zu handeln und die Verantwortung verneint, die sie für ihre Handlungen hat. Sie versucht aus ihrer Hand ein An-sich zu machen statt zu akzeptieren, dass es ihre Hand in der seinen ist.

Sartres berühmtestes Beispiel für die Unaufrichtigkeit ist der Kellner in einem Café. Dieser Kellner scheint durch seine Rolle als Kellner determiniert zu sein. Seine Bewegungen sind übertrieben: die Art und Weise, wie er sich vor dem Gast verbeugt oder sein Tablett balanciert. Es ist alles eine Art Zeremonie, ein komplizierter Tanz. Sartre kommt es darauf an zu zeigen, dass der Kellner, sosehr er sich auch bemüht, zu seiner Rolle zu werden, nicht Kellner sein kann, wie ein Tintenfass Tintenfass ist. Ein Für-sich kann sich nicht durch einen Akt der Willenskraft in ein An-sich verwandeln (außer vielleicht durch Selbstmord). Sartre diagnostiziert den Kellner als jemanden, der versucht, seine Freiheit zu verneinen, als hätte er nicht die Wahl, im Bett zu bleiben statt um fünf Uhr aufzustehen, selbst auf die Gefahr hin, entlassen zu werden. Seine mechanischen Bewegungen verraten einen Wunsch, zu sein, was er nicht sein kann, ein An-sich. Deshalb ist der Kellner unaufrichtig, weil er sich selbst über die Grenzen seiner Freiheit täuscht.

In einem anderen Beispiel beschreibt Sartre einen Homosexuellen, der weder seinem Freund noch sich selbst gegenüber zugeben will, dass er homosexuell ist. Zwar ist sein Verhaltensmuster das eines Homosexuellen gewesen. Aber er spielt mit den beiden Bedeutungen des Wortes «ist», wenn er behauptet, dass er nicht homosexuell *ist*. In seinen eigenen Augen kann er nicht homosexuell sein, weil kein nichtmenschliches Individuum durch seine Vergangenheit so strikt bestimmt ist, wie ein Rothaariger rothaarig ist. Als Für-sich-sein kann er aus seinem Charakter nicht einfach ein An-sich machen. Aber in einem anderen Sinn, sein früheres Verhalten einmal vorausgesetzt, ist er offensichtlich ein Homosexueller: Seine früheren sexuellen Verbindungen waren die zu Männern. Die ehrliche Antwort auf die Frage «Bist du homosexuell?» würde sein: «In einem Sinn nein, und in einem anderen ja.»

Sein Freund verlangt von ihm, aufrichtig zu sein und sich als Homosexueller zu bekennen. Aber der Freund ist ebenso unaufrichtig wie der Homosexuelle, da die Forderung nach Aufrichtigkeit ein Verlangen ist, sich zu einem An-sich zu machen, die Freiheit, in der Zukunft anders als in der Vergangenheit zu handeln, zu verneinen. Also ist die Aufrichtigkeit selbst eine Art von Unaufrichtigkeit.

Der Ausdruck «Unaufrichtigkeit» erweckt den Eindruck, als sei es etwas Schlechtes, in dieser Lage zu sein, das heißt, vielleicht ein moralischer Fehler. Er legt auch den Gedanken nahe, Authentizität (Eigentlichkeit), das Gegenteil von Unaufrichtigkeit, könnte eine Tugend sein. Aber in *Das Sein und das Nichts* beschreibt Sartre nur und urteilt nicht: Es handelt sich nicht um ein Buch, das lehrt, wie man leben soll, sondern um eine Darstellung dessen, was es heißt, zu leben. Sartre kündigte eine Fortsetzung von *Das Sein und das Nichts* an, in der er eine existentialistische Ethik vorstellen wollte; aber er hat ein solches Buch niemals veröffentlicht. Nichtsdestoweniger kann man Sartres Darstellung der Unaufrichtigkeit kaum lesen, ohne zu dem Schluss zu kommen, dass Sartre im Ganzen gesehen Unaufrichtigkeit für ein schuldhaftes Verhalten und eine Verleugnung dessen hielt, was wir in Wahrheit sind, nämlich freie Individuen.

Unaufrichtigkeit ist möglich, weil Menschen beides sind, Transzendenz und Faktizität. Transzendenz bezieht sich auf unsere Fähigkeit, über das, was jetzt und hier faktisch geschieht, hinaus zu denken und uns auf unsere zukünftigen Möglichkeiten hin zu entwerfen; Faktizität bezieht sich auf die Tatsachen unserer Vergangenheit, auf das, was jetzt geschieht, die Gegebenheiten unserer Existenz, die wir nicht willentlich ändern können. Wir beharren in der Unaufrichtigkeit, indem wir unsere Transzendenz und unsere Faktizität auseinander halten, indem wir uns entweder als gänzlich verschieden von unserem

Körper ansehen (womit wir einen Aspekt unserer Faktizität leugnen, wie zum Beispiel die Frau bei ihrer Verabredung) oder als gänzlich verschieden von unseren Möglichkeiten (indem wir vorgeben, ein An-sich zu sein, wie zum Beispiel der Kellner im Café).

Diese Diskussion von Transzendenz und Faktizität hilft bis zu einem gewissen Grad, das obige Zitat über das Bewusstsein zu erklären: «Das Sein des Bewußtseins ist es, zu sein, was es nicht ist, und nicht zu sein, was es ist». Wir sind in einem gewissen Sinn unsere Möglichkeiten, unsere Transzendenz: nicht, was wir jetzt sind, sondern was wir werden können (das heißt, Bewusstsein «ist, was es nicht ist»). Und trotzdem sind wir nicht einfach unsere Faktizität, ein Produkt aus dem, wo wir geboren, wie wir erzogen worden sind, welche Haarfarbe wir haben, wie groß oder wie intelligent wir sind usf.

Kritik an Freud

Freuds Theorie des Unbewussten hätte Sartre eine bequeme Theorie darüber bieten können, wie es möglich ist, dass ein Individuum sich selbst belügen kann. Nach Freud besteht die Seele aus einem bewussten und einem unbewussten Teil. Unbewusste Motive und Gedanken werden zensiert und umgeformt, bevor sie ins Bewusstsein gelangen. Der Zensor unterdrückt einige Gedanken gänzlich, anderen erlaubt er, in verkleideter Form ins Bewusstsein einzugehen, besonders in Träumen oder in den so genannten «freudschen Fehlleistungen». Psychoanalytiker reden häufig von dem Widerstand der Patienten gegen bestimmte Deutungen, die der Wahrheit nahe kommen; diese Widerstände sind das Werk des Zensors. Wenn Sartre diese freudsche Theorie akzeptiert hätte, hätte er die Unaufrichtigkeit aus unbewussten Überzeugungen und ihrer bewussten Leugnung erklären können. Nach diesem Modell ist der menschliche Geist grundsätzlich zweigeteilt, beinahe das Äquivalent zweier verschiedener Menschen, sodass es relativ einfach ist, zu verstehen, wie jemand sich selbst belügen und trotzdem an die Lüge glauben kann; es handelte sich einfach um das Unbewusste, das das Bewusste belügt.

Sartre kritisiert das freudsche Bild des Geistes aus folgendem Grund. Wenn es einen Zensor zwischen den unbewussten und den bewussten Aspekten unseres Geistes gäbe, müsste dieser Zensor beide Seiten der Trennung kennen. Um wirksam zu zensieren, müsste er wissen, was im unbewussten Geist enthalten ist, um es zu unterdrücken oder umzuformen. Wenn der Zensor aber Teil des Unbewussten ist, dann gibt es ein Bewusstsein innerhalb des Unbewussten. Dann steht der Freudianer vor der absurden Situation, dass der bewusste Zensor als Teil des Geistes dessen gewahr ist, was im Unbewussten ist, um als dessen nicht gewahr zu erscheinen, was im Unbewussten ist (das heißt, um alles Wissen davon zu unterdrücken). Mit anderen Worten, der Zensor wäre selbst unaufrichtig. Das Problem, wie Unaufrichtigkeit möglich ist, bliebe also für einen Freudianer bestehen; die Vorstellung des Unbewussten löst das Problem nicht, das Problem wird einfach an den Zensor weitergereicht.

Scham

Scham ist eine Emotion, für die sich Sartre besonders interessiert, weil sie etwas über unsere Beziehungen zu anderen Menschen oder zum «Anderen» enthüllt, wie er dies gewöhnlich ausdrückt. Ich sehe einen andern Menschen an Stühlen im Park vorbeigehen. Meine Wahrnehmung von ihm als einem anderen Für-sich-sein veranlasst mich, meine Erfahrung des Parks neu zu organisieren; ich werde plötzlich der Tatsache gewahr, dass er das Gras und die Stühle von seinem eigenen bewussten Gesichtspunkt aus betrachtet, er mir nicht direkt zugänglich ist. Es ist, als ob der Andere mir die Welt stiehlt. Meine zuversichtliche Position im Zentrum meiner Welt ist destabilisiert.

Die Einwirkung anderer Menschen auf unser Bewusstsein ist dann am deutlichsten, wenn wir gewahr werden, dass wir beobachtet werden. Wenn ich von dem Anderen gesehen werde, zwingt mich das, meiner selbst als eines Objekts, das von jemand anders gesehen wird, bewusst zu sein, wie das folgende Beispiel aus *Das Sein und das Nichts* illustriert. Von Eifersucht geplagt schaue ich durch ein Schlüsselloch, um zu sehen, was sich auf der anderen Seite der Tür abspielt. Ich bin völlig in das versunken, was ich sehe. In dieser Weise des Bewusstseins, die Sartre als nicht-thetisch oder als präreflexiv bezeichnet, bin ich nicht meiner selbst als eines Selbst bewusst, sondern nur dessen, was ich sehe oder worüber ich nachdenke. Mein Geist ist sozusagen vollständig in dem Raum hinter der Tür.

Plötzlich höre ich Schritte im Flur hinter mir. Ich werde gewahr, dass mich jemand dort anschaut. Beurteilt von dieser anderen Person, habe ich die Empfindung der Scham. Ich werde so aufgeschreckt, dass ich mich als ein Objekt wahrnehme, das von einem anderen Bewusstsein gesehen wird: Meine eigene Freiheit entgeht mir, während ich von dem Blick dieser anderen Person zum Objekt gemacht werde.

Liebe

Auch in der Liebe besteht die Gefahr, dass uns unsere Freiheit entgeht. Für Sartre ist die Liebe eine Art Konflikt: ein Kampf, um einen anderen zu versklaven, ohne selbst versklavt zu werden. Trotzdem wünscht der Liebhaber nicht einfach, zu besitzen, sondern er möchte begehrt werden und bedarf so der Geliebten, um frei zu sein. Das komplexe Spiel der Willen kann zum Masochismus führen, zu dem Wunsch, ein Gegenstand für den Liebhaber zu sein. Aber selbst im Masochismus ist die Unmöglichkeit, sich selbst in ein An-sich zu verwandeln, offensichtlich. Aber auch der Sadismus, der mit der Idee liebäugelt, die andere Person in pures Fleisch zu verwandeln, ist in seiner Zielsetzung gleichermaßen vergeblich. Ein Blick in die Augen der anderen Person enthüllt, dass sie als ein freies Individuum existiert und dass die totale Versklavung dieser Freiheit unmöglich ist.

Mein Tod

Es kann verlockend sein, sich den Tod als Teil des Lebens zu denken, vielleicht als den Schlussakkord einer Melodie, der dem Vorangegangenen seinen Sinn gibt. Sartre verwirft diese Ansicht. Er glaubt, dass der Tod absurd ist: Er hat überhaupt keinen Sinn. Es ist in beinahe jedem Fall unmöglich, absolut sicher zu sein, wann man sterben wird. Ein plötzlicher Tod ist immer eine Möglichkeit; aber er ist nicht *meine* Möglichkeit. Er ist eher die Aufhebung aller meiner Möglichkeiten in dem Sinn, dass er mir nimmt, was mich zu einem Menschen macht: meine Fähigkeit, mich selbst auf die Zukunft hin zu entwerfen. Er nimmt mir allen Sinn, da der einzige Sinn, den mein Leben haben kann, der ist, den ich mir selbst wähle. Im Tod sind wir «den Lebenden ausgeliefert». Das bedeutet, dass wir zwar während des Lebens den Sinn unserer Handlungen wählen, aber im Tod unsere Handlungen von anderen Leuten interpretiert und gedeutet werden: Wir hören auf, eine Verantwortung für sie zu haben, und andere Menschen können aus ihnen machen, was sie wollen.

Existentielle Psychoanalyse

Wie wir gesehen haben, verwirft Sartre umstandslos die Vorstellung, dass es eine Spaltung zwischen dem unbewussten und dem bewussten Geist gibt. Er möchte die freudsche Psychoanalyse durch seine eigene, auf der Freiheit beruhende Auffassung vom Geist ersetzen, die er «existentielle Psychoanalyse» nennt. Für sie ist sein Begriff einer fundamentalen Wahl des Seins oder des ursprünglichen Entwurfs zentral. Das ist der Kern, um den herum jeder von uns seine Persönlichkeit organisiert, eine Wahl in Bezug auf das, was wir fundamental sind. Es ist das Ziel der existentiellen Psychoanalyse, diesen ursprünglichen Entwurf zu enthüllen, eine Wahl, die jede spätere Wahl des Individuums formt. Die existentielle Psychoanalyse unterscheidet sich von den meisten anderen Ansätzen in der Humanpsychologie, insofern sie das Individuum für seine Seinswahl vollständig verantwortlich macht. Wir sind nach Sartre nicht einfach die Produkte der Gesellschaft oder unserer Gene, sondern vielmehr unserer eigenen Wahlen. Das macht uns eigentlich zu Menschen.

Kritik an *Das Sein und das Nichts*

Überschätzt die menschliche Freiheit

Ein gewichtiger Einwand gegen Sartres Existentialismus ist der, dass er einen Grad an Freiheit voraussetzt, den Menschen in Wirklichkeit nicht haben. Er schreibt manchmal, als könnten wir wählen, alles Beliebige zu sein; als könnten wir über die Grenzen hinaus denken, die uns unsere soziale Situation und Erziehung setzen. Wir treffen die Wahlen, die wir treffen, aufgrund dessen, was wir sind, und wir sind, was wir sind, aufgrund dessen, was mit uns geschehen ist. Sartres Aufmerksamkeit richtet sich beinahe vollständig auf den Einzelnen und die Wahlen, die dieser trifft, statt auf den sozialen Kontext, in dem Gruppen von Menschen leben. Für viele Menschen bestehen weit stärkere soziale, politische und ökonomische Zwänge, als Sartre anzuerkennen scheint.

Diese Art von deterministischer Kritik hätte Sartre nicht entmutigt: Er würde einfach bestreiten, dass sie wahr ist, und wahrscheinlich vorschlagen, man solle auf die eigene Erfahrung reflektieren und sehen, ob sie auf das eigene Leben zutrifft, oder ob nicht die Annahme dieses Glaubens, sie treffe zu, eine Art von Unaufrichtigkeit angesichts der äußersten Freiheit ist. Eine Antwort darauf könnte sein, dass sich frei zu fühlen nicht notwendig dasselbe ist wie frei zu sein. Vielleicht haben wir nur einfach die Illusion eines freien Willens und nicht das Original. Vielleicht sind unsere Handlungen völlig durch das, was uns zugestoßen ist, determiniert, und wir haben trotzdem das irreführende Gefühl, sie seien frei gewählt.

Zu pessimistisch?
Während Sartres Behandlung der menschlichen Freiheit vielleicht überoptimistisch ist, ist seine Theorie der menschlichen Beziehungen extrem pessimistisch. Ständig sind wir im Begriff, entweder den Anderen in ein Objekt, ein An-sich, zu verwandeln oder zu versuchen, uns selbst in ein Objekt für ihn zu verwandeln. Sartre geht so weit, den Menschen als eine «nutzlose Leidenschaft» zu bezeichnen. Vielleicht ist dies eine übermäßig deprimierende Beschreibung des Menschseins. Sartre ist da aber einfach anderer Meinung. Zu seiner Verteidigung muss gesagt werden, dass für viele Leser seine Darstellung von Freiheit und Unaufrichtigkeit einen befreienden Effekt und einen direkten Einfluss auf ihr Leben gehabt hat. Sie übernehmen die Verantwortung für das, was sie sind, statt zu versuchen, Entschuldigungen zu finden, wenn sie das nicht erreichen, was sie von ihrem Leben wünschen.

Daten

1905 geboren in Paris
1943 veröffentlicht *Das Sein und das Nichts*
1980 stirbt in Paris

Weitere Lektüre

Jürgen Hengelbrock, *Jean-Paul Sartre,* Freiburg/München 1989
A. C. Danto, *Jean-Paul Sartre*, Göttingen 1986
Hans Mayer, *Sartre und Camus, Anmerkungen*, Pfullingen 1965

20. Ludwig Wittgenstein: *Philosophische Untersuchungen*

Ludwig Wittgenstein hatte nicht die Absicht, anderen Leuten die Mühe des eigenen Denkens zu ersparen. Die *Philosophischen Untersuchungen* sollten seine Leser dazu anregen, sich ihre eigenen Gedanken zu machen, statt ihnen vorverpackte Ideen zum bequemen Verzehr zu präsentieren. Das spiegelt sich im Schreibstil wider, der fragmentarisch und indirekt ist, von einem Thema zum anderen springt und wieder zurückkehrt. Die Antworten auf philosophische Fragen werden nicht auf direkte Weise gegeben, sondern eher durch besondere Beispiele und Geschichten angedeutet. Es finden sich Hinweise, aber ihre Implikationen werden gewöhnlich nicht artikuliert; das Buch ist voller Metaphern, aber es liegt bei dem Leser, sie zu entschlüsseln.

Anstelle von Kapiteln verwendet Wittgenstein kürzere nummerierte Abschnitte. Die Anordnung des Buchs geht nicht ganz auf Wittgenstein zurück: Es wurde im Jahr 1953, zwei Jahre nach seinem Tod, veröffentlicht und beruht auf einem Manuskript, an dem er seit einer Reihe von Jahren gearbeitet hatte.

Verhältnis zum *Tractatus Logico-Philosophicus*

Das einzige Buch, das Wittgenstein zu seinen Lebzeiten veröffentlichte, war sein *Tractatus Logico-Philosophicus*, der im Jahr 1921 erschien. In dieser strengen Abfolge von nummerierten Sätzen gelang es Wittgenstein, einen poetischen Stil mit einer ernsthaften Behandlung der Logik und der Grenzen der menschlichen Erkenntnis zu verbinden. Der *Tractatus* ist am berühmtesten für seinen Schlusssatz: «Wovon man nicht sprechen kann, darüber muss man schweigen.» Das sollte kein Sprichwort für die Praxis sein, sondern eher eine Zusammenfassung seiner Ansichten über die Grenzen des Denkens. Fast alles, was im menschlichen Leben wichtig ist, liegt außerhalb des Bereichs dessen, worüber sinnvoll gesprochen werden kann, es ist unausdrückbar, aber deswegen doch nicht weniger bedeutungsvoll. In vielerlei Hinsicht sind die *Philosophischen Untersuchungen* eine Kritik der Ansichten, die im *Tractatus* vorgetragen worden waren, und Wittgenstein hatte sogar erwogen, den *Tractatus* als Vorwort zu den *Philosophischen Untersuchungen* zu veröffentlichen, um deutlich zu machen, was für seine neueren Ideen besonders bezeichnend war.

Das Wesen der Philosophie

In den *Philosophischen Untersuchungen* sieht Wittgenstein seine Rolle darin, der Fliege den Ausweg aus dem Fliegenglas zu zeigen (§ 309). Damit meint er, dass Philosophen durch ihre Versuche, die Sprache etwas leisten zu lassen, was sie gar nicht leisten kann, in eine Falle geraten, in der sie nun herumsummen. Sie sind von der Sprache verhext. Wie er es ausdrückt, «die philosophischen Probleme entstehen, wenn die Sprache *feiert*» (§ 38). Mit anderen Worten, philosophische Probleme entstehen aus der Verwendung von Wörtern in unpassenden Kontexten.

Wittgensteins Verfahren soll solche Probleme dadurch auflösen, dass man sich dem wirklichen Gebrauch der Sprache zuwendet und auf diese Weise der Fliege den Ausweg aus dem Fliegenglas zeigt. Deshalb wird sein philosophischer Ansatz oft als therapeutisch bezeichnet: Philosophie ist die Krankheit, die geheilt werden muss. Philosophie untersucht «die Beulen, die sich der Verstand beim Anrennen an die Grenze der Sprache geholt hat» (§ 119). Die Heilung besteht darin, hinzuschauen, wie die Sprache wirklich funktioniert, nicht, wie wir uns einbilden, dass sie funktionieren muss. Aber seine Analyse der wirklichen Verwendungen der Sprache ist keine Übung in Sozialanthropologie. Wittgenstein erstellt eine Karte einiger Wege, wie Sprache gebraucht wird, und lenkt dadurch die Aufmerksamkeit auf die Grenzen von Denken und Sinn. Ein großer Teil dieses Unternehmens beinhaltete die Eliminierung irreführender Theorien über die Natur der Sprache. Ein weiterer Grund für die Konzentrierung auf bestimmte Verwendungen der Sprache war seine Überzeugung, dass allgemeine und umfassende Theorien in die Irre führen, insofern sie von der falschen Annahme ausgehen, wir könnten das Wesen der untersuchten Sache entdecken.

Bedeutung als Gebrauch

Ein signifikanter Teil der *Philosophischen Untersuchungen* richtet sich gegen eine in den Augen Wittgensteins zu stark vereinfachende Erklärung der Natur der Sprache. Repräsentativ für diese Ansicht steht Augustinus, der das Spracherlernen dadurch erklärt, dass man auf Dinge zeigt und sie mit Namen benennt. Anhänger dieses augustinischen Bildes von der Sprache glauben, Wörter seien Namen von Gegenständen und Kombinationen von Wörtern hätten einzig die Funktion, die Realität zu bezeichnen.

Nach dieser Ansicht zeigen wir zum Beispiel einem Kind einen Apfel, damit es die Bedeutung des Wortes «Apfel» lernt, und sagen: «Das ist ein Apfel.» Das wird Lehren durch hinweisende Definition genannt: Man zeigt auf das Objekt, das genannt wird. Wittgenstein bestreitet nicht, dass es dergleichen hinweisende Definitionen gibt, aber er lenkt die Aufmerksamkeit auf eine Reihe Schwierigkeiten, die die Ansicht hat, dass dies die Basis alles Spracherlernens ist. Zum Beispiel erfordert eine hinweisende Definition ein gewisses Ausmaß an Vorbereitung. Das Kind versteht vielleicht diesen Brauch gar nicht, auf ein Objekt zu zeigen, oder denkt vielleicht, man weise auf die Farbe oder die Form des Apfels hin. Jeder Fall einer hinweisenden Definition lässt eine gewisse Bandbreite der Deutung zu, auf was hingewiesen wird. Darüber hinaus, selbst wenn das Kind den besonderen Fall der hinweisenden Definition versteht, könnte es außerstande sein, den Übergang von diesem Fall zu anderen ähnlichen zu machen.

Sprache ist nicht einfach ein Medium, das wir verwenden, um die Welt zu repräsentieren. Sie gleicht eher einem Werkzeugkasten, der eine Vielzahl von Werkzeugen enthält, die wir für verschiedene Zwecke verwenden. Oder, um eine andere von Wittgensteins Metaphern zu entlehnen, die Sprache gleicht den Handgriffen im Führerstand einer Lokomotive (§ 12). Wörter ähneln einander und deshalb haben wir die Neigung zu glauben, dass sie alle auf dieselbe Art funktionieren. Aber wie die Handgriffe in der Lokomotive ist die Ähnlichkeit nur oberflächlich: Ein Handgriff öffnet ein Ventil, ein anderer betätigt die Bremsen; einer hat nur zwei Stellungen «aus» und «an»; ein anderer kann kontinuierlich verstellt werden.

Wenn wir die Natur der wirklichen Sprache untersuchen, finden wir sehr schnell, dass das augustinische Bild ungenau ist. Die Bedeutung von Wörtern wird durch ihren Gebrauch bestimmt und nicht durch das, worauf sie sich beziehen. Die Sprache hat kein zugrunde liegendes Wesen, keinen gemeinsamen Nenner, nicht nur eine einzige Funktion. Stattdessen finden wir, wenn wir die Sprache untersuchen, ein Gewirr von sich überschneidenden Funktionen, denen sie in verschiedenen Kontexten dient. Wittgenstein spricht von «Sprachspielen». Er meint mit diesem Ausdruck nicht, dass der Gebrauch der Sprache eine Spielerei ist, sondern dass es vielerlei regelgeleitete Aktivitäten gibt, in denen die Sprache funktioniert. Die Sprache ist in unsere Lebensformen eingebettet, die gesellschaftlichen Konventionen, die um ihre verschiedenen Verwendungen herum entstanden sind. Die Bedeutungen von Wörtern werden durch die Art und Weise bestimmt, wie wir sie verwenden; isoliert von einem Verwendungskontext, einer Lebensform sind sie ohne Bedeutung.

Termini mit Familienähnlichkeit

Eine gewöhnliche Art, durch die Sprache verhext zu sein, besteht in der Annahme, wenn wir ein Wort korrekt gebrauchen, um uns auf einen Bereich von Fällen zu beziehen, müsste jeder Fall mit den anderen etwas gemeinsam haben. Wir nehmen oft an, dass es zum Beispiel ein Wesen des Spiels gebe, so dass wir immer dann, wenn wir das Wort «Spiel» verwenden, auf diese gemeinsame Eigenschaft anspielen, welche die fragliche Aktivität mit anderen Spielen teilt. Wittgenstein hält dies für einen Fehler. Es ist ein Irrglaube, es *müsse* ein Wesen geben, das alle Spiele gemeinsam haben, so wie es ein Irrglaube ist, dass alle Sprachverwendungen etwas gemeinsam haben *müssen*.

Wittgensteins Verteidigung dieser Ansicht beruht auf einer Analogie mit Familienähnlichkeiten. Blutsverwandte ähneln einander oft. Aber das heißt nicht, dass alle Mitglieder der Familie eine oder mehrere Eigenschaften gemeinsam haben; gewöhnlich gibt es eher ein Muster einander überschneidender Ähnlichkeiten und nicht eine einzelne gemeinsame Eigenschaft, die sich bei allen findet. Vielleicht ähnelst du deiner Schwester bezüglich der Haarfarbe und deiner Mutter bezüglich der Augenfarbe. Deine Schwester und deine Mutter haben vielleicht dieselbe Nasenform. In diesem einfachen Beispiel wird kein einzelner Zug von allen drei Mitgliedern der Familie geteilt, aber das hindert nicht, dass es eine sichtbare Familienähnlichkeit gibt. Ebenso gibt es kein gemeinsames Wesen aller Dinge, die wir «Spiele» nennen: Brettspiele, *football*, Solitaire, Ball an die Wand usf. Aber wir können das Wort «Spiel» nichtsdestoweniger sinnvoll gebrauchen. Wittgenstein verwendet den Ausdruck «Familienähnlichkeit», um sich auf diese Art überlappender und einander überkreuzender Ähnlichkeit zu beziehen.

Die Privatsprachenargumentation

Der bei weitem einflussreichste Teil der *Philosophischen Untersuchungen* ist die Gruppe von Kommentaren und Beispielen, die als Privatsprachenargumentation bezeichnet wird, obgleich es immer noch ein gewisses Maß an Kontroverse darüber gibt, was Wittgenstein damit eigentlich genau gemeint hat. Man sollte sich immer vor Augen halten, dass Wittgenstein den Ausdruck «Privatsprachenargumentation» selber nicht verwendet hat und erst seine Kommentatoren vorgeschlagen haben, eine Reihe seiner Kommentare als ein zusammenhängendes Argument zu interpretieren. Nichtsdestoweniger scheint es vernünftig, seine Gedanken auf diese Weise zu gruppieren und aus ihnen ein fortschreitendes Argument zu bilden. Um damit zu beginnen, diese Argumentation zu verstehen, müssen wir uns darüber klar werden, was Wittgenstein angriff.

Die meisten Philosophien seit Descartes haben angenommen, eine richtige Untersuchung der Natur des Geistes müsse mit einer Betrachtung des Falls der ersten Person beginnen, das heißt mit der eigenen Erfahrung. Ich kann sicherer sein, dass ich – beispielsweise – Schmerzen habe, als dass du welche hast. Ich habe einen privilegierten Zugang zu dem Inhalt meines eigenen Geistes, der sich nicht auf den Inhalt des deinigen erstreckt. Es ist so, als ob ich einen speziellen Zugang zu einem privaten Kino habe, in dem meine Gedanken und Gefühle vorgeführt werden; niemand sonst hat irgendeine Idee von dem, was in meinem privaten Kino geschieht. Meine Erfahrung ist privat für mich und deine ist privat für dich. Niemand kann wirklich meinen Schmerz oder meine Gedanken kennen. Ich kann mir für mich selbst meine innere Erfahrung beschreiben und niemand sonst ist imstande zu beurteilen, ob meine Beschreibungen zutreffend sind oder nicht.

Wittgensteins Privatsprachenargumentation untergräbt die Ansicht, auf der die Idee beruht, dass meine Gedanken und Gefühle jedem anderen fundamental unzugänglich sind. Diese Idee gründet sich auf einem Glauben an die Möglichkeit einer Privatsprache. Wittgenstein zeigt, dass eine solche Sprache nicht möglich ist. Mit «Privatsprache» meint er nicht einen privaten Kode oder eine Sprache, die nur von einer einzigen Person gesprochen wird, wie zum Beispiel ein Robinson Crusoe sich vielleicht ein Mittel ersinnt, um auf einer einsamen Insel zu sich selbst über sein Leben zu sprechen. Vielmehr ist für Wittgenstein eine Privatsprache eine Sprache, die prinzipiell von keinem anderen geteilt werden kann, weil sie dazu verwendet wird, um sich auf die angeblich privaten Erfahrungen eines Individuums zu beziehen.

Jemand, der an die Möglichkeit einer solchen Privatsprache glaubt, könnte vielleicht argumentieren, dass es mir möglich wäre, ein Tagebuch zu führen, das meine Empfindungen festhält. Ich habe eine bestimmte Empfindung, die ich «E» nennen will. Ich schreibe also ein «E» in mein Tagebuch. Das nächste Mal, wenn ich dieselbe Art von Empfindung habe, schreibe ich wieder «E» ins Tagebuch usf. Nach Wittgensteins Auffassung ist diese Theorie inkohärent. Es gibt kein Kriterium dafür, ob ich meine «E»-Empfindungen richtig wiedererkannt habe, keine Möglichkeit zu beweisen, dass ich in einem beliebigen Fall, wo ich denke, dass ich eine «E»-Empfindung wiedererkannt habe, Recht oder Unrecht habe. Es ist so, wie wenn man die Abfahrtszeit eines Zugs dadurch überprüft, dass man sich den Fahrplan ins Gedächtnis ruft, aber mit einem wichtigen Unterschied: Es gibt keinen wirklichen Fahrplan da draußen in der Welt, der als Prüfstein für die Richtigkeit fungiert. Wo es keine Möglichkeit der Überprüfung gibt, um zu sehen, ob ich einen Ausdruck korrekt verwendet habe oder nicht, kann der Terminus keine Bedeutung haben. So gelangt Wittgenstein zu der Schlussfolgerung, dass es eine unsinnige Vorstellung ist, den privaten Empfindungen durch Akte privater hinweisender Definition Namen zu geben. Sprache ist öffentlich und die Kriterien für die Anwendung und Wiederanwendung von Wörtern sind ebenso öffentlich. Eine Privatsprache der oben ins Auge gefassten Art ist unmöglich.

Damit wird natürlich nicht bestritten, dass Menschen Empfindungen und Erfahrungen haben. Aber vom Gesichtspunkt der Bedeutung der Sprache aus besäßen diese Erfahrungen, wenn sie notwendig privat wären, keinerlei Relevanz. Man stelle sich eine Situation vor, in der jeder seine eigene Schachtel besäße, darin wäre etwas, was wir «Käfer» nennen wollen. Niemand kann in die Schachtel eines anderen blicken und jeder behauptet, er wisse nur vom Anblick *seines* Käfers, was ein Käfer ist. In diesem Fall, sagt Wittgenstein, würde es keine Rolle spielen, ob jeder dieselbe Art von Ding in seiner Schachtel hätte oder überhaupt nichts. Das Ding in der Schachtel hat keinen Einfluss auf die Bedeutung von «Käfer».

Wittgensteins Argument hat zur Folge, dass das Bild des Geistes, das Descartes vorgeschlagen hat, unhaltbar ist. Wir bewohnen nicht jeder unser eigenes privates Kino. Stattdessen zieht die Sprache die Grenzen unseres Denkens, und die Sprache ist ein an sich öffentliches Phänomen. Dies Argument untergräbt auch die Ansicht vom Geist, die in der empiristischen Tradition, einschließlich der von Locke und Hume, präsentiert wird. Diese Philosophen halten es wie Descartes implizit für möglich, die eigenen Empfindungen in einer Privatsprache zu beschreiben: Namentlich Lockes Ansicht von der Sprache beruht auf der Möglichkeit, privat etikettierte Empfindungen wieder zu erkennen.

Wittgensteins Privatsprachenargumentation ist nicht gänzlich negativ. Anstelle der traditionellen Darstellung der Beziehung zwischen unseren Erfahrungen und der Sprache, die wir verwenden, um sie zu beschreiben, bietet er eine alternative Hypothese an. Vielleicht sind Wörter wie «Schmerz» nicht Namen von privaten Empfindungen, sondern eher Teil unseres gelernten Schmerzverhaltens, mit öffentlichen Kriterien für ihre korrekte Anwendung. Ein Kind verletzt sich und weint; Erwachsene lehren das Kind, den Schmerz zu artikulieren. Das bedeutet, dass das Kind lernt, als Ersatz für das Weinen über den Schmerz zu sprechen. Aber über den Schmerz zu sprechen besteht nicht darin, eine Empfindung zu beschreiben. Nach Wittgenstein ist das Sprechen über Schmerz nur eine andere Art und Weise, seinen Schmerz *auszudrücken*.

Aspekte sehen

Im zweiten Teil der *Philosophischen Untersuchungen* ist eins der Themen, die Wittgenstein diskutiert, das bekannte Beispiel des Hasen-Enten-Kopfs: eine Figur, die als Kopf entweder eines Hasen oder einer Ente gedeutet werden kann, aber nicht beides gleichzeitig. Ich gucke auf die Figur und sehe sie als Ente; dann sehe ich einen neuen Aspekt der Figur: Sie sieht wie ein Hase aus. Dieser Aspektwechsel ist nicht durch eine Veränderung des Bildes auf meiner Netzhaut bewirkt worden. Es sind genau dieselben visuellen Reize, die mir einmal das Gefühl geben, ich sähe auf das Bild einer Ente, und das andere Mal, ich sähe einen Hasen. Das scheint paradox: Der Aspekt wechselt, obwohl keine Linie der Zeichnung verändert worden ist. Es legt den Gedanken nahe, dass Sehen eine Art von Urteil über das Gesehene bei sich führt und dass dieses Urteil durch das beeinflusst werden kann, was wir zu sehen erwarten.

Kritik an den *Philosophischen Untersuchungen*

Philosophische Probleme lösen sich nicht alle auf

Viele Philosophen lassen sich nicht davon überzeugen, dass philosophische Probleme entstehen, wenn die Sprache «feiert». Zum Beispiel glauben nur wenige zeitgenössische Philosophen, die die Natur des menschlichen Bewusstseins erforschen, sie bräuchten nur auf einige Verwendungsweisen unserer Sprache zu zeigen, um für immer von dem philosophischen Problem befreit zu werden, wie aus Materie Denken und Selbstwahrnehmung entstehen konnte. Wittgensteins Behauptungen über die

Fliege im Fliegenglas sind verführerisch; aber nach wie vor bringen traditionelle philosophische Dispute die Philosophen in Verwirrung und fordern sie heraus, trotz Wittgensteins Versuchen, sie als Verhexung durch die Sprache wegzuerklären. Wittgenstein würde vermutlich darauf antworten, dass die fraglichen Philosophen immer noch im Bann der Sprache stehen, die sie dazu zwingen wollen, Aufgaben zu erfüllen, die sie einfach nicht erfüllen kann.

Dunkle Aussprüche

Ein sehr ernste Kritik an Wittgensteins Stil in den *Philosophischen Untersuchungen* ist, dass er zu einem Buch geführt hat, das viele einander widersprechende Deutungen zulässt. An vielen Stellen ist es keineswegs klar, was die genaue Pointe eines Beispiels oder Gleichnisses ist, noch ist es immer offensichtlich, dass einige der Ansichten, die er anzugreifen scheint, überhaupt jemals vertreten worden sind. Oft scheinen wir einfach nur die Spitze eines Eisbergs zu Gesicht zu bekommen, und es bleibt uns selbst überlassen herauszufinden, was unter der Oberfläche einer Bemerkung liegt. Obgleich in den letzten Jahren Wittgensteins Notizbücher und die Vorlesungsnachschriften seiner Studenten weiteren Kreisen zugänglich gemacht worden sind, gibt es immer noch heftige Debatten über einige seiner zentralen Lehren.

Wittgenstein ist ohne Zweifel selbst für die Mehrdeutigkeiten und Unbestimmtheiten in seinem Werk verantwortlich, die nicht alle der Schwierigkeit zugeschrieben werden können, derartig radikale und originelle Ideen zu präsentieren. Einige der Schwierigkeiten beruhen direkt auf seinem Stückwerkverfahren. Es gibt keinen Zweifel an der Eleganz und der imaginativen Anziehungskraft von Wittgensteins Beispielen, aber das Fehlen einer kohärenten Argumentation oder aufklärender Passagen bereitet dem Leser große Mühe.

Zu Wittgensteins Verteidigung muss man sagen, dass er sehr deutlich seinen Wunsch geäußert hat, seine Leser mögen selber denken, statt sich Ansichten von einer Autorität auftischen zu lassen. Deshalb sind zeitgenössische Dispute über die Deutung ein Tribut an seinen Erfolg, da sie zeigen, dass die Philosophen, um sich sein Werk überhaupt verständlich zu machen, selbst durchdenken müssen, was Wittgenstein möglicherweise gemeint haben kann.

Nichtsdestoweniger zieht Wittgensteins indirekter und poetischer Stil viele Schüler an. Es hat niemals einen Mangel an feurigen Anhängern gegeben, die Paragraphenzahlen aus den *Philosophischen Untersuchungen* mit dem Enthusiasmus religiöser Zeloten zitieren. Diese Anhänger sind zum allergrößten Teil glücklich, ihre Ideen aus zweiter Hand vom Meister zu beziehen, offensichtlich ohne zu merken, dass er genau das nicht wünschte. Der orakelhafte Stil eines großen Teils der *Philosophischen Untersuchungen* scheint eher zu einer verehrungsvollen als zu einer kritischen Annäherung einzuladen und auf diese Weise gerade das Ziel zu untergraben, die Leser zu veranlassen, selbst zu denken.

Wittgenstein selbst war mit seinen Entwürfen der *Philosophischen Untersuchungen* so wenig zufrieden, dass er selber das Buch zu seinen Lebzeiten nicht veröffentlicht hat. Vielleicht ist es deshalb fairer, es als ein Werk zu behandeln, das noch in Arbeit war und seine Ansichten nicht in der Form enthält, wie er sie der Öffentlichkeit präsentieren wollte.

Daten

1889 geboren in Wien
1951 stirbt in Cambridge
1953 *Philosophische Untersuchungen* postum veröffentlicht

Weitere Lektüre

Eike v. Savigny (Hg.), *Ludwig Wittgenstein, «Philosophische Untersuchungen»*, Berlin 1998 (Klassiker Auslegen Bd. 13)

Ray Monk, *Wittgenstein. Das Handwerk des Genies*, Stuttgart 1992

J. Schulte, *Wittgenstein. Eine Einführung*, Stuttgart 1997

Index

Danksagungen

Ich danke allen, die Teile dieses Buchs oder auch das ganze Buch kommentiert haben, einschließlich Caroline Dawnay, Jonathan Hourigan, E. J. Lowe, Pauline Marsh, Derek Matravers, Tom Stoneham, Stephanie Warburton, Terence Wilkerson und verschiedenen anonymen Lesern. Besonders dankbar bin ich Michael Clark, dessen aufmerksame Lektüre mich vor einer Reihe von Fehlern philosophischer wie faktischer Art bewahrte. Meine Frau Anna machte ebenfalls viele hilfreiche Verbesserungsvorschläge.

Oxford 1997

Philosophie

rowohlts monographien
Begründet von Kurt Kusenberg, herausgegeben von Wolfgang Müller und Uwe Naumann.

Hannah Arendt
dargestellt von
Wolfgang Heuer
(50379)

Aristoteles
dargestellt von J.-M. Zemb
(50063)

Walter Benjamin
dargestellt von Bern Witte
(50341)

René Descartes
dargestellt von Rainer Specht
(50117)

Johann Gottlieb Fichte
dargestellt von
Wilhelm G. Jacobs
(50336)

Michael Foucault
dargestelt von
Bernhard H. F. Taureck
(50506)

Georg Wilhelm Friedrich Hegel
dargestellt von
Franz Wiedmann
(50110)

Karl Jaspers
dargestellt von Hans Saner
(50169)

Immanuel Kant
dargestellt von Uwe Schultz
(50101)

Sören Kierkegaard
dargestellt von
Peter P. Rohde
(50028)

rowohlts monographien

Karl Marx
dargestellt von
Werner Blumenberg
(50076)

John Stuart Mill
dargestellt von
Jürgen Gaulke
(50546)

Friedrich Nietzsche
dargestellt von Ivo Frenzel
(50634)

Jean-Jacques Rousseau
dargestellt von
Georg Holmsten
(50191)

Karl Popper
dargestellt von
Manfred Geier
(50468)

Der Wiener Kreis
dargestellt von
Manfred Geier
(50508)

Ludwig Wittgenstein
dargestellt von
Kurt Wuchterl
und Adolf Hübner
(50275)

4501/8